本书由同济大学一流学科建设经费文科板块资助出版

一带一路与中华语言文化国际传播

刘淑妍　陈毅立　刘怡菲　主编

同济大学出版社

图书在版编目(CIP)数据

"一带一路"与中华语言文化国际传播 / 刘淑妍，陈毅立，刘怡菲主编. —上海：同济大学出版社，2020.9

ISBN 978-7-5608-9521-5

Ⅰ. ①一… Ⅱ. ①刘… ②陈… ③刘… Ⅲ. ①汉语—文化语言学—文化传播—研究 Ⅳ. ①H1-05②G125

中国版本图书馆 CIP 数据核字(2020)第 184934 号

"一带一路"与中华语言文化国际传播

刘淑妍　陈毅立　刘怡菲　**主编**

责任编辑 丁会欣　**责任校对** 徐春莲　**封面设计** 陈益平

出版发行 同济大学出版社　www.tongjipress.com.cn

(地址：上海市四平路 1239 号　邮编：200092　电话：021-65985622)

经　销 全国各地新华书店

排　版 南京文脉图文设计制作有限公司

印　刷 启东市人民印刷有限公司

开　本 710 mm×1000 mm　1/16

印　张 17.75

字　数 355 000

版　次 2020 年 9 月第 1 版　2020 年 9 月第 1 次印刷

书　号 ISBN 978-7-5608-9521-5

定　价 78.00 元

在世界多元文化交融互通中积极贡献同济方案

当前，中国已成为世界最大留学输出国和亚洲重要留学目的地国，站在新世纪舞台，在构建人类命运共同体的过程中，对外汉语教学与跨文化交流活动以其独特的优势，直接或间接地推动了中华文化的理解与传播，成为提升国家软实力、促进公共外交的有效途径。随着国家吹响“一带一路”倡议的号角，同济人不忘身为“国家队”的初心和责任，主动担当、积极行动，以种种创新探索，努力推动汉语和中华文化国际传播在“一带一路”倡议实施中发挥重要的支撑作用，以此用心缔造汉语和中华文化国际传播的“同济样本”。本书选编的论文作者主要来自国际学生培养的第一线，他们结合同济优势和特色学科内涵，不断探索发展来华留学教育的有益经验，与海内外同行们携手并进，共同开发和推进对外汉语教学和中华文化国际传播新内容，在国际化人才培养、教学科研和社会服务、海外教育交流等方面取得了一系列成果，开创了“留学同济”的对外汉语教育教学新模式。本书收编的论文成果主要体现在四个方面：

一、以核心价值观为引领，建设“中国理解教育”国际学生通识课程体系

伴随习近平主席对“讲好中国故事，传播好中国声音”的倡导和践行，全国诸多高校都开展了该主题系列课程的开发。同济大学采用全英语授课，首先立足第一课堂建设，设计中外学生同堂的“当代中国”课程体系。11门课程构成的本土中国学课程体系，以社会主义核心价值为引领，扎根中国大

地，以培养"面向未来世界格局的国际化人才"为目标，在教学中始终秉持表达中国立场、传递中国声音、宣传中国智慧的鲜明价值导向，以"中国命题、中国经验、中国智慧"为内容，以"全球高度、世界视野"为角度，探讨中国多领域发展特点与发展规律。课程学习融合了课堂教学、教学实践、课外活动、在线学习等方式。通过这些系列课程的课堂学习、讨论探究及学术考察，来华留学生可对中国的历史、文化、社会、经济、环境保护、城市发展等各方面有全面了解和相对客观的认识，从而能成为"知华、友华"、讲好中国故事、传播中华文化的国际使者。

二、教研结合，助力"一带一路"语言与中华文化国际传播

同济大学在推进"一带一路"语言与中华文化国际传播中，将研究和国际人才培养相结合，教师与学生共同规划"一带一路"国家的发展战略，重新认识和发现各国传统文化，促进不同文化间的对话与交流。由同济大学中外学子主动作为，来自60多个国家的同济留学生与中国学生共181人先后合作完成的"一带一路"沿线65个国家的国情资讯与舆情研究项目，部分成果在报刊发表和结集出版。这一由师生共同研究的成果，旨在探索具有国别针对性的汉语与中华文化国际传播的规律和方法，从而更好地提升中华文化国际传播的实效，其观点和视角得到海内外专家学者和媒体的积极认可。同济中华文化国际传播团队每年承担政府和研究机构的委托项目，陆续通过各主流媒体发表见解，贡献"同济智慧"，推动同济成为"一带一路"语言与中华文化国际传播研究中心，为中央领导和地方建设贡献政策建议和智库专报。

三、融通内外，将汉语和中华文化传播世界

适应世界各国（地区）人民对汉语学习的需要和了解中华文化的热情，同济大学长年与"一带一路"沿线国家的孔子学院和相关机构共同开发和设

计汉语言学习体验及中华文化研修项目，每年承接数十个来华学习团，秉承“接受快乐学习汉语，真实感知中国”理念，吸引着海外人士不断来到中国，体验中华文化并成为中外文化交流的使者。

同济大学主动与海外大学合作建设孔子学院，将汉语和中华优秀文化展示到世界人民的眼前。同济大学已在海外承办了日本樱美林大学孔子学院、德国汉诺威莱布尼茨孔子学院、韩国庆熙大学孔子学院、意大利佛罗伦萨大学孔子学院4所孔子学院，以及日本高岛孔子课堂、日本立命馆孔子学院大阪孔子课堂、意大利阿雷佐高中孔子课堂3个孔子课堂，这些学院、课堂一经问世后即在当地引发“中国热”。如今，它们“和而不同”、各具特色，成为外国人士学习体验中国语言、中国文化的首选场所，成为汉语和中华文化国际传播的一方重要阵地，架起了一座座中华文化走向世界的桥梁，也缔结了一根根连接中国人民和世界人民心与心相通的纽带。

四、跨界合作，共商中外文化融通的价值与方案

为了促进中华文化的国际传播，作为从事国际文化交流与传播的教育者和研究者，除了进一步深化语言与文化的传道授业，还需要贡献当代中国文化的理解与方案，寻求多元文化共享的价值和意义。近代学者梁启超曾根据中国与世界的交流程度将中国历史划分为“中国之中国、亚洲之中国和世界之中国”三种形态。正如习近平总书记所强调的，要想达到世界之中国的水平，不仅要让世界知道“舌尖上的中国”，还要让世界知道“学术中的中国”“理论中的中国”“哲学社会科学中的中国”。这就需要进一步加大中国学术的国际传播力度，提升中国学术的国际影响力。随着中国全球化发展的步伐加快，向世界叙述一个立体的、不断发展中的、生机勃勃的中国，迫在眉睫。为此，同济大学在既有的教学体系基础上尝试推进跨学科的、综合性的当代中国文化的教学和研究工作，尤其是汇聚国内外专家学者的智慧，加强对海外留学生介绍和讲解当代中国的科技文化、经济发展、政治进步、社会建设与生态文明。

今天，“一带一路”倡议为中华文化的国际传播与交流奏响了新的乐章。

各国有识之士越来越认识到，中华文明的当代形态与古典形态一样具有吸引力，也将同样对人类文明进程产生重要影响。对于中国本土学者而言，全面、精准地介绍当代中国文化，并解释它与传统文化的关联，是义不容辞、需要共同担当的责任。

有鉴于上述共识，从2017年起，同济大学国际文化交流学院与中国社会科学院国际中国学研究中心共同主办的"中华文明国际传播"系列论坛，至今已举办三届，努力为来自全球不同领域的专家学者提供一个思想交流对话、跨文化教育和教学展示的平台，与海内外专家学者、政府人员及社会人士、企业团体等跨界合作，共同关注和讨论中华文明与世界文明交融和对话的未来，寻求在多元的文化背景下、各美其美中获得更多的共识和认同。本论文集中就收录了相关研讨成果，期盼为"一带一路"倡议中"文化相通"和"民心相通"贡献绵薄之力。

刘淑妍

同济大学文科办公室主任、教授

2020年6月12日

目录
CONTENTS

中篇 海外孔子学院与跨文化比较

下篇　汉语国际教育——理论与实践

上篇

“一带一路”与中华文化国际传播

“一带一路”中国价值观传播关键问题研究

孙宜学*

在“一带一路”沿线国家说明和传播中国价值观，这是习近平总书记提出的时代课题，是中国的道路自信、理论自信、制度自信的具体体现，也是推动“中国智慧”“中国方案”服务于世界和平发展、打造命运共同体的基本途径。

中国走向世界经过了长期的“中国学”过程，即不断汲取世界先进文化的力量自觉自新自强的过程，也是基于救亡启蒙的民族自觉—自强—自信—自尊的过程。目前，世界范围内出现的“学中国”热潮是在中国百年来的“世界热”基础上形成的。因此，当中国强大以后，就有责任也有使命去让世界分享自身的发展成果和发展经验，这是中国价值观走向世界的“初心”和“源动机”。中国价值观在“一带一路”沿线国家、在全世界的传播目标，就是要逐步实现中国价值观与世界各国价值观的和谐共生。

中国价值观在“一带一路”沿线国家的顺利传播是一项任重道远的战略工程，综合性强，涉及面广，问题复杂，要实现可持续发展，还有许多迫切需要解决的问题。鉴于此，相关部门和机构应基于“一带一路”实践和已有的中国价值观国际传播的经验，创新研究方法，形成创新理论成果，以“一带一路”铺设中国价值观的世界之路，以中国价值观为“一带一路”倡议的顺利实现奠定有利的空间环境和文化环境，消除西方国家和沿线国家的“目的性”负面宣传造成的阻力，推动“一带一路”倡议顺利实现在所在国的本土化、日常化，成为沿线国家日常生活中的自然存在和“一带一路”倡议顺利实施的

* 孙宜学，同济大学国际文化交流学院院长、教授。

动力源和精神源,最终实现"一带一路"沿线国家价值观与中国价值观的互利互生、共存共生。

新时代内涵是传播基调

中国价值观博大精深、多元共生,因此,要保证中国价值观在"一带一路"沿线国家国际传播的质量和效率,必须基于全球化的背景,从"文化强国"的战略高度,认真分析,从国家价值观、社会价值观和个人价值观三个层面明确"一带一路"背景下中国价值观国际传播的基本内涵,明确社会主义核心价值观是中华传统价值观时代性转化的自然结果,并从组织和实施主体方面研究中国价值观在"一带一路"沿线国家国际传播的任务与方法,主导者和实施者的关系,建立相关标准和传播效果评估机制,从而有针对性地、有条不紊地、张弛有度地、效率最大化、机制最优化地传播中国价值观,并能牢牢掌握主动权,保证传播的长期性和稳定性。

中国价值观具有历史性和阶段性特征,但中华民族历经数千年发展至今仍焕发出勃勃生机,就是因为形成了恒定的可以作为中华民族独特身份特征的中国价值观,而社会主义核心价值观,则是中国价值观在新的历史时期形成的最具有典型性和代表性的成果,"充分体现了对中华优秀传统文化的传承和升华",是中国价值观的新的历史形态和民族精神的具体体现。

中国是社会主义国家,社会主义核心价值观是中国价值观在新的历史发展阶段的先进性体现,是最先进的民族文化和精神的代表。我们所追求的世界和平、国家独立、政治民主、社会平等、人民富裕、司法公正、机会均等,以及人的生存权、发展权,作为社会主义核心价值观的核心内容,也是全人类共同追求的目标。

文化毕竟是有差异的,但差异并不代表优劣,我们应该基于不同文化一律平等原则,旗帜鲜明、充满自信地向世界说明社会主义核心价值观的历史渊源,从中国价值观的深厚积淀中确立中国道路与世界各国发展道路在价值理念方面的共同性和普遍性,并尊重彼此的差异性和特殊性。这是我们基于"一带一路"倡议需求要传播的中国价值观的基本内涵,也是"一带一路"倡议的基本实施原则。

中国价值观是"建设优秀传统文化传承体系，弘扬中华优秀传统文化"的核心内容，是实现中华民族伟大复兴的基础和信心源泉，深得人心，也凝聚了民心。十八大以来，习近平总书记就传承、弘扬中华传统文化发表了一系列重要讲话，深刻阐述了中华优秀传统文化的地位作用、价值意义、基本内涵和传承弘扬的原则要求，提出了一系列新思想、新观点、新论断，并指出要学习和掌握其中的各种思想精华，对历史文化特别是先人传承下来的道德规范，要坚持古为今用、推陈出新，有鉴别地加以对待，有扬弃地予以继承。这些论断立意高远，内涵丰富，思想深刻，脉络清晰，标志着中国共产党人对传统文化的认识提升到了新的境界，是中国价值观在新形势下的新形态，也是要在"一带一路"沿线国家传播的中国价值观的新形态。

沿线国家价值观的和谐发展是传播目标

当前，"一带一路"倡议的实施并非一帆风顺，而是被一些国家别有用心地视为"中国威胁论"的新例证。这些国家对中国的崛起充满恐惧，虽然深知"一带一路"是和平倡议，但出于意识形态的有色眼镜，利用历史上因殖民"一带一路"沿线的一些国家而遗留的文化、外交关系，以及经济、军事上的优势，千方百计要破解中国"一带一路"的布局和实施，与中国争夺相关各国，尤其是东盟各国的话语权，阻碍中国价值观的传播。如美国关于"一带一路"的主流报道主要围绕"一带一路"对美国会有什么危害；印度主流意见是："一带一路"倡议针对美国的亚太战略和南亚战略，不但对美国造成威胁，而且对印度的话语权也造成了威胁。

"一带一路"沿线很多国家都有过被殖民的历史，而殖民国家在殖民期间都强行推广本国价值观，这对被殖民国的价值观构成和政策影响很大。事实证明：殖民者无不希望长期统治被殖民国家，而使被殖民者忘记民族身份，认同殖民者的身份，这是殖民的最终目的。为此，世界上几乎所有的被殖民国家都曾被殖民国以法律形式确立殖民国价值观为唯一合法性。荷兰殖民下的印尼，西班牙殖民下的菲律宾，英国殖民下的新加坡、马来西亚、沙特阿拉伯，法国殖民下的越南、柬埔寨，葡萄牙殖民下的泰国等都是如此。殖民者总是想方设法，甚至采取强制手段推行殖民国价值观，使被殖民国家的价值观成为殖民国价值观的体现和延伸，最好实现一体化，使被殖民地独尊殖民国意识形态，这也是历史常态。

被殖民的历史，使“一带一路”沿线很多国家充满着强烈的民族危机意识和精神独立意识，因而无比重视维护国家统一，传承民族文化，并对外来文化的影响持敏感态度。中国价值观要在这些国家顺利传播，就必须正视这一历史事实，采取有效的应对策略，若处理不好与所在国传统文化和价值观的关系，则可能会引发新的民族问题。只有正视这些国家的被殖民历史给民族情感造成的伤害，消除“中国威胁论”和“‘一带一路’威胁论”，才能让各国发自内心地认识到：中国价值观在“一带一路”沿线各国的传播不是殖民性价值观输入，而是为了让世界更客观真实地了解中国，让中国的发展惠及更多的国家。

“一带一路”沿线国家多为多民族主权国家，当其中一个民族的价值观成为官方主导的主流价值观时，实际上意味着这种价值观具有了通过法律强制推广的合理、合法性，如印尼、菲律宾、马来西亚独立后都先后颁布相关改革法令，阿联酋则制定政策以保护穆斯林文化的纯正和政治统一。这实际上也对其他民族的价值观构成了压制和挑战，矛盾天然存在。若处理得当，主流价值观和其他各民族文化可和谐相处，共生共存；否则，就会构成对立，甚至成为民族矛盾的导火线，引发战争。

事实证明：“一带一路”沿线国家多元价值观的不同社会地位客观上造成了不同民族文化之间的不平等，造成了民族矛盾，进而会影响到国家的整体发展。目前，越来越多的国家已逐渐意识到不同价值观之间和谐共存的必要性，这为中国价值观的国际传播营造了良性的环境，而中国价值观的国际传播也应主动缓解“一带一路”沿线国家主流价值观与其他民族价值观之间复杂的矛盾，充分发挥中华文化的和谐观，从而推动各国价值观“和而不同”，“求同存异”，共同发展。这本身就是中国价值观融入沿线国家价值观生态系统的途径，也是目的。

构建中国价值观国际传播多元化支撑体系

"一带一路"背景下中国价值观国际传播现状的复杂化和问题的多样化，国内外局势的不稳定性以及西方价值观的强势压制，要保证"一带一路"背景下中国价值观国际传播的质量和效率，就必须建立"十位一体"多元化支撑体系。

创新化。中国价值观内涵深厚、多元共生，就必须既基于中国悠久的传统，又与时俱进，提炼具有当代价值和世界价值的创新要素，以此保证中国价值观的传承和传播始终保持创新的态势，始终能开放性地吸纳最新的文化成果和科技成果，进而有机融汇古今中外人类的智慧，永立"一带一路"大潮的潮头。

统一化。对"一带一路"背景下中国价值观国际传播的内容，中国各级政府和社会首先要实现思想认识上的绝对统一，并以此为基础，推动实现与沿线国家思想认识上的统一，同时保证对中国价值观国际传播的途径和方法达成国内外的认识统一。在思想统一的基础上，中国应主导因地制宜、因时制宜、因人制宜，以各具本土特色和国别特色的形式，传达统一的中国声音，从而保证中国价值观的国内传承和国际传播以差别化的形式保持内涵实质上的统一。

规范化。在国际形势、国际舆论瞬息万变的新历史语境中，中国政府要加强与"一带一路"沿线国家密切合作，强化监管，努力整合、精简、规范"百家之言"，尤其要对涉及国家安全的关键概念和领域进行规范性翻译和阐释，以保证中国价值观在"一带一路"沿线国家的国际传播始终保持精准的方向。

协作化。中国价值观内涵丰富，外延宽广，只靠中国和"一带一路"沿线国家政府或某些部门的努力，不会产生应有的效果。中国政府应与"一带一路"沿线国家建立合作协作机制，共同确立中国价值观在沿线各国的融入机制，共商传播路径和传播区域，共同监管传播过程，共同评估传播效果。

专业化。"一带一路"背景下中国价值观的国际传播是一项科学工程，需要专业化的人才队伍。目前，在着力提高相关机构专业人才的“一带一路”服务能力的同时，要尽快根据“一带一路”建设对人才需求的特殊性，创新现有人才培养模式，设置相关专业，实现“一带一路”背景下中国价值观国际传播人才的可持续培养。

学科化。“一带一路”是一项历史性工程，要保证这一伟大工程的可持续发展，必须立足于深厚的中华优秀传统文化资源，建立完善的学科体系，形成独立完整的学科理论，为“一带一路”倡议的实施提供源源不断的思想甘泉、理论自信和思路创新。

人本化。中国价值观的核心是“仁”，仁的根本，是崇尚和平与亲善，是热爱人生和生命，热爱自然，热爱社会和他人。这也是世界上一切文化发展的动力和支柱。文化传播过程是“人传人”，也即“仁传仁”，只要我们秉持“以人为本”原则，以仁化人，文化交流就无阻隔。

大众化。中国价值观始于日常，内化于心，行于日常。中国价值观在“一带一路”各国的传播也应主动融入所在国国民的日常生活，实现从“中国传播”向“他国传播”，“政府传播”向“大众传播”，“传播小众”向“传播大众”的三个转变，推动中国价值观润入人心。

技术化。中国价值观在“一带一路”沿线国家的目标受众分布广，身份复杂，需求多样，目的不一。因此，要实现传播目标，就要充分利用传统传播手段，积极推动中国文化资源实现“一带一路”国家共享；同时要积极推动并建设能适应时代需要和国别需要的中国价值观共享网络平台，制作适合互联网、手机等新兴媒体传播的文化精品，重点打造一批特色网站，支持和鼓励学校网站开设中国价值观专栏，拓宽适合不同人群深度理解中国价值观的线上教育平台，从而实现无时空限制、国别限制和区域文化限制的全方位中国价值观优质资源“一带一路”共享服务体系。

国际化。“一带一路”是一条可推动沿线国家借力中国走向世界之路，也是中国借以汲取沿线国家优秀文化反哺中华文化之路。中国价值观在“一带一路”沿线国家的国际传播，也应在传播中不断吸纳各国优秀文化因子，在丰富他人的同时丰富自己；在自己走向世界的同时，也推动世界走向自己；在自己走向沿线国家的同时，也推动沿线国家走向世界；在形成价值观国际传播的“中国模式”的同时，也推动沿线国家形成本国价值观国际传播的独特模式，真正实现“美美与共”的世界大同理想。

总之，“一带一路”沿线国家中国价值观的国际传播作为一个新的具有明确战略目标和现实指导性的理论制高点，在夯实基础的同时要加快实现重大理论创新，从内容到形式向“一带一路”沿线国家和全世界贡献中国智慧，让“一带一路”成为中国价值观通畅无阻的传播通道，让中国价值观成为“一带一路”延伸无碍的助推剂和动力源，最终实现“一带一路”的建设目标与中国价值观的国际传播互联互通，使中国从理论到实践层面都能主导“一带一路”的发展。

国外中国学再研究:问题意识、知识立场与研究进路[1]

唐　磊*

国外中国学,最笼统的理解就是外国人研究中国的学问。中国学者对这异域的学问进行反向研究,常被通俗地称为国外中国学(再)研究。此种学术活动发端于民国时期,民国学人的成绩近年来得到了不少关注。[2] 中国学术界(主要是大陆地区)系统开展国外中国学的引介与再研究,一般认为以中国社会科学院于1978年成立的"国外中国学研究室"为标志。[3] 该室的成立恰与当代中国的改革开放同步,本文的写作即同时受到这两种因缘的触动。

国外中国学研究发展至今,已成为国内学术界一个颇受瞩目的领域。尤其是习近平总书记在2017年"哲学社会科学工作座谈会"上的发言中专门提到"推动海外中国学研究",而反向研究国外中国学正是推动它的一种重要方式,由此也鼓舞了学界对于国外中国学再研究的热情进一步高涨。不过,平心而论,这一学术领域仍处于开放发展中,对于它的研究对象、问题意识、方法论等,学术界还缺乏比较清晰和一致的认识。此前已有严绍璗、张

---

[1] 本文原载于《社会科学文摘》2019年第1期。有改动。
本文系国家社科基金重大项目"境外智库中国研究数据库及专题研究"(14ZDB163)以及国家社科基金一般项目"当代美国的中国观及其历史成因"(18BGJ045)阶段性成果。

* 唐磊,中国社会科学院政治学研究所研究员。

[2] 据吴原元统计,1949年前被译介过来的国外学者研究中国的论文逾800篇。见吴原元:《走进他者的汉学世界:美国的中国研究及其学术史探研》,上海人民出版社,2016年,第2页;李孝迁编有《近代中国域外汉学评论萃编》(上海古籍出版社2014年版),此外可参朱政惠:《中国学者对海外中国学研究的百年回顾——进程、特点和若干问题的思考》,《甘肃社会科学》2013年第5期,第71—79页;李孝迁:《域外汉学与中国现代史学》第八章,上海古籍出版社,2015年。

[3] 据该室创立者之一的孙越生(成立后任副主任)自己的文章,该室正式成立于1978年。见孙越生:《介绍两种关于外国研究中国的连续出版物》,《出版工作》1979年第12期,第49—51页。

西平、朱政惠等学者在改革开放30年前后对上述问题予以讨论。[1]

一、作为研究对象的"国外中国学"

对于中国文化的好奇与探究,是一个具有悠久历史和世界性的现象。今天英语中的一些固有词语如"Sinomania"(中国热)、"Sinophile"(喜爱中国文化者)等,侧面展示了历史上西方世界对于中国文化的持久热情。对于中国文化的专门研究,则在不同历史阶段,形成了"游记汉学""传教士汉学""专业汉学"等学术形态。[2]

在"二战"以前,以伯希和、马伯乐、葛兰言等为代表的"法式汉学"(Paris-based type of Sinology)仍是世界范围专业汉学的主流。[3] 但随着"二战"以后全球知识生产重心从欧洲转至美国和"区域研究"的兴起,出现了从"汉学"向所谓"中国学"的范式转变。旅美华裔学者余英时曾对这一转变做出较为准确的概括:"从20世纪中叶起,中国研究这一领域在美国开始了一个划时代的转向。这一转向包含了两个层次:第一,就研究的内涵说,专家们越来越重视中国的现状及其形成的时代背景;相形之下,以往汉学家们所感兴趣的传统中国就受到比较冷落的待遇。第二,就研究的取径论,人文与社会科学各门的专业纪律获得了普遍的尊重,而以往汉学传统中的文献考释则退居次要的地位。"[4]

范式更迭使得原本属于"东方学"(Oriental Studies)范畴的"Sinology"不再适合用来描述新的知识领域和知识传统,"Chinese studies"被用来作为

[1] 严绍璗:《中国(大陆地区)国际中国学(汉学)研究三十年》,见严绍璗主编:《国际中国文化研究年鉴(1979—2009)》,第1—18页;张西平:《三十年来的中国海外汉学研究略谈》,《国际汉学》2009年第2期,第65—71页;朱政惠:《近30年来中国学者的海外中国学研究:收获和思考》,《江西社会科学》2010年第4期,第18—24页;朱政惠:《海外中国学研究的学科建设刍议》,《海外中国学评论(第五辑)》,上海辞书出版社,2015年,第1—26页。

[2] 张西平:《西方汉学的奠基人罗明坚》,《国际汉学》2012年第2期,第101—115页。

[3] Harriet Thelma Zurndorfer, China Bibliography: A Research Guide to Reference Works About China Past and Present, Brill, 1955, p.32.

[4] 余英时:《从传统到现代:中国研究在美国的转向》,《读书》2014年第7期,第90—98页。

新传统的表述,这种情况先是出现在英语世界,随后也出现于欧洲各国。[1]然而,新旧两种传统的竞争与整合,至少在学术体制层面与美国和欧洲有不同的表现,比如美国的"Sinology"研究大多被归整到"区域研究"的院系中[2],而在"Sinology"传统更悠久的欧洲,"Chinese studies"出现在"Sinology"院系中是十分常见的情况。[3]

中国学者在对欧洲传统的"Sinology"和美国传统的"Chinese studies"进行反向研究时,一般用"汉学"和"中国学"分别对译以示区分,但同时又时常希望用一个单一的概念来统合处于不同时代、置身不同传统、拥有不同形态的国外中国研究,于是造成汉学与中国学的种种名实之争。笔者看来,这些争议对于推动本领域学术发展意义不大。重要的是,当我们致力考察外国人研究中国的学问时,首先有必要意识到它的时代和文化传统特征。作为研究对象,不存在"单数的"国外中国学,只有"复数的"国外中国学。不同文化传统对于复数中国学的影响,有学者总结为:"作为它的核心成分并不是'中国文化元素',支撑这一学术的核心即潜藏的哲学本体价值,在普遍的意义上判断,则是研究者本国的思想乃至意识形态的成分。"[4]

另有必要指出,在指称本领域研究对象的"中国学"(包括"汉学")时,我国学者习惯加上"国外""域外"或"海外"的定语,以有意识强调其作为外来

[1] 欧洲主要国家也出现了"Chinese studies"一类的概念,如法语中的 Sinologie 与 études Chinoise、德语中的 Sinologie 与 Chinastudien 以及西班牙语中的 Sinología 与 Estudios Chinos。俄语中的情况稍微复杂,китаистика 与 китаеведение 都可以被译为"汉学"但同时理解为"中国学"也不错,并且从苏联到今天俄罗斯,其关于中国的学术研究自成传统,并没有明显接受西方学界的影响;参见弗·雅·波尔加科夫:《汉学在俄罗斯—俄罗斯科学院远东研究所副所长弗·雅·波尔加科夫访谈录》,张帅臣译,《俄罗斯语言文学与文化研究》2018 年第 3 期,第 78—83 页。

[2] 孙康宜:《谈谈美国汉学的新方向》,《书屋》2007 年第 12 期,第 35—36 页。

[3] 例如"二战"后(1948)年成立的德国柏林自由大学的汉学(Sinologie)系主要的科研和教学实际围绕着"中国研究"(Chinastudien)展开。另外,从世界范围来看,只有美国高校系统大规模地组织对各国的区域研究,见 Szanton D.L., The politics of knowledge: area studies and the disciplines, 2003.

[4] 严绍璗:《我对"国际 Sinology"学术性质的再思考——关于跨文化学术视野中这一领域的基本特征的研讨》,《中国比较文学》2011 年第 1 期,第 18—27 页。

的知识(extraneous knowledge)的本质[1],但在语义上,“国外”“域外”“海外”等说法并无差异,所指皆落脚于“外”(abroad)。

有趣的是,对于外国人而言,中国学本来就是外国学,例如沟口雄三就说过“中国学是日本人的外国学”。[2] 如此一来,国外中国学再研究就成了对“外国人的外国学”的研究。有时候,人们会奇怪这种学术的必要性,其实它既是国人砥砺自身学术进步的一种途径,也是我们“开眼看世界”的一个特别窗口。这里面也许还有一些地域文化特点的影响。从世界范围看,对于外国人研究自家的学问特别感兴趣并不是一个普遍现象,稍可与中国学界从事国外中国学热情高涨相比拟的,以笔者粗浅了解,似乎只有日本、韩国等亚洲邻国。[3] 在这个意义上,作为一个知识领域的国外中国学研究,本身就可以作为比较文化的考察对象。

二、问题意识与知识立场

学术研究中的问题意识并非指向具体的课题,而是源于对现实世界的深切观察与思考所形成的对具有根本性和深远影响的议题的敏感。这种敏感力既取决于学者们对于现实世界的感知能力,也受制于自身学术积累的路径依赖。知识立场就仿佛物理学向量中那个“方向”,我们认知的成果不仅取决于“数量”也取决于“方向”。问题意识与知识立场相互影响,又共同决定着学术研究成果的“向量”大小。

1. 危机意识与学习立场

在百余年来中华民族曲折的现代化进程背景下,中国学人借国外研究

---

[1] 大陆一些学者曾明确指出“中国学”作为“外国学”(西学)的本质,见葛兆光、盛韵:《海外中国学本质上是“外国学”》,《文汇报》,2008 年 10 月 5 日;刘东:《狭义的汉学和广义的汉学》,《国际汉学》2014 年第 1 期,第 20—23 页。

[2] 沟口雄三:《日本人视野中的中国学》,李平等译,中国人民大学出版社,1996 年,第 103 页。

[3] 日本学者对于国际日本研究的再研究成果略多,如东京外国语大学大学院日本学研究院、法政大学国际日本学研究所都曾有关于“海外日本研究”的专书出版;此外还有一些大学设立专门的研究机构和博硕士课程,如筑波大学、明治大学,前首相中曾根康弘发起成立的国际日本研究中心已有 31 年历史。韩国西江大学开设了“全球韩国研究”(Global Korean Studies in English)的本科专业。

中国文明的智识成果以反观和自励，大体根源于一种"现代化转型"的冲动与焦虑；而对国外的中国研究自觉予以关注、译介乃至再研究，如严绍璗所说："是随着 20 世纪初我国人文学术近代性的发展而得到逐步形成的。"[1]

当我们仍将"现代化"作为一个合理的目标而暂且悬置"中国文明自身是否蕴含足够现代化内生动力"这类问题时，就不得不承认包括学术现代化在内的中国现代化进程的全面开启和加速发展，与近代以来特别是"鸦片战争"后西方文明给中国带来的整体性冲击有莫大干系。这一冲击的后果表现在学术现代化上，就是对本民族学术传统的深刻反思和对"西学"的高度仰慕和汲汲以求，并由此造成中西学术交流事实上的不对等。"中国中心观"的提出者、哈佛大学教授柯文曾指出："一个多世纪以来，中西之间知识交流有一个基本模式：西方的兴趣主要在于了解中国，而中国则主要着眼于学习西方。造成这种差异的原因部分程度上是由于西方人自己的优越感，部分程度上是非西方人对这种情况的认可。"[2]

仰慕西学的倾向在晚清学界曾一度格外严重，其情状梁启超描述为："光绪间所为'新学家'者，欲求知识于域外，则以此为枕中鸿秘。盖'学问饥饿'，至是而极矣。"[3]这种倾向直到民国时期才有所矫正。彼时学界重拾"旧学商量加邃密，新知培养转深沉"的精神，以西学之昌明砥砺国学之不足，由此方奠定出国人严肃对待国外中国研究的心智基础。此时的危机意识又往往表现出赶超先进的民族主义情结。一方面感慨民族学术正统流失，如史学家陈垣对胡适说的："汉学正统此时在北京呢？还是在巴黎？"[4]另一方面则希望中国本土学术能"超乾嘉之盛，夺欧士之席"。[5]

总体而言，民国学者对国外汉学界的接受与借鉴主要在于其视野与方

[1] 严绍璗主编：《国际中国文化研究年鉴(1979—2009)》，第 1 页。

[2] 柯文：《20 世纪晚期中西之间的知识交流》，《文史哲》1998 年第 4 期，第 22—30 页。

[3] 梁启超：《清代学术概论》，上海古籍出版社，1998 年，第 93 页。

[4] 语出《胡适日记》(手稿本)1931 年 9 月 14 日，引自柏桦：《对失去汉学中心的焦虑》，《北方论丛》2005 年第 1 期，第 49—51 页。此处"汉学"为泛指对中国文化的研究。

[5] "超夺"之说语出傅斯年：《致陈垣》(1929 年)，见陈智超编：《陈垣来往书信集》，三联书店，2010 年，第 407—408 页。

法。如语言学家张世禄所言:"外国学者有研究中国学术的,我们必须予以重视。因为他们所运用的工具,所采取的途径,尝足以为我们绝好的借镜,他们研究的结果和获得的成绩,也往往足以开拓我们所未有的境界,以作我们更进一步的探讨的基础。"[1]

从20世纪50年代到70年代,正是以美国中国学为代表的国际中国研究突飞猛进的时期,同时又是中国大陆学术界相对封闭的时期,待到改革开放以后,国外中国学研究的先驱者孙越生不禁对中外学术相对落差之大生出如此感慨:"如果说,海外中国学对于我们自己的中国研究来说已经是一个严重的挑战的话,那么,它对于中国的海外研究来说,就更是一面使国人相形见绌的镜子了。"[2]以此为背景而出现四十年来中国大陆学界新一轮的学术译介大潮,这股潮流此起彼伏至今仍未停歇,也暗示着中国学术的现代化进程仍在继续。"超乾嘉之盛,夺欧士之席"的志愿则转化为"构建中国学术话语体系""争夺学术话语权"一类的表述。

更深一层的意义上,学术现代化往往被知识界当作中国作为一个文明整体进入"现代性"的基石和入口。胡适提出"新文化建设"的原则为"研究问题、输入学理、整理国故、再造文明",正彰显了这层意念[3]。到了改革开放时代,"海外中国研究丛书"主编刘东对于国外中国研究的镜鉴意义也做了同理阐发:"我们不仅必须放眼海外去认识世界,还必须放眼海外来重新认识中国","因为只要不跳出自家的文化圈子去透过强烈的反差反观自身,中华文明就找不到进入到其现代形态的入口"。[4]

由此,背景于20世纪80年代"文化热""西学热"的国外中国研究的译介活动,应放在知识界对现代化转型(包括学术现代化)的渴望与焦虑这一更大背景下去理解;而忧患意识和学习立场也因迄今仍在继续的"现代化强国"建设进程,始终是一大批学者对国外中国学进行再研究的出发点。

---

[1] 张世禄:《西洋学者对于中国语音学的贡献》,原载《文化先锋》第9卷第1期(1948年7月15日),引自李孝迁编校:《近代中国域外汉学评论萃编》,第250页。

[2] 孙越生:《编者前言》,《世界中国学家名录》,社会科学文献出版社,1994年。

[3] 胡适:《新思潮的意义》,《新青年》1919年第7卷第1号。

[4] 刘东:《序"海外中国研究丛书"》,引自该丛书最早出版的一本,吉尔伯特·罗兹曼主编:《中国的现代化》,江苏人民出版社,1988年第1版。

然而,到20世纪90年代后,知识界在关于什么是"现代性"、中国需要怎样的"现代化"问题上发生从存在基本共识到形成多元立场的重大变化[1],"后现代/反现代性的现代性"话语以及"民族主义""文化保守主义"等思潮纷纷涌现并与20世纪80年代占据主导的"启蒙的现代性"话语相抗衡。在此背景下,学术界对于如何看待本质上属于"西学"(或"外国学")的国外中国学有了新的理论工具和认知立场。后文将谈到,近年来,中国本土学界对国外中国学的"欧洲中心主义"进行了多方位的批判,这些批判性研究很大程度上正是源于对西方启蒙主义的"现代性话语"以及进步主义的"辉格史观"的反思,同时也是对西方理论界后现代、后殖民思潮的响应。

2. 批判立场:历史情境与学理根源

与民国学者以振兴国学为目的主动参引欧美汉学成果不同,20世纪50年代以后,中国大陆学界对于西方中国学的态度和立场"一边倒"地转向批判。例如1961年出版的《外国资产阶级是怎样看待中国历史的——资本主义国家反动学者研究中国近代历史的论著选译》一书前言对资本主义国家"反动学术"大加挞伐,如:"现代外国资产阶级研究中国历史的几个学派都力图使中国人民安于帝国主义的统治,忍受帝国主义的剥削,都在为帝国主义侵略进行辩解,并诽谤和污蔑中国人民的革命和社会主义建设事业。"[2]仅从学理上看,此类批判理论根源于马克思的"知识社会学"立场或者说"意识形态分析方法"——他将"经济基础(生产关系)决定上层建筑"的立场贯穿到知识论领域,形成知识的"阶级性"(受阶级利益所支配)主张。[3]

---

[1] 关于此问题,可参看汪晖:《当代中国的思想状况与现代性问题》,《文艺争鸣》,1998年,第6—21页;陶东风:《从呼唤现代性到反思现代性》,《二十一世纪》1999年6月号,第15—22页;徐友渔:《1990年代以来中国知识/思想界的分化和对立》,《中国图书评论》2008年第3期,第17—23页。

[2] 中国科学院近代史研究所资料编译组编译:《外国资产阶级是怎样看待中国历史的资本主义国家反动学者研究中国近代历史的论著选译》(第1卷),商务印书馆,1961年第8页;另参雷颐、杜继东:《60年来的海外中国近代史研究著作译介》,《兰州学刊》2014年第10期,第1—15页。

[3] Goff Tom, Marx and mead: Contributions to a sociology of knowledge, Ethics, 7(2),1980;罗伯特·K.默顿:《社会理论和社会结构》,译林出版社,2015年,第600—602页。

20世纪90年代以后,大陆理论界逐渐兴起对西方“后现代”与“后殖民”思想的引介和研究热潮,并在新世纪以后波及国外中国学(汉学)研究领域。萨义德的“东方主义”、福柯有关权力与话语关系的理论、葛兰西的文化霸权理论等成为对国外中国学(汉学)进行批判的新利器。其结果之一就是在21世纪的头十年里引发了一场围绕“汉学主义”展开的论争。我们不妨以其为代表来考察对这种新型的国外中国学批判背后的知识立场与学理根据。

在“汉学主义”主张者看来,“与东方主义一样,汉学主义‘从文化甚至是意识形态来看,表达并展现为一种话语模式,伴有支撑性的惯例、词汇、学术、意象、教条,甚至殖民官僚主义和殖民主义风格’”。[1]

持相对激进立场的学者认为,“西方汉学从来就有浓重的意识形态色彩,广义的汉学本身就是‘汉学主义’”,假如西方汉学的意识形态性无法抹除,“中国译介与研究汉学,就必须在后现代主义、后殖民主义文化批判语境中进行;如果文化批判将汉学当作西方扩张的权力话语,所谓‘借镜自鉴’的假设就必须重新审视,否则中国学术文化就可能‘自我汉学化’,无意识助成‘学术殖民’,使中国现代学术文化建设陷入虚幻”。[2] 立场相对温和的学者则提出是要借“汉学主义”这一理论主张来“探询可用于解释关于中国知识产生过程中存在的认识论和方法论方面的理论问题”。[3] 但无论激进还是温和,“汉学主义”的主张者都认为全部的西方中国研究智识成果都建立在某种西方社会的意识形态基础上,是“被异化的知识”。中国学术界如果不能以“反殖民”的立场予以批判,就会造成认识论上的偏差甚至陷入“自我殖民”(自我参与建构“汉学主义”)的困境。

以“汉学主义”为代表,近年来中国学界对西方的中国知识进行整体批判似乎成为一种潮流。这股潮流的共同特点是,将中国研究的知识客观性放置一边,着力考察中国研究知识生产活动的社会情境并将之解释为一种受支配的话语建构过程。例如潘成鑫在批判西方“中国威胁论”和“中国机

[1] 顾明栋,钱春霞:《汉学与汉学主义:中国研究之批判》,《南京大学学报(哲学·人文社科·社会科学)》2010年第11期,第79—96页。
[2] 周宁:《汉学或“汉学主义”》《厦门大学学报(哲学社会科学版)》2004年第1期,第5—13页。
[3] 顾明栋:《汉学主义:中国知识生产的方法论之批判》,《清华大学学报(哲学社会科学版)》2011年第2期,第128—140页。

遇论"时这样分析两种话语的虚妄之源:"西方自我想象的核心是其作为一种现代认知主题。这种自我认同默认存在着一个确定的、客观可知的'自在'世界,这给了西方信心和责任去认识和领导这个世界。当有关某些'客体'(比如说中国)的确定只是没有如期实现的时候,西方自封的认知主体就会诉诸某些情感补偿,比如用恐惧和幻想来填补确定性的缺失。"[1]

围绕国外中国学("西方的中国知识")进行的此类批判似乎是坚持了一种与马克思主义一脉相承的"知识社会学"立场,又与中国经济崛起后的不断增强的文化自主性意识相呼应,但其导向的认识论困境也是明显的。首先,一种激进的知识社会学立场会认为,"中国知识归根结底还是一种社会知识和道德性知识,一种没有固定的外部现实可以依傍的知识"。[2]在这种认知框架下,知识的客观性、学术现代化的合理性无从谈起,围绕国外中国学的价值评判也容易"变为一场阶级斗争、政治辩论或文明冲突"。[3] 再者,也是更重要的,把认知能力的能动性推向一个极端(即不能产生真实的知识),实际上也违背了马克思主义辩证唯物主义认识论的基本原则。

大体而言,学习与批判构成了国人面对国外中国学两种基本又方向不同的认知取向。两种看似截然不同的取向背后都隐隐流露出国人对于近代以来中西方学术乃至文明间的某种"不平等"(事实上的或建构出的)的焦虑和抵御心态。两种取向往往纠结并存。

不过,我们仍可以从历史视角来考量国外中国研究的"异化"程度及其是否使这一知识领域丧失其有效性。孙越生先生多年前的一段话仍不失为持平之论:"十八世纪以前对中国的研究,是以好奇和赞美的心情为主要特征,十九世纪以来的中国研究,是以侵略的需要和歧视的态度为主要特

[1] 潘成鑫:《国际政治中的知识、欲望与权力:中国崛起的西方叙事》,张旗译,社会科学文献出版社,2016年,第261页。

[2] 潘成鑫:《国际政治中的知识、欲望与权力:中国崛起的西方叙事》,第274页。

[3] 例如,张西平指出"用汉学主义将西方汉学的客观性和在知识上的进步抹杀掉,这不符合中国研究的历史事实,任何一个熟悉西方汉学史的人都不会接受这个结论"。见张西平:《关于"汉学主义"之辨》,《上海师范大学学报(哲学社会科学版)》2015年第2期,第21—36页;张伯伟:《从"西方美人"到"东门之女"》,《跨文化对话》(第28辑),生活·读书·新知三联书店,2011年,第221页。

征……本世纪六七十年代以来的中国研究，除了以上两种旧的倾向有不同程度的继续外，总的来看，则是越来越倾向于要求科学地重新认识中国。”[1]

三、主要研究进路：文献学、学术史、知识社会学与比较文学

国外中国学研究作为一个学术领域，算上民国时期的初步发展已有近百年的历史，其获得某种建制化的支持力量（例如专门机构、专门学科或课程等）而得以系统开展，也有四十年时间之久。这为该领域形成若干相对稳定的研究方法提供了周期。[2] 概括起来，在国外中国学（汉学）研究领域，最为普遍为学者们践行的研究进路可以归结为四种，即文献学进路、学术史进路、知识史进路和比较文学进路。

1. 文献学进路

我们将对国外中国学成果的翻译、目录整理、述介这一类基础性工作归入文献学进路。[3] 笔者曾对 1979—2014 年 CNKI 文献数据库中国外中国学和国外汉学的研究论文进行定量分析，从结果看，这一类工作代表了国外中国学研究中最具普遍性的研究进路。[4]

四十余年前中国社会科学院成立的国外中国学研究室立足于当时的情报研究所，该室的学术活动实际是在“情报工作”的框架下展开，使得国外中国学研究从起步阶段具有朦胧的“情报学”意味。[5] 20 世纪 80 年代初孙越

[1] 孙越生：《前言》，中国社会科学院情报研究所编：《美国中国学手册》，中国社会科学出版社，1981 年，第 3 页。

[2] 像社会学这样的学科从早期孔德的“社会物理学”到 19 世纪末该学科的基本成熟也不过半个多世纪时间，因此四十年对于一个学科的发展来说并不算太短。

[3] 作为学科的文献学其实也是舶来品，其内涵本身也有变化，参见钱寅：《“文献”概念的演变与“文献学”的舶来》，《求索》2017 年第 7 期，第 167—173 页。

[4] 唐磊：《改革开放以来“海外汉学/中国学研究”学科的自我建构——基于文献计量结果的考察》，《国际汉学》2016 年第 3 期，第 175—185 页。

[5] 有关情报学和文献学的关系，可见张新华：《情报学的学科内容、学科地位和学科性质》，《情报学刊》1993 年第 6 期，第 401—411 页。

生领衔编制的《美国中国学手册》(1981)及严绍璗编著的《日本的中国学家》(1980)以及后来陆续涌现的《俄苏中国学手册》(1986)、《北美汉学家辞典》(2001)、《欧洲中国学》(2004)等工具书性质的著作,胪列著作、人物、机构基本信息,究其体例,与传统中国学术的“目录之学”(今天也归入文献学范畴)颇为相近。

文献学进路传递了中国学术强调“文献占有”的优良传统。像目录之学,被清代学者王鸣盛称为“学中第一要紧事,必从此问途,方能得其门而入”(《十七史商榷》)。20世纪90年代中期李学勤、葛兆光等知名学者参与编撰的《国际汉学著作提要》(1996)为中国学(汉学)史上的重磅作品“钩玄提要”,也是一种目录学的工作。比较而言,国内学术界在汉学研究领域所做的文献学积累更加丰厚,特别是古代汉籍的海外流传和所谓“域外汉籍”的清理,21世纪以来出现了一批重磅成果。[1] 国外中国学研究成果因存量更大且随时更新,在文献目录层面的工作方向却不能像是穷尽收集,而必须是分类梳理、捡精剔芜。好在大数据时代借助发达的文献数据库和数据分析技术,这样的工作不是不可能,而是方法恰当与否。[2] 因此,针对国外中国学成果的“数字文献学”应该是本领域文献学进路的一个重要发展方向。

至于翻译工作,主要是为语言不通的本土学者阅读之便。就治学而论,最好还是直接阅读一手材料,即如严复所说:“学术之事,必求之初地而后得其真,自奋耳目心思之力,以得之于两间之见象者,上之上者也……最下乃求之翻译,其隔尘弥多,其去真滋远。”[3]由于涉及语种众多,没有学者能做到对各国中国学成果都直接阅读,学术翻译的价值正在于此。然而,现阶段对国外中国学成果的翻译引进有两方面问题。首先是激励问题。早在20世纪40年代,该领域先行者之一的梁绳祎就感慨过:“通西文者多鄙弃汉学,而治国学者亦忽视西文,其或力足任此,亦视为劳而少功之业。”[4]这种状况在今天“不发表就完蛋”的学术评价体系中只能是愈发严重,总体不利于国

[1] 如严绍璗的《日藏汉籍善本书录》(中华书局,2002年)、沈津的《哈佛燕京图书馆藏善本书志》(广西师范大学出版社,2011年)以及“域外汉籍珍本文库”的陆续出版。
[2] 这方面,特别需要倚重新兴的情报学方法,如文献计量学,知识计量学方法。
[3] 严复:《论世变之亟——严复集》,胡伟希选译,辽宁人民出版社,1994年,第173页。
[4] 梁绳祎:《外国汉学研究概观》,李孝迁:《近代中国域外汉学评论萃编》,第34—50页。

外中国学译事的进步。其次,被译介过来的作品仍以美国和英语作品为主,这也许是由于美国和英语在学术世界各自的优势地位,但另一方面也限制了我们从更广阔和比较的视野了解国际中国学发展的丰富面貌。

2. 学术史进路

历史学者如李学勤、朱政惠等特别提倡对国外中国学(汉学)采取学术史研究的理论与方法。这与上述学者原本的学科背景有直接关系。朱政惠说,“我们对于海外中国学的研究,立足于史学理论与史学史这一学科土壤”[1],而他在美国中国学史方面的贡献很大程度受益于原有学科的扎实训练。

李学勤曾列举“国际汉学研究”作为专门学科需关注六大问题:①汉学如何起源,迄今走过了怎样的发展道路;②汉学对中国历史、文化、艺术、语言等等方面已经做出了哪些研究;③汉学家及其著作是在怎样的社会与文化背景中产生的;④国际汉学对中国学术的演变发展起过什么样的影响;⑤汉学对西方学术的演变发展又有着怎样的作用;⑥国际汉学的现状以及在新世纪中汉学进展的趋势。[2] 其中第二项可归为文献学进路,也可算作为史学研究基础的“史料学”——在中国的学术传统里,目录学本身就是一种形式的学术史。[3]

学术史进路要以文献学进路为基础,文献掌握充分自然会催生出学术史写作的冲动。孙越生为《俄苏中国学手册》撰写的概况、为《美国中国学手册》撰写的前言,已经是学术史的路数。四十余年来国外中国学研究成果最显著的方面正是学术史,但比起汉学史的成就又明显不足。阎纯德主编的“列国汉学志”书系已出与规划出版的著作基本覆盖了汉学传统较为发达的国家与地区,而中国学史领域的代表性著作仍屈指可数,当然也为后来者填补空白奋起直追留下了空间。

李学勤还曾指出学术思想史研究对于国外中国学研究的重要性:“我认

---

[1] 朱政惠:《我们对海外中国学研究的探索》,朱政惠主编:《海外中国学评论》(第三辑),上海辞书出版社,2008 年,第 54 页。

[2] 李学勤:《作为专门学科的国际汉学研究》,《中华读书报》2000 年 7 月 19 日。

[3] 余嘉锡认为:“目录者,学术之史也。综其体例,大要有三:一曰篇目,所以考一书之源流,二曰叙录,所以考一人之源流;三曰小序,所以考一家之源流。三者亦相为出入,要之皆辨章学术也。”余嘉锡:《目录学发微》,巴蜀书社,1991 年,第 27 页。

为研究国际汉学,应当采用学术史研究的理论和方法,最重要的是将汉学的递嬗演变放在社会与思想的历史背景中去考察……尤其要注意,汉学家的思想观点常与哲学、社会学、文化人类学等学科存在密切的联系。"[1]

学术思想史除了考察学术思想编年意义上的历史,更要考察逻辑脉络中的历史,既要论证其内在脉络的演进过程,又要阐释造成学术思想、体系演变的时代背景,特别是思想史和社会文化史背景。[2] 国外中国学的发展期恰值现代社会科学走向成熟且学术思潮不断转变的时期。若按李学勤所提示的思路进行学术思想史研究,就需对上述背景有清晰的把握。诸如"中国中心观"的出现、"新清史"运动的兴起,都要放在广阔的美国人文社会科学发展史中去理解,才能知道它们如何作为不同学科、思想体系、方法之间互动的结果,才能更加准确地把握其得失,才能避免简单地将"中国中心观"视为中国本位而将"新清史"研究视为"帝国主义学术"。

3. 知识社会学进路

无论学术史、思想史还是近来开始引人关注的知识史,都有内外两种取向的研究进路。[3] 内在进路偏于研究不同体系和派别的学说(思想、知识)彼此之间的关系,外在进路则偏重考察学说(思想、知识)的社会因素。知识社会学把广义的知识(意识形态、思想、学说)当作研究对象,考察其生产和传播过程的社会情境。

前文已谈过知识社会学进路一种相对极端的实践。对于这种现象,其实也可以站在知识社会学的立场予以分析。美国知识社会学代表人物罗伯特·默顿(Robert K Merton)曾说,"知识社会学的发展是与社会条件与文化条件的总体状况相关联的"。他指出,一个冲突日益增加的社会导致该社会各群体在价值观念、思维模式和思想高度上的差异日益扩大,以至于共识难以形成,各种理论观点不断涌现且彼此挑战各自的有效性与合法性,最终导

[1] 李学勤:《序》,《国际汉学著作提要》,江西教育出版社,1996 年。

[2] 杨国荣:《学术思想史的研究:一种值得关注的进路》,《文汇报》2006 年 9 月 17 日。

[3] 关于知识史的概念,限于篇幅无暇展开解说,可参 Gordon PE, What is Intellectual History? A frankly Partisan Introduction to a Frequently Misunderstood Field, The Harvard Colloquium for Intellectual History, 2012.http://hitory.fas.havard.edu/people/faculty/documents/what%20_is_Intell_History%20PGorden%20 Mar 2012.pdf.[访问时间:2018-01-10]。

致“思想被功能化，人们开始从心理的、经济的、社会的、种族的根源以及功能上对其加以解释”。[1] 这一论断用来形容和理解今日中国的社会思潮也是有效的。

同样可以归入知识社会学进路的是以台湾学者石之瑜所主持的“中国学的知识社群研究”。该计划以对各国中国学家进行访谈的口述史文本为基础展开个案的以及跨知识社群的比较研究，十余年来累计超过 300 位各国中国学家接受访谈，在此基础上形成的研究著作和论文也颇为壮观。[2] 石之瑜解释说：“对中国学家知识生涯口述史的研究，旨在促进中国学研究过程中，能免于将知识生产过程客观化，因而采取个人化的知识史在线方式，通过个人知识史的整理与比较研究，最能说明知识意义的多元性，因时空与人心而有不同。”[3]在这项研究计划中，他特别强调探究研究者与研究对象之间的关系，这是由于，“中国研究所涉及的是关于中国的论述及其如何从既定的脉络中形成的可能性，故而是在已有的知识中，透过研究者的选择而开启的另一种知识生产”。[4] 换言之，由于不同社群的知识生产活动反映同时也改造着其生存状态，于是这些社群乃至每一个体在面对研究对象时所做的种种选择（身份、话语等）以及中国研究的知识生产过程都有着相对性。[5]

石之瑜将这样的立场和方法称之为“知识人类学”（有时他也将研究对象称为“中国学的知识史”[6]），这显然受到 20 世纪 70 年代以后兴起的“新知识社会学”的影响。[7] 他在研究中着重考察的那些影响研究者身份选择和知识产出的变量，如宗教信仰、殖民背景、地域文化等等，也是知识社会学

---

[1] 罗伯特·K.默顿：《社会理论和社会结构》，译林出版社，2015 年，第 684—685 页。

[2] 参见该研究计划的网页 http://www.china-studies.taipei/act01.php.。

[3] 石之瑜：《中国研究专家口述治学史的知识意义》，收入何培忠、石之瑜主编：《当代日本中国学家治学历程——中国学家采访录（一）》，中国社会科学出版社，2011 年。

[4] 同上。

[5] Chin-yu Shih (ed.), Producing China in Southeast Asia knowledge, Identity, and Migrant Chineseness, Springer, 2017, p.3.

[6] Chin-yu Shih etc. (eds), From Sinology to Post-Chineseness Intellectual Histories of China, Chinese people, and Chinese Civilization. China Social Sciences Press, 2017.

[7] 新知识社会学重视微观层面的研究，具有人类学的特征，因此有“知识人类学”的说法，参见彼得·柏克：《知识社会史：从古腾堡到狄德罗》，贾士衡译，台北：麦田出版社，2003 年，第 37 页。

研究中反复被关注的那些“知识的社会情境”。所以仍将这一种路数归入知识社会学进路中。

对于知识社会学进路，笔者的意见是，考察“知识的社会情境”仍然需要建立在较为坚实的学术史研究基础上，毕竟，“科学史是科学社会学的学术准备与必要前提”。[1] 另一方面，知识社会学进路的特别价值在于它提示出不同国家(区域)、不同群体中国学知识的可比较性。

4. 比较文学(文化)进路

比较文学研究者周发祥曾对国外汉学(中国学也同理如此)的再研究这样总结：“我们勾故实，辨轨迹，品学人，评名著，述创见，说方法，天空海阔，无所不及。不过，无论以哪种途径进行反馈，有一点显然是不可忽视的，那就是国外汉学所固有的比较性质。”[2]这种比较性质，金惠敏认为：“汉学既非纯粹的西学，亦非纯粹的中学，其特点不是‘纯粹’，而是‘混杂’，是对象与观看的混杂，如此而言，其方法必然就是‘比较’了。”[3]对于国外中国学的比较本质，严绍璗说得最为通透，他甚至特别提出“国际中国学”的概念来凸显之：“‘国际中国学’首先不是‘中国的学术’，而是研究者所属国家文化的组成部分的一种表述形式……‘国际中国学’是一门跨文化的内含多重文化元素的国际性的学问。”[4]换言之，“非本土的研究中国的学问”在各国绝非表现为一种可以识别的单一传统，而是出于各国自身的文化传统和学术传统呈现出多元性。

前述李学勤所说的有关国际汉学六项研究任务里，第4、5两项属于影响研究，如果将跨国学术影响也视为跨国文化影响的一种形式，那此类进路天然易与比较文学尤其是“法国学派”(偏重实证和影响研究)一路的比较文学结盟。[5] 待到后现代主义思潮尤其是后殖民主义思潮兴起后，“自我”与

[1] 尚智丛：《科学社会学——方法与理论基础》，高等教育出版社，2008年，第5页。

[2] 周发祥：《国外汉学与比较文学》，《国际汉学》(第七辑)，大象出版社，2002年，第7—11页。

[3] 金惠敏：《汉学文化理论：一个有待开发的学术领域》，《东岳论丛》2016年第7期，第39—43页。

[4] 严绍璗：《我对“国际Sinology”学术性质的再思考——关于跨文化学术视野中这一领域的基本特征的研讨》，《中国比较文学》2011年第1期，第18—27页。

[5] 张西平：《比较文学视野下的海外汉学研究》，《中国比较文学》2011年第1期，第28—34页。

“他者”的关系成为比较文学学者青睐的话题，“跨文化形象学”也随之成为比较文学的热门课题。正如形象学研究当代重要的奠基人巴柔(Daniel-Henri Pageaux)所说的：“一切形象都源于对自我与‘他者’，本土与‘异域’关系的自觉意识之中……形象即为对两种类型文化现实间的差距所作的文学的或非文学且能说明符指关系的表述，而使用了‘差距’这个概念，我们就又回到了异国的层面，这是一切比较文学思考的基础。”[1]

跨国中国形象研究经过比较文学界的孟华、周宁等人的开拓，已经成为国内学界一个炙手可热的研究主题，从 CNKI 文献数据库的统计结果看来该主题文学与传播学领域的学者贡献最多。[2] 在该领域用力最勤产出最多的大陆学者周宁那里，一切异国对于中国形成的知识都成为中国形象的研究文本，也成为西方现代性文化霸权扩张与渗透的重要证据和中国自我形象认同“自我东方化”的重要媒介。[3]

石之瑜等学者所致力开拓的中国学知识社群或者说中国学知识史的研究展示了趣味不同的比较意蕴。在已发表的菲律宾、越南等国的案例研究中，石之瑜通过中国研究者的文化遭遇和身份策略(identity strategies)尝试在不同的文化区域和社群内寻找“中华性”或“华人性”(Chineseness)，使得“中华性”成为一个可以进行比较的多面体。[4]

[1] 达尼埃尔・亨利・巴柔：《比较文学意义上的形象学》，孟华译，《中国比较文学》1998 年第 4 期，第 79 页；刘东：《跨国形象与国际认知》，《江苏师范大学学报(哲学社会科学版)》2010 年第 3 期，第 112—123 页。

[2] 根据 CNKI 提供的文献可视化分析工具，“中国形象”主题研究论文从 20 世纪 90 年代中期开始增多并快速增长，近年来每年出量超过 800 篇。文学与传播学(算上影视、语言、文化等邻近学科)贡献了近半成果。

[3] 周宁：《跨文化形象学的观念与方法——以西方的中国形象研究为例》，《东南学术》2011 年第 5 期，第 4—20 页。

[4] Chih-yu Shih, China watching and China watchers in the philippines: an epistemological note, in Tina S. Clemente & Chin-yu Shih (eds.), China Studies in the Philippines, Routledge, 2018, pp.123-146; Chih-yu Shih, Understanding China as practicing Chineseness: selected cases of Vietnamese scholarship, Inter-Asia Cultural Studies, 19(1), 2018, pp.40-57.

四、国外中国学再研究的智识挑战

2016 年，习近平总书记在哲学社会科学座谈会上专门提到“推动海外中国学研究”（笔者体会就是指海外的中国研究）。对国外中国学进行再研究，正构成我们推动它发展的智识基础。

国外中国学的再研究作为一项智识活动或知识领域，其魅力很大程度上在于，它同时包含着知己和知彼的意味，并且是通过知彼（他者的学术、认知）来知己（发现自身的特性与可能）或是通过知己（以中国人自身的体验和认知）来知彼（衡鉴他人学术、品味他种文化）。

对于学者而言，这一领域的智识挑战主要来自三方面。第一，根据定量分析，国外中国学和国外汉学研究的高产机构和高产作者，其学科背景都集中于文史哲领域，尤以历史学、比较文学为多。[1] 历史学出身的学者更倾向认同国外中国学的知识客观性，如朱政惠说：“海外中国学研究的成果，总是积极的面大于消极的面，客观大气的观察多于龌龊抹黑的诬陷。”[2]另一方面，诸如“汉学主义”一类的话题一般不受历史学者的重视，参与讨论的主要是文学背景的学者。[3] 薪火相传的过程也会让不同知识立场得以代际传递。因此，在可预见的将来，我们仍然会不断面对领域内部的立场之争，即将中国学作为一个具有客观性的知识领域还是一种具有情境性的知识生产活动。

第二，由于从事国外中国学（汉学）研究的学者主要来自史学、文学、国际关系等其他学科，使得本领域主要是方法论的“消费者”而非“生产者”。对过往四十年大陆地区开展国外中国学再研究的观察可以发现，文献学和学术史进路始终是本领域研究的基本方法，但 20 世纪 90 年代中期以后，比较文学（文化）和知识社会学进路逐渐兴起——这显然也与新知识立场的加

---

[1] 唐磊：《改革开放以来“海外汉学/中国学研究”学科的自我建构——基于文献计量结果的考察》，《国际汉学》2016 年第 3 期，第 175—185 页。

[2] 朱政惠：《海外中国学研究的学科建设刍议》，2015 年，第 1—26 页。

[3] 顾明栋、周宪主编的《“汉学主义”论证集萃》（中国社会科学出版社 2017 年）所收文章，其作者几无例外的具有文学学科背景或主要从事文学研究。

入有关。国外中国学再研究是否能够发展出独立的方法论而非完全依靠其他学科的研究进路，将持续挑战本领域学者的智识能力。

第三，对于国外学术界而言，20 世纪至今的中国研究所面对的最大课题莫过于自 1978 年改革开放以来渐次孕育和展开的“中国崛起”现象，对于国内从事国外中国学再研究的学者而言，如何因应国外学者对于“中国崛起”的种种解读，特别是扭曲的“捧杀”和“棒杀”，则是未来相当一段时间本领域学者无可回避的任务。

海外中国政府治理创新研究40年

刘淑妍*

随着中国经济改革的深化和社会变迁的加速，社会治理与公共服务成为国家治理的重要内容，由此带来的中国政治领域发生的变革就主要聚焦于政府治理的范畴。回顾改革开放以来中国政府治理变革历程，主要展示了两方面的逻辑力量：一个是以调整政府、政党、市场和社会关系为主线的政府职能转型发展逻辑。根据任剑涛评价，中国的政府改革走过了发达国家三百年的历程，仅仅在15年里，中国政府改革就在大布局上跨越了有限政府和有效政府两个门槛，具备坚实的合法性保障。[1] 当前，中国政府职能转型继续定位于不同公共治理主体间的权力关系调整，目标是形成在中国共产党的领导下，政府、企业和社会组织协同治理，交互作用的治理格局和治理体系结构，并不断提升治理主体的治理能力。另一个是以有效公平供给公共服务为核心的公共治理创新实践逻辑。承接政府职能的理论内涵和具体现实要素，在政府公共服务和社会治理等具体领域，充分展示了中国政府治理体制机制创新和政策工具的改进。

追寻和推进现代化是当今世界国家的共同任务，中国政府一直努力将自身的变革设计与社会的现代化发展结合起来，以建构国家治理体系和治理能力的现代化。由于历史和现实的多种机缘，中国的治理现代化走的是一条被学者们称为“后发外生型现代化”的道路。[2] 鉴于后发外生型现代

* 刘淑妍，同济大学文科办公室主任、教授。

[1] 任剑涛：《政府何为？——中国政府改革的定位、状态与类型》，《公共行政评论》2008年第1期，第67—88页。

[2] 张立荣、冷向明：《当代中国政府治理范式的变迁机理与革新进路》，《华中师范大学学报（人文社会科学版）》2007年第2期，第35—43页。

化的特点，中国采用了“政府主导型”发展战略。在这种发展战略下，由国家现代化领导集团主导的“强政府”事实上构成了启动和推进国家现代化的第一推动力，并且是可持续发展的主要推动力。海外学者对中国政府的研究大多认同这一中国现实，从具体的城市和区域治理、地方治理与公共政策等寻求影响中国社会发展的动力与机制，并着力探讨中国政府治理的效度、广度与深度。

一、变革时代国外政府治理研究的理论发展脉络

纵观国外政府治理研究的总体发展脉络，政府的作用一直以来是政治学界、经济学界乃至整个社会学界都关注的命题。早在二百多年前，自由主义的先驱亚当·斯密就在其《国富论》中明确给予政府定位，认为政府的职责最主要是充当“守夜人”角色，整个社会经济的运行则交由市场这只“看不见的手”去调控。一百年来，不同学派争论的焦点在于对政府与市场的关系的界定和作用范围的讨论：著名的现代经济学家曼昆在《经济学原理》一书中从经济物品角度进行研究，认为在市场经济体制中，公共物品的提供仍需政府支持；1997年世界银行报告《变革世界中的政府》一书阐明，在市场逻辑的背景下，市场应该发挥更大的作用，政府则主要聚焦于公共基础职责；2009年诺贝尔经济学奖获得者、著名政治科学家埃莉诺·奥斯特罗姆则从解决公共事务问题的实践分析出发，认为政府和市场都存在失灵，需要探讨第三条路经，即社会的自主治理。[1] 而当前有关环境、基础设施、公共医疗等主要领域的公共服务供给研究中，也普遍强调政府作用的发挥。

20世纪80年代初开始，西方发达国家掀起政府改革与发展新浪潮，以

---

[1] 首先，她指出传统的分析公共事务的理论模型主要有三个，即哈丁的公地悲剧(1968)、Dawes等人的囚徒困境(1973,1975)以及奥尔森的集体行动逻辑(1965)，但是他们提出的解决方案不是市场的就是政府的，而且得出的结论往往是悲观的；其次，她指出当前解决公共事务问题的方法或者以政府途径(利维坦)为唯一或者以市场途径为唯一都是有问题的，她怀疑仅仅在这样两种途径中寻找解决问题思路的合理性；最后，她从理论与案例的结合上提出通过自组织管理公共物品的新途径，但同时她不认为这是唯一途径，不同事物的管理机制，取决于管理的效果、效益和公平的综合评价。观点整理于埃莉诺·奥斯特罗姆：《公共服务的制度建构》，上海三联书店，2000年，第5页。

英国撒切尔政府推出"雷纳评审"[1]作为起点,随后梅杰政府的"公民宪章"运动、"执行性机构改革";美国克林顿政府的"重塑政府"运动;新西兰政府较为激烈的民营化改革运动等都是当时政府公共管理变革的标志性行动。改革项目此起彼伏,改革浪潮风起云涌。归纳80年代以来政府管理的变革讨论,主要集中于两个主题:一是推进政府"新公共管理"(The New Public Management, NPM)运动,把效率、效益、效能作为改革的主导目标,追求为结果而管理。美国学者E. S. 萨瓦斯的《民营化与公私伙伴关系》就对基础设施建设与管理、固体垃圾收集与处理、街道保洁、排污权交易等各种各样公共事务的民营化进行了全面研究和总结,成为探讨民营化改革的经典著作。二是推进"良好治理"(good governance)的发展。20世纪80年代以来,治理(governance,国内研究城市的学者通常译成"管治")理论的发展为其提供了知识支持。世界银行、联合国、OECD等组织大力推行这一行为,为良好治理提供实践范例。如联合国HABITAT推行的全球城市治理运动(The Global Urban Governance Campaign),为推行良好城市治理的管理者提供工具支持。政府治理的范式也随之发生重大变革,主要体现为从新公共管理到新公共服务、从竞争性治理到整体性治理、网络治理与参与式政策设计的理论发展脉络。

二、从政治发展到治理创新:海外中国政府研究视角的转换

考察海外中国政府治理研究,往往与中国政治的研究是紧密结合的。海外第一代和第二代中国政府与政治研究学者,主要是基于中国历史和文化内涵,从整体性视角观察和分析中国政治体系。当前,第三代学者充分运

[1] 撒切尔于1979年上台后,立即任命雷纳爵士为首相的效率顾问,并在内阁办公厅设立了一个效率小组,负责行政改革的调研和推行工作。雷纳及其领导的效率小组即展开了著名的雷纳评审。雷纳评审是对政府部门工作特定方面的调查、研究、审视和评价活动,其目的是提高组织的经济和效率水平。雷纳评审可以说是英国政府绩效评估的开端。引自卓越主编:《国外政府改革与发展前沿》,福建人民出版社,2007年,第38页。

用政治学、社会学、管理学等理论和工具，从不同层面研究改革开放以来的中国政府治理与政治生态，他们在理论准备、物质基础、现场调查、研究方法和手段等条件上远远优于第一、二代学者，因而对中国具有更深刻的认识。[1] 如今，海外关于中国政府治理研究评述可以从研究视角与方法上的延展性、研究主题和内容的多样性以及研究问题的全球性方面得以体现。

早期海外中国政府与政治的研究者，主要是基于历史制度主义探讨中国发展变迁的历史渊源、时代背景与变革动力。随后及当前的研究则重点从国家与社会关系视角关注中国的政治生态，并着重从国家制度、结构和关系维度观察中国政府内部的功能设计与职责定位。在第三代学者看来，国家与社会关系视角对于分析由计划经济向市场经济转型的中国社会具有很强的解释力。1983年倪志伟(Victor Nee)编辑的《当代中国的国家与社会》论文集，可以看作是美国学者较早采用国家与社会关系视角来研究中国政治的成果。自此，国家与社会关系就成为中国政治研究的重要理论基础，并在20世纪90年代一跃成为主流分析视角。结构功能和精英政治分析视角是伴随中国不断深化的政府改革步骤前进的。在美国政治学中，詹姆斯·汤森的《中国政治》偏重于从功能主义视角来分析1985年以前的中国政治。李侃如(Kenneth Lieberthal)在《治理中国：从革命到改革》(2010)一书中，采用静态的组织结构视角分析了从中国帝制到改革开放以后不同时期的政治体制与权力结构，其中当前政治体制分析篇章中，着重从政府内部考察部门组织建构和内部职能分工上政党与政府间权力运行方式，同时从政府政策角度探讨新情境下中国国家与社会关系的变化。[2] 郑永年的《中国的"行为联邦制"》(2013)则从互动关系角度重点讨论了毛泽东时代以来到改革开放后中央和地方关系的变革与动力。[3] 另外，还有一批政治学者通过对中国不同代际政治精英的转型特点的梳理，对精英重组、观念变革、政治战略、政治资源以及知识分子的政治态度等的分析，进一步细化中国政府

[1] Harding Harry, The Study of Chinese Politics: Toward a Third Generation of Scholarship, in World Politics, 1984, No. 30.
[2] 李侃如：《治理中国：从革命到改革》，胡国成、赵梅译，中国社会科学出版社，2010年。
[3] 郑永年：《中国的"行为联邦制"》，东方出版社，2013年。

治理的主体,发现触动中国大变革时代的政治精英者的行为动机。总的来说,美国是海外中国政府与政治研究的主要存在地,各种视角的互相竞争和补充,有助于形成对中国政治的本质性认识,对于国内关于中国政府治理研究来说也具有启发意义。

当前,海外学者对中国政府治理研究的主题呈现越来越丰富趋势,并与世界政府治理变革的实践和理论推动直接相关。当代中国政府治理的研究和实践受公共治理理论范式的影响,东西方政府发展面临共同的问题与挑战,海内外学者试图通过对各国政府治理创新的归纳总结和案例比较分析,既能验证研究方案的可行性,又能获得理论创新的方向。可以说,现阶段的海外研究除了延续传统的政治学研究关注国家、乡村、政权、政党、意识形态等讨论之外,面向市场调控、政府监管、公共服务与社会管理等职能内容的中国政府治理实践,也逐步受到海外学者的关注,从社会资本、市民社会、公众参与等社会科学范畴分析中国地方政府创新行动和城市治理中的多元主体合作、政府赋权与分权,以及基层民主治理等成为研究热点,大量的实证性研究和田野调查方法运用于具体的问题研究中。

跟进中国发展中面临的公共问题进行治理理论的探讨和分析,是观察海外中国政府治理研究的重要向度。中国的经济发展问题持续受到海外学者关注,中央和地方政府如何有效发展经济,进行市场调控一直是海外中国政府治理研究的重心。改革开放以来,理解中国政策过程也一直是海外学者为之努力的重要挑战之一。海外学者通过对不同领域和不同层次的政策制定与实施分析,收集大量经验数据,讨论多样化的政策工具和具体的决策模式。目前,海外关于中国政策制定的研究基本上仍然处于"支离破碎的威权主义"框架内,并未形成具体共识。现有的关于中国政策过程文献主要分为两部分:第一,不同政策领域的政策制定单一案例研究;第二,试图从案例研究结果中建立中国政策过程的新概念以及相关模型或类型,即在原有案例分析基础上,发展出一些概念和"适度"理论模型,以了解中国政策过程的主要特征和驱动力。随着中国改革进入深水区,腐败治理成为中国政府治理研究又一关注的热词。海外学者认为,腐败严重侵蚀了基于政治精英的统治的合法性,有效提升政府清廉指数成为全球治理行动的共同目标,反腐运动不仅仅是巩固权力的手段，也是作为旨在改革中国行政结构和改善治理的重要政策工具。减少贫困则是近年来中国政府面向世界承诺兑现的一项重要政策，在2016年正式被纳入“十三五”规划（2016—2020），旨在使7 000万人摆脱贫困。脱贫战略是“十三五”的最高发展议程。海外学者共议中国农村地区的减贫战略及实施效果，其研究内容已经深入中国少数民族区域研究领域。

总体评述当前海外学者聚焦中国政府治理创新研究，主要特征有：从时间来说，海外学者的研究紧跟中国的政策变迁，且与世界政府治理变革共鸣。研究的视角与方法保持一定的延展性，形成了系统的中国政府与政治研究框架。海外学者的研究内容丰富多样，且多以实证研究为主，问题研究具象化，具有非常强烈的实践意义，有利于中国国内政治的研究与探索，以及国内政策的发展与完善。但从研究观点与结论来说，海外学者关于中国政府的研究仍有较强烈的西方中心理论倾向。

三、新时代中国政府治理发展的重心

在中国，随着晚清以来的西学东进，一大批留学欧美及日本的学者归国，政治学的研究由先前的以翻译为主转而向本土化过渡，出现了一批以现代西方政治学理论研究中国政治的著作，其中被誉为现代中国政治学的奠基人的钱端升是最早从事中国政府与政治研究的学者。其开拓性贡献在于，率先运用“法律形式主义”的研究方法，将政治学研究聚焦于对各国宪法的研究，开启了中国比较政治研究的先河，建构起中国现代政治学研究的基本框架，奠定了其科学化、体系化的发展方向。

当前国内外学者们正积极从政府治理角度观察中国现实政治问题，概述国内外学者讨论热点，进一步聚焦的主题有：①从理论推理的角度关注宏观治理比较，论证政府治理改革的总体方向。将“公共服务型政府”设定为政府改革的目标，并认定“以社会和公民为本位，以公共服务为根本目标”“市场化、社会化，与非政府公共机构甚至私人部门合作”为“公共服务型政府”建设的行为模式和政策手段。②从政策过程视角关注中国决策模式变化。认为中国发展所遵循的是“政策主导型的渐进式改革”路线。这种“政策主导型的渐进式改革”模式区别于“民意主导型”的、由体制外力量所推动的权利驱动或利益集团驱动的民主变革模式，其改革政策主要由来自执政党和官僚精英等体制内的力量所推动，以改善治理效果为目的。③从治理研究范畴关注中国政府的整体性治理状况。一项名为“中国政治发展：中美学者的视角”的研究中，海内外学者基于集体行动逻辑，系统考察了中国改革30年治理方式的变化。他们认为，中国的改革是“以治理为中心的改革”。[1] 从中国目前政府治理实践分析，当前政府治理改革重点在于如何向世界展现一个公开、公正、民主、法治的中国政府形象。积极提升公共服务的数量、质量和可及性等，是政府改善公民幸福感的重要途径。未来如何大力建设服务型政府，提升公众的满意度和幸福感，成为中国政府今后需要面对的最重要课题。以治理能力为重点，以公共服务为导向，以和谐社会建设为目标构成新时代政府建设的重要内容。

[1]《中美学者聚焦当代中国政治发展　增加理解和信任》，中国网，2010年10月30日。

“一带一路”建设中的人文交流:挑战与对策

邢丽菊*

“一带一路”倡议是新时期中国领导集体在外交上的重大创新,它传承古代丝绸之路精神,顺应当今世界和平、发展、合作、共赢的新潮流,彰显人类社会的共同理想和美好追求。“一带一路”建设为21世纪的人文交流提供了宽广舞台和巨大动力,人文交流则为“一带一路”提供重要助力。在当今国际政治、经济和文化关系日趋复杂的形势下,“一带一路”语境中的人文交流也被赋予更加特殊的内涵。

一、人文交流对“一带一路”建设的意义

人文交流一般包含人员交流、思想交流和文化交流,其目的是增进各国人民之间的相互认识与了解,从而塑造区域文化认同、价值认同,最后达成区域政治合法性的支持。在现代国际关系中,人文交流与政治安全合作、经济贸易合作一道构成国际关系的三大推动力。与后两者相比,人文交流是“人与人之间沟通情感和心灵的桥梁,是国与国加深理解与信任的纽带……它与其他外交手段相比更具有基础性、先导性、广泛性和持久性”。[1]

党的十九大报告明确提出,加强中外人文交流,以我为主,兼收并蓄。推进国际传播能力建设,讲好中国故事,展现真实、立体、全面的中国,提高国家文化软实力。中央办公厅、国务院办公厅于2017年12月印发了《关于

* 邢丽菊,复旦大学国际问题研究院教授、中外人文交流研究中心研究员。

[1] 刘延东:《深化高等教育合作 开创亚洲人文交流新局面》,《世界教育信息》2010年第12期,第11页。

加强和改进中外人文交流工作的若干意见》，教育部、文化部也于 2017 年 5 月专门召开发布会，介绍推动"一带一路"沿线国家民心相通的若干举措。作为"一带一路"建设的三大支柱之一，人文交流将为深化双多边合作奠定坚实的民意基础和社会根基。

1. 人文交流是推进中国与"一带一路"沿线国家民心相通的重要途径

人文交流按其字义，指的是人与人之间的思想文化交流。交流也好，沟通也罢，都只是一种渠道，一种手段。可以说，交流本身并非软实力。但是，这种交流因其触动人们的思想，进而可能影响到政府决策，从而对国与国之间的关系产生直接重大的影响。"国之交在于民相亲，民相亲在于心相通"，"以心相交者，成其久远"。国家之间的关系说到底是人与人的关系，只有打动人心，才能实现其他合作领域的"感而遂通"。正如德国哲学家卡西尔所言，人文沟通是"理想世界的力量"，一切真善美的实现最终都要依赖于这种力量。人文交流以民众互动、互识、互知为出发点和落脚点，广泛动员更多的行为主体进行面对面的、切身实地的交流与沟通，让参与民众直接感受相互间思想文化的激荡碰撞。

要实现民心相通，就必须依托多层次、宽领域、全方位的渠道加强沟通与交流。中国所倡导的人文交流涵盖范围相当广泛，内容非常丰富。以中美人文交流机制为例，涉及教育、科技、文化、体育、妇女、青年、地方交流等七大领域。人文交流旨在通过沟通和交流，追求情感和文化上的理解与认同，并将此转化为具有亲和力和感召力的柔性力量。美国学者约瑟夫·奈认为，国际关系中的软实力大都来自一个国家、组织和个人体现出的价值观、国内管理和政策所提供的范例，以及其处理外部关系的方式。应当说，软实力不仅包括塑造人们喜好的能力，更重要的是吸引人心的能力。它主要通过制度、价值观和感召力赢得人心，通过以情动人和以理服人等相对温和的手段争取人心。中国政府与"一带一路"沿线国家大都签订了政府间人文交流协议，高层访问密切，民间交往活跃，教育交流年、文化旅游年、国际博览会、电影艺术节等各种活动精彩纷呈。这是促进人文交流互鉴、塑造良好国际形象、加强软实力建设的必然要求。

2. 人文交流是促进中国与有关国家政治互信的重要基础

互信是人们在复杂的社会环境中产生牢固关系的基本条件。无论是雇佣关系，还是合作关系，如果不能以互信为基础，人们相互间的关系就会很脆弱，也很难长久持续下去。政治互信是国与国之间构建长期稳定合作关系的重要条件。所谓政治互信，指的是一国政府和公众对另一国的政治体制、发展道路、价值观念及政策取向相互间有基本的理解和明显的认同。“信”在中国文化价值观中占据特殊重要的地位。两千多年前的孔子就曾说：“人而无信，不知其可也。”习近平主席曾指出，信任是人与人关系的基础、国与国交往的前提。信任关系的建立是一个系统的工程，需要有关行为主体在多方面做出长期不懈的努力。国与国之间在政治、经贸、安全、文化等利益上难免诉求不尽相同，利益不尽一致。如何缩小分歧而非放大矛盾，如何寻求共识而非突出差异，答案不是简单而唯一的。

政治互信的构建不是孤立的，而是与其他各领域的沟通和交流相互促进的。人文交流虽不能必然导致政治互信的建立，但没有人文交流的广泛开展，要建立政治互信则无从谈起。人文交流因其内容丰富多彩、形式灵活多样，对拉近不同对象间的距离、增进相互间理解所发挥的作用是难以替代的。1971 年中美两国乒乓球运动员的互动是一个突出的例子。中美两国老一辈领导人和政治家以非凡的战略远见和高超的外交艺术，用小小银球推动了中美关系的“大球”，不仅开启了中美关系 40 余年不平凡的发展历程，而且深刻改变了世界格局。时任美国总统尼克松也曾说过，他从未料到美国对中国的主动外交行动会以乒乓球队访问的形式得以实现。中国政府主张“和平合作、开放包容、互学互鉴、互利共赢”的丝路精神，这既是中国开展对外人文交流的基本方针，也是顺应国际形势发展、增进不同文明互鉴、符合各国共同利益的国际关系准则。大力加强“一带一路”人文交流，将使沿线民众更好地了解和理解中国的政治制度、发展道路、传统文化以及外交政策理念，将会促进中国与沿线国家政治互信的建立。

3. 人文交流是深化中国与有关国家经贸合作的重要保障

新型国际关系理念以合作共赢为核心，合作是路径，共赢是目标。这既是对中国传统外交思想的丰富和发展，也是对世界秩序演进的重要判断。

"一带一路"是经济贸易和文化发展的双核战略，它主要以经贸合作为基础，以开放包容为理念，以人文交流为支撑。"一带一路"是中国率先倡议提出的，但这并非只是中国自己的事情，它致力于将中国的发展融入沿线国家乃至世界的共同发展中，致力于将中国的发展战略与沿线国家现有的机制实现对接联通，致力于统筹中国与沿线国家的共同利益以及具有差异性的利益关切，最终目标是与各国建立利益攸关的共同体。

经贸合作与人文交流相辅相成，相互促进。当前，经济全球化在曲折中发展，区域经济一体化在更深层次推进，贸易、投资、服务、人员等领域的便利化、自由化进展虽不顺利，但各方仍在继续努力。经济生活在任何一个社会中都不是完全独立的，而是与政治、文化、教育等紧密联系在一起。中国近年来大力推动与一些地区和国家建设自贸区，主张与一些地区和国家建立经济共同体和命运共同体。要深入开展经贸合作，特别是要建设经济共同体和命运共同体，必须要对相互间的发展需求、消费模式、经营理念及文化习惯等有深度的了解。只有依托广泛的人文交流，并借此形成相互理解和信任的关系，经贸合作才能真正成为相互关系中稳定的"压舱石"。与此同时，人文交流本身也可以为经贸合作带来巨大的直接收益。在"一带一路"人文交流建设的过程中，文化、教育、体育和卫生等领域都是有巨大潜力可以挖掘的新型产业。"一带一路"建设对推动中国对外教育产业合作、文化产业合作、旅游产业合作及健康产业合作等提供了重要的历史机遇和广阔的市场舞台。

二、推进"一带一路"人文交流的问题与挑战

"一带一路"倡议提出以来，西方社会各种质疑的声音屡见不鲜，有舆论批评其为中国版的"马歇尔计划"，甚至冠之以中国版"新殖民主义"。针对这些偏见和误读，如何积极开展有针对性的工作，中国面临的任务相当艰巨。总体而言，在推进"一带一路"进程中，中国在人文交流领域面临的问题和挑战主要有：

1. 文化及宗教的差异对人文交流的影响日益突出

由于在地理、历史、民族、文化及宗教等各方面存在差异，"一带一路"沿

线国家的国情是十分复杂的。上述诸多差异一方面带来了沿线国家和地区在宗教及文化上多元而丰富的特点,另一方面也使得由此产生的分歧和矛盾在一定条件下变得突出。全球化的迅速发展和信息技术的重大革命并没有消除人类社会在文化及宗教上的差异,相反使文化及宗教上的排斥性及对抗性在一些地区和国家表现得更为激烈。美国文化学者亨廷顿认为,冷战结束后,世界政治的主轴是西方的力量和文化与非西方的力量和文化的相互作用。他提出的有关文明冲突的观点引起国际社会广泛关注,虽遭遇不少人批评,但也不断被证实。应当说,“9·11”恐怖袭击事件之后,世界所呈现出来的所谓“文明冲突”有多方面的原因,其中来自基督教文明的国家及个人普遍认为,相较于其他文明的国家及个人,基督教国家享有种族及文化上的优越性。这是引发并激化文明冲突的一个重要原因。

中华文明与西方文明的一个重要区别是,它一直富有很大的开放性,具有很强的包容性,对外来宗教及文化兼收并蓄,形成了独具特色的文明体系。长期以来,中国与“一带一路”沿线国家在文化上相互借鉴,在宗教方面相互影响。历史上的古丝绸之路曾经极大地推动了中国与沿线各国人民的交流,中国的儒道思想西渐,起源于异域的佛教、景教、摩尼教等世界六大宗教也相继传入中国。以丝绸之路为媒介拓展开来的中西文化交流,在明末清初耶稣会传入中国后达到顶峰。宗教与文化的相互交流促进了中外民众精神和信仰层面的沟通,为沿线丝路贸易的发展做出了贡献。然而,任何宗教都具有两面性,任何文化都有其特殊性,其中的消极因素一旦失去有效约束,就会引发冲突并有可能带来巨大的破坏力。当前,中东、东南亚、中亚等地区的民族分裂主义、宗教极端主义、国际恐怖主义以及跨国犯罪活动猖獗。某些沿线国家过于强调本土文化的独特性,对接受异质文化相当抵触,一些宗教极端势力插手其中,致使一些问题变得突出。在文明冲突已经被泛化,特别是一些别有用心的势力大肆挑拨中国与外部世界关系的背景下,文化及宗教方面的隔阂已经对中国开展对外人文交流形成掣肘。

2. 政治体制的不同对人文交流的干扰日益突出

政治体制并没有一个统一的标准,也不应该有一个统一的模式。每个国家的国情都会有自己的特点,每个国家因此也必须依据与其国情相适应的条件来管理自己，发展自己。政治体制的不同是国际社会文明多样性的重要组成部分，不应该对国与国之间的人文交流活动形成干扰。作为一个开放的平台，“一带一路”使不同政治体制和不同发展模式的国家都可以参与其中。“一带一路”沿线既有社会主义国家，又有西方政党体制的资本主义国家，也有强势领导人掌权的、社会正处于转型期的国家，更有国家权力不集中及政府治理能力相对较弱的国家，还有相当一些是权力高度集中的君主政体国家。政治体制的多样性体现了沿线国家多元化的发展道路和治理模式，为有关国家政治上相互借鉴、模式上取长补短提供了有益机遇。但另外一方面，国际政治的客观现实是，政治体制的不同是影响国家间关系的一个重要因素，这种差异给开展正常有序的人文交流带来了明显的干扰。

具体到“一带一路”建设中的人文交流，这方面的干扰主要体现在三个层面：一是就沿线国家而言，政治体制的差异增加了相互间理解与认同的难度。一些国家长期以来对西方国家的政治干涉十分敏感，它们既反对西方国家对其政治体制施加压力，也担心西方国家的政治影响对其社会造成冲击。二是政治体制的差异导致相关国家在具体的法律、制度、规则等方面缺乏较好的对接。这给人文交流增加了很大工作量，也意味着相关国家需要首先在人才培养上下很大功夫，以加强对相互国情的了解，加强对相互规章制度的理解。在中国的政治制度需要被其他国家进一步认识，在中国的语言和文化还不是很普及的情况下，中国对有关国家开展人文交流只能是一个渐进和渐强的过程。三是以美国为首的西方国家在国际上竭力传播西方政治制度和价值观念，把中国的“一带一路”倡议视为一种地缘战略，把中国推进对外人文交流视为意识形态扩展，并为此采取了一系列干扰政策，这也在相当程度上影响了中国对外人文交流工作的顺利开展。美国实施“亚太再平衡”战略，挑拨中国与周边国家的友好合作关系，一个重要目的就是干扰中国实施“一带一路”倡议及积极开展人文交流活动。这是中国推进人文交流过程中难以回避的挑战。

3. 经济发展的不平衡对人文交流的阻碍日益突出

在经济全球化背景下，经济发展不平衡问题越来越引起世人担忧。经济是基础，如果经济不能保持稳定有效的增长，各种社会问题就会突显甚至集中爆发。随着经济全球化和政治多极化的深入发展,世界各国联系愈加紧密,逐渐形成了“你中有我,我中有你”的复杂局面。然而,这种联系并没有消除国家间经济发展不平衡的问题,反而使得这种不平衡在一些地区更加突出,并因此带来许多政治及安全上的“并发症”。当今世界,中心与外围的国际空间结构依然存在,“西方中心主义论”依然在世界政治、经济、文化等各个领域发挥作用。世界体系中的中心国家一般通过经济优势、政治强力以及文明辐射等因素将周边或外围国家纳入自己主导的大格局中。长期以来由发达国家主导的全球经济秩序和治理体系显然难以保障发展中国家的利益诉求,全球治理体系呈现碎片化现象。某些域外大国依仗经济与军事力量干涉“一带一路”沿线国家的内政,阻碍它们开展正常的对外交流活动。

改革开放40年来,中国的综合国力迅速上升。1978年,中国的GDP总量只有2 160亿美元,仅占美国当年GDP总量的十分之一。2010年中国的GDP总量超过日本,跃居世界第二位。到2017年,中国的GDP总量上升到约13.67万亿美元,约占同年美国GDP总量的70%。按国际货币基金组织等机构以购买力平价法(PPP)计算,中国的经济总量目前已经赶上美国。随着中国的快速崛起,广大发展中国家希望与中国加强人文交流,从中国汲取经济建设和国家治理方面的经验,由此更好地分享中国发展的红利。但也有一些国家受到部分反华势力炒作的“中国威胁论”的挑拨离间,担心中国借助经济优势对其施加政治影响或经济掠夺。不难发现,“中国威胁论”在发展中国家并非完全没有市场,一些不明真相或心怀叵测的人随之起舞。与中国的快速发展相比,“一带一路”沿线不少国家经济发展缓慢,经济结构相对单一。其结果是,一些沿线国家受到“中国威胁论”的影响,对与中国开展人文交流颇有忌讳;还有一些国家虽然积极性很高,但囿于人力、物力,特别是财力,对人文交流的现实需求并不迫切。以东盟国家为例,其对“一带一路”的态度基本分为三类:老挝、柬埔寨、泰国积极支持;印尼、马来西亚、新加坡总体不排斥但颇为谨慎;菲律宾、越南则怀疑中国的背后意图,对有关合作顾虑重重。

4. 国际传播能力的不足对人文交流效果的制约日益突出

由于社会制度和意识形态等差异,西方国家在全球大肆宣扬西方的文化价值观。一部分西方学者认识到,“不同文明的人们应寻求和扩大与其他文明共有的价值观、制度和实践”。[1] 这是“9·11”恐怖袭击事件给他们带来的惨痛教训。但另一方面,他们又鼓吹“国家都倾向于追随文明相似的国家,抵制与它们没有文明共性的国家”。从本质上看,以亨廷顿为代表的学者追求的是,当其他文明与西方文明发生分歧时,其他文明应当做出改变以适应甚至顺从西方文明。中国经济实力越强,中华文明的影响力就越大,西方国家对基督教文明的衰落就越恐惧。我们应当清楚地认识到,经济实力的增强是文化影响力增加的重要基础,但同时它也不会自然转化成文化影响力。正因此,大力加强国际传播能力建设,对促进人文交流并借此提高文化影响力具有重要意义。

对中国来说,加强国际传播能力建设面临的问题主要体现在三个方面:一是官方层面的传播能力建设问题。有关部门的主管者应当深入了解国际传媒领域面临的复杂局面,不仅自身熟悉国际传媒话语体系,也要在培养国际传播人才方面进一步下大力气。尽管这些年来我们通过不懈的努力取得很大成果,我们的国际通用型人才仍然严重不足。二是民间机构和个人的传播能力建设问题。在全球化时代,人文交流已经不是“以我为主”由内向外的单向宣传,也不是传统的政府间单方面推动。在对外人文交流中,民间组织和个人,包括学术智库、跨国企业、旅游访客甚至被派往国外工作的劳动者都是重要的参与者。近些年来,一些企业和个人在国外的不法行为或假冒伪劣产品被西方或事发国媒体炒作,并由此产生不小的负面影响,这必须引起足够的重视。三是以美国为首的西方国家对国际传媒的操控问题。当前国际上的话语权主要掌握在以美国为代表的西方国家手中。他们掌控最具影响力的大众传播媒介,拥有数量众多的传媒专业人才,把持了最先进的传媒技术。这些国家唯我独尊,习惯于把自身的价值观和喜好强加于人,热衷于在国际上搞以自身为主导的霸王条款。中国如何加强国际传播能力建设并在国际舞台上积极传播好“中国声音”,相较于过去如何对待西学东渐的外来文明,成为一个新的时代课题。

[1] 塞缪尔·亨廷顿:《文明的冲突与世界秩序的重建》,新华出版社,2010年。

三、推进“一带一路”人文交流的对策思路

“一带一路”人文交流内容丰富,平台多样,形势复杂,行为主体多元,这意味着今后要做的工作是大量的。近年来,在有关方面共同努力下,我国对外人文交流所取得的成绩十分显著,有目共睹。但是,我们也必须要清醒认识到对外人文交流过程中面临的困难与挑战,切实做好有关工作。今后一个时期,针对如何排除干扰,化解挑战,推进人文交流,建议如下:

1. 以命运共同体理念为引领,倡导不同文化在平等基础上交流互鉴

命运共同体理念是中国特色大国外交理论创新的重要成果,为 21 世纪国际关系的发展提供了新思路。这一理念继承发扬了中国外交的优秀传统,反映了中外优秀文化和全人类共同的价值追求。这一理念的重要意义在于以共建美好世界为目标,不断增强中外人民的心灵相通,加强中国与世界的相互认知和认同。我们要在“一带一路”沿线国家积极宣传人类命运共同体的理论,倡导不能对文化价值观进行排序或差别对待;要尊重文明的多样性,以文明交流超越文明隔阂、文明互鉴超越文明冲突、文明共存超越文明优越;要大力弘扬中国优秀传统文化,同时承认各国文化的独特性与共通性,诚心实意地汲取沿线国家文化中的优秀内涵;要重视与沿线国家进行宗教交流与合作,充分尊重沿线国家不同的宗教信仰,重视和加强宗教理论研究;要与沿线国家一道保护和开发宗教文化旅游资源,打造宗教文化与旅游文化合一的可持续发展模式;要在亚信、上合组织等地区机制框架内,积极尝试开展宗教与文明对话,使之与政治、经济合作等议题并驾齐驱,向国际社会充分展现中国在文化与宗教方面的包容性。

2. 以加强政府层面的政策沟通为主要渠道,丰富促进人文交流的对话机制

要积极利用好现有资源平台,加强我国与沿线国家战略机制的对接联通,如加强“一带一路”与俄罗斯国家复兴战略、印度“东向行动”政策、欧洲“投资计划”、印尼“全球海洋支点战略”、蒙古“草原丝绸之路”等的对接,从国家层面为经贸合作和人文交流奠定坚实的政策基础;要与沿线国家共同

举办“教育交流年”“旅游交流年”“文化交流年”等活动，建立长期稳定的人文交流合作机制，建设好软环境平台。目前我国已经与东盟最大的国家——印尼于2015年正式建立了副总理级别的高级人文交流机制，内容涵盖教育、科技、文化等七大领域。印尼是全球最大的伊斯兰国家，中国—印尼这一机制是我国同发展中国家建立的首个高级别人文交流机制，因此具有里程碑意义。相关政府部门要与沿线国家政府对口单位就便利人员往来进行积极的政策磋商，探讨我国与沿线国家人员交往便利化的新举措，如逐步扩大对持中国护照的免签国家范围，简化中国籍劳务人员务工签证的申办手续等。

3. 以继续探索官民并举模式为重要手段，鼓励民间力量在人文交流中发挥更大作用

国与国的关系基础是“民心相通”，而所谓“民”就是人民，就是每个个体或是由个体组成的团体。我国在官民结合开展人文交流方面已经有了多年的摸索，积累了很多宝贵经验。但不可否认的是，由于改革开放的时间总体上还不是很长，我们在进一步调动民间力量方面仍然大有可为。要发挥好“民相亲”“心相通”的桥梁作用，充分推动社会各界参与“一带一路”人文交流的事业当中；要以经贸合作为依托，发挥企业在“走出去”过程中的重要作用；要熟知国际商务规则以及沿线国家国情，努力提高产品质量、科技含量；要下苦功树立品牌意识、环保意识以及回馈当地社会的服务意识；要加强学术往来，加大对沿线国家留学生的培养，增强智库间的互动交流；要发挥各类文化团体、社会组织的积极作用，推动区域间、城市间人文交流，通过文化互动来消除偏见和误解；要积极发挥沿线国家华侨华人的交流使者作用。据统计，全球6 000万海外华人中约60%居住在“一带一路”沿线国家，他们的积极参与有助于将中国的文化思想与“一带一路”沿线国家的实情实现更好的对接。

4. 以打造面向国际市场的文化媒体为突破口，大力发展我国的国际文化传媒产业

近年来，我们在建设有影响力的传媒平台和人员队伍方面下了许多功夫，投入了不少资金，更新了不少设备，设立了不少奖项。应该说，效果是明

显的，但又是有限的。在坚持优秀传统文化根基的前提下，我们要紧跟全球化和信息化时代的特点，从做强涉外媒体和教育、文化产业等方面入手，加强人文交流的能力建设。要积极借鉴非英语国家媒体走向世界的成功经验，打造中国面向世界的拳头媒体。在这方面，卡塔尔的半岛电视台和俄罗斯的今日俄罗斯电视台的经验值得借鉴。我们的媒体要有意识地建立平等互鉴、包容尊重、命运共同的传播话语体系，将我国传统文化的和平诉求、新型国际关系理念、命运共同体理念等如实传达给沿线国家。这就需要打造汇通中外的新概念、新表述，用富有亲和力、感召力和公信力的话语来讲好中国故事。在发展文化产业方面，我们要坚持政府推动、企业主体、市场主导、商业运作的模式。政府要制定并完善文化创新的相关政策，加大对文化产业的资金扶持，并构建多元合作渠道开放和整合文化资源。企业要借鉴国际文化产业成功的经验，努力培养国际专业化人才，根据市场需要来进行商业投资等运作，大幅提高跨国经营的法律意识、管理水平、文化素养等。

“一带一路”倡议提出以来，已经先后有 80 多个国家和国际组织响应参与其中，这充分说明中国的倡议符合沿线国家的切实需要，可以与沿线国家自身的发展战略实现对接。这也表明，有关倡议顺应了全球化时代历史发展的大趋势，为国际社会共同应对发展难题、化解相互间分歧、建立彼此间信任，提供了“中国方案”。尽管如此，我们也应该看到，在国际格局深刻演变、全球力量对比发生历史性转换的背景下，中国的这一倡议在实施过程中难免会遇到困难和阻力。人文交流作为“一带一路”建设的一个重要支柱，其功能就是要增信释疑，其目的就是要构建互信，其根本追求就是要建立人类命运共同体。我们要进一步深入思考人文交流过程中面临的各种困难，切实找到行之有效的应对之道，从而服务好“一带一路”建设，使“一带一路”建设行稳走远。

中国文化何处寻

——兼及汉语国际教育与教师的作用

刘运同*

一、引　　言

由于文化是一个包罗万象的概念，因此可以看到文化交流或文化传播的方式或形式也是多种多样的。把中国精美的青铜器或兵马俑送到国外展览是传播中国文化；把中国精美的京剧或昆曲表演给外国观众看，是一种文化传播；把少林武术送到国外进行表演，是一种文化交流；中国的文学或电影在国外获奖扩大了中国文化的影响力；不断扩大的出国旅游也不同程度地改变着外部世界对中国或中国人的认知……

没有人否认，汉语国际教育也承担着传播中国文化的重任。但是与其他形式的文化传播或交流相比，汉语国际教育领域的文化传播有什么特点呢？是否仅仅把其他形式的文化传播方法借用过来，也邀请中国的文物、戏剧、美食到国外展示就完成了自己的使命？或者由教师学习一些简单易行的文化技能，如剪纸、打中国结、用毛笔写字，教给外国人就算文化传播？汉语教育领域的文化传播到底是否有自己特有的本领或特长来跟其他文化传播方式进行竞争呢？作为汉语教育领域的主体，教师在汉语国际传播中应当充当什么角色呢？

* 刘运同，同济大学国际文化交流学院教授、语言应用研究所所长。

二、语言教育中的文化教学

提到文化，一个让人迷惑的事实就是它存在着如此众多的定义。这不仅可以归结于时代的演进，也归结于学科背景的不同。语言教育专家其实并不需要再发明一个新的文化定义，他只要精心选择一个适合自己专业需求的文化定义，并加以适当调整即可。例如，美国的外语教学行业确立的外语教学目标包括文化目标，其中的文化目标又把文化细分为三个部分：Product、Practice、Perspective。[1] 这个粗略的分类对于我们讨论语言教育中的文化教学已很有帮助。

下面具体分析在这三个大的类别中语言教育如何大展身手，发挥出自己的优势。Product 指人类创作的各种产品。学习文化当然需要接触、了解其他文化所创作的各种文化产品，但是关键的问题是语言教师是否具有传授这类文化的能力或优势。如果一个外国留学生来到上海，对上海的建筑感兴趣，他是否一定要从学习汉语开始再学习上海的建筑？

Practice 指一个文化社区的人进行交际所完成的行为或交流。正是在这个领域，语言、交流和文化统一了起来。这个领域才是语言教育大展宏图的地方，才是语言教师具有优势的王国。

通过语言学习，教师帮助学习者掌握用目标语进行交流的技能。正是在语言学习的过程中，学习者也顺带了解了目标语人群交流的方式和规范。这就是目标语人群的文化。严苛的学者一定会反对这样简单化把交流等同于文化的做法，但是，这样的文化传播不仅是语言教育的巨大优势，而且也是语言教育或语言教师的巨大成就。

同时还必须指出，通过语言学习来学习文化具有润物细无声的效果，避免了单向的、急功近利的文化传播所带来的消极影响。它不仅具有一石二鸟的功效，而且可以让语言教学回归它的本色，让语言教师真正可以安心完成自己的工作，发挥自己的特长。

[1] 莫兰：《文化教学：实践的观念》，外语教学与研究出版社，2004 年。

Perspective 对应于人们熟悉的观念文化。不可否认,观念文化对语言的交流起了很重要的作用。但是如何教授观念文化呢?如果仅仅靠讲授,不让学习者具有切身的体会,效果也一定不会好到哪里。解决问题的出路也在于让学习者回归到语言学习当中,通过语言学习来具体熟悉中国人的思想和观念。我们不排斥对一些有特殊需求的学习者进行系统的中国文学、哲学、思想等教学,但是对普通的语言学习者,让他们从具体的语言行为、语言交流中理解中国人的思想和观念,仍不失为一个十分有效且可行的选择。即使是对那些需要深入学习中国精细文化的学习者,具有一定的语言能力,具有跟中国人交流的经验,对他们理解所谓的中国精细文化也是十分有帮助的。

总之,语言教育具有文化传播的功效,但我们不赞成让汉语国际教育承担过多它并不擅长的重任。汉语国际教育本身有它的专业特点,应该让它做自己擅长的事情。

三、语言教师的责任

既然我们强调了语言教师的工作就是利用自己的专业知识来教会学习者掌握汉语交流的能力,那么一个合格的汉语教师的主要责任就是掌握完备的专业知识,高效地帮助学习者学会汉语。陆俭明对国际汉语教师应具有的知识和能力做过深入探讨,他认为:"作为一个合格的汉语教师,首先必须具有较好的汉语言文字学的功底,掌握好现代汉语语音、词汇、语法、文字等方面的基础知识。此外要具备与汉语教学密切相关的其他方面的一些知识,如文学、教育学,特别是有关外语教育方面的知识,以及心理学方面的一些知识等,而其中汉语言文字的基本功是最必需的。"[1]在实际教学中我们发现有些教师,由于缺乏汉语言的基础知识,如不能区分"礼貌"和"失望"的词性,当学习者提出为什么不可以说"他很礼貌"时,无法提供明确的答案。

语言教师的职责当然并不仅限于课堂上教学,他可能还要组织学生进行教

[1] 陆俭明:《汉语教师培养之我见》,《国际汉语教育》(中英文)2017 年第 3 期,第 29—35 页。

学实践，组织各种文化活动，课外辅导学生等。不管怎么说，一个语言教师的主要职责仍然是利用自己的专业知识帮助学习者更快更好地掌握汉语。对新的国际汉语教育教师的培养也应该注重他们专业技能的发展和教学能力的发展。

同时我们也必须明确，国际汉语教师还是文化交流的使者。无论在国内从事汉语教学还是赴国外进行汉语教学，汉语教师都会被看作是一个国家的代表。在与学习者的交流过程中，如果遇到一些涉及国家方针政策的问题，汉语教师有责任帮助学习者了解中国政府在有关事项上的立场和看法。

但是这并不意味着，汉语教师时时刻刻充当政府发言人的角色。无论是在课堂上还是在课下，语言教师同时也是一个普通的中国人，他的一言一行也会影响到学习者对中国的评价。因此，作为一个有机会同外国学习者交流的人，他应该更加注重自己的言行，把中国人真诚友好的一面展示给外国人。我们注意到，如果一个教师有时能够以一个普通人的方式来跟学习者交流，学习者也会更愿意接受教师的观点。例如笔者会在课堂学习时讲述自己的故事，帮助学习者理解中国发生的深刻变化。在读高中时（19 世纪 70 年代），笔者第一次看到了电视；时至 1987 年肯德基第一次在北京开业，店里多么拥挤。还有一次，笔者与学生讨论了快递业在中国的迅猛发展。笔者提到不久前看到的新闻，一个快递员撞死了一位老人。笔者说，如果可能我们还是不要用快递，因为我们的方便是建立在快递员冒险的配送基础上的。一个学生说，如果我们都不用快递，那快递员如何挣钱呢？笔者回答说：你说得对。这样的讨论也许并不专业，师生似乎回到了朋友聊天的模式。但笔者认为，即使在语言课堂上，偶尔如此这般的角色转换对语言学习或文化学习都是有益的。

最后还需要指出，语言教师除了教授语言，他应该还是一个探究者。无论是在对有关问题的讨论中，还是对有关现象的评价中，教师都有责任引导学习者，做一个思考者，做一个探索者，寻找更多的资料进行综合，得出更加客观可信的结论。这要求语言教师要时刻留意不同学科的发展，能够对学生关心的问题提供可靠的信息。例如，在讨论文化现象时，有些留学生指出，中国人在请客时是抢着付钱，外国人则采用 AA 制。这个看法表面看来并没有错，但是并没有说明不同的行为方式背后的原因。中国著名的社会学家费孝通也关注过这种现象，并提出了功能性的解释。费孝通认为：“亲密的共同生活中各人互相依赖的地方是多方面和长期的，因之在授受之间无法分一笔一笔的清算往回。亲密社群的团结性就倚赖于各分子间都相互地拖欠着未了的人情。在我们社会里看得最清楚，朋友之间抢着回账，意思就是要对方欠自己一笔人情，像是投一笔资。欠了别人的人情就得找一个机会加重一些去回个礼，加重一些就在使对方反欠了自己一笔人情。来来往往，维持着人和人之间的互助合作。亲密社群中既无法不互欠人情，也最怕‘算账’。‘算账’‘清算’等于绝交之谓，因为如果相互不欠人情，也就无需往来了。”[1]其他学者则认为，功能性的解释并不完美，抢着付账行为还可以从制度文化的角度进行解释。学者王宁认为，抢付行为“是积极主动地承担私人义务的体现。与此同时，在群体成员相互间积极主动地承担私人义务的同时，他们的私人权利也间接地得到了满足”。[2] 还有一些经济学者从流动性的概念来解释两种付账方式的区别，认为传统社会的人流动性低，倾向于采用抢着付账的方式；现代社会的人流动性高，倾向于采用 AA 制。[3] 这些信息帮助学习者深入思考文化差异背后的原因，避免简单地把一些现象归结于中外文化的差异。

四、结　　语

回到本文的标题“中国文化何处寻”，笔者的主要观点是，至少对于汉语国际教育来说，中国文化就存在于中国人的日常交流活动中。汉语国际教育的最大优势就是可以通过语言教育来完成文化传播的宏伟大业。国际汉语教师不仅仅是外语教师，也是文化传播使者。但是他完全可以充分利用自身的特长来完成语言教学和文化教学的使命，而不必变成一个“门门通门门松”的杂家。

---

[1] 费孝通：《乡土中国　生育制度》，北京大学出版社，1998 年，第 72—73 页。

[2] 王宁：《人情结算与义务承担——以朋友聚餐消费中的“买单”行为为例》，《广东社会科学》2014 年第 1 期，第 199—213 页。

[3] 菲尔普：《怪诞经济学》，中国友谊出版公司，2017 年，第 257 页。

“一带一路”背景下中日韩产学研合作的现状与展望

高　翼[*]　陈毅立[**]

一、引　言

2013年,中国政府提出了打造“丝绸之路经济带”和“21世纪海上丝绸之路”的宏伟构想。中日韩三国同处东亚地区,作为东亚地域内重要的国家和经济体,互相增进合作、互利共赢,对于引领亚洲的发展和世界的发展都有重要的作用。

在区域合作中,产学研合作是代表性模式之一。通过企业、大学及研究院所之间的合作,将知识迅速转换为效益,实现技术创新、产业升级,从而推动科技与经济的统一,成为产学研合作的目的。

本文聚焦“一带一路”背景下中日韩三国的产学研合作,在剖析中日韩三国产学研发展及其现状的基础上,提出构建三国产学研合作新模式的可能性。

二、产学研合作概述

产学研合作最早开始于美国加利福尼亚州的斯坦福大学科学园,它通过企业与高校、科研院所合作发展,加强企业技术改造和技术开发,加快先进技术在企业中推广应用,促使高科技成果商品化、产业化,从而将知识转变为效益。对于企业来说,实现了技术升级,提高了产品的竞争力,获得收益;对

*　高翼,上海第二工业大学讲师。

**　陈毅立,同济大学国际文化交流学院副院长、副教授。

于大学及研究院所来说，自身研究得到回报的同时，获得了后续的资金，继续探索未知的知识世界。无论从哪一方来看都是一种互相促进，共同发展。

如今，产学研合作已经从当初的固有的模式转变为一种概念，即：通过合作，将无形的知识迅速转化为有形的成果，将人类对世界的认知用特定有形的方式表现。鉴于此，世界各国政府都在采取相应的对策，促进产学研合作的发展，将其作为一种产生经济效益和社会效益的驱动力，来推动社会的发展进步。

1．产学研合作的要素和领域

在产学研合作的诸要素中，高校具有科研优势、学术优势、多学科综合优势和人才培养优势。企业有生产技术、技术设备、一线实验与应用条件、系统应用技术、资金和管理技术。科研单位有科技研发队伍、科研成果、基础研究和应用研究体系。也正因为高校、产业界、科技界有各自的优势，能够通过合作达成互利互惠、共同发展的目标，产学研才能产生合作。

从不同的角度来看，产学研合作的形式根据其结合的领域可以分为：教育、研发和创新领域，包括教育培训、研究开发、技术转移；人、物、信息和权利的交流领域，包括人力资源交流、场地设施等物质资源的交流、产学之间的信息交流和知识产权等方面的权利交流。

2．产学研合作的必要性

对于产学双方来说，合作交流都有相当的必要性。“学”提供知识成果、理论构架等想法，这些是最终产品的来源；“产”提供设备、场地，来将这些想法产业化，转化为现实。对于“学”来说，科研是“源”，教学是“流”，是科技知识的传承。但是，光有源头，没有路径，想法无法落地，那是空想。对于“产”来说，产业是“本”，是产业发展的基础。但是，光有基础，没有创新，企业就会老化，最终被淘汰。

另外，必须看到，产学之间的交流，是以人为本的。“学”的任务是培养高素质的人才和完整的人格，向企业输送人才，帮助企业培训人员，保证企业人力资源的活力和流通。“产”从教学和科研渠道获得人才与成果后，利用自己的设备、资金、管理优势，进行产业化，将一部分收益返回科研，并向“学”提供经费，使科研获得了继续研究的经费保障。

三、中日韩产学研合作发展及特点

1. 日本

日本产学研合作体系被称为“官产学”。“官”指的是政府，包括所有公共机构，如公共研究机构、公共组织等。“产”即产业界，就是承担生产的企业。一般来说，参与产学研的企业多为科技创新型企业。企业是技术创新的主体，它以满足顾客和市场需求为目的，为社会提供商品和服务，同时创造大量的价值。它是产学研合作中的主体。“学”指学术界，包括进行基础研究并开展教育，培养人才的院校。高等院校是基础理论研究与科技发展创新的主体。同时，“学”中还包括各类研究机构、研究院所，它们是进行基础研究、应用研究和各类技术研究开发为中心的事业法人，也是构成产学研合作的又一要素。

日本官产学合作创新的历史非常悠久，从明治维新初期开始就出现了产学官合作的萌芽，但真正的发展要追溯到“二战”后。面对战后经济几乎瘫痪的状态，日本政府为了迅速恢复经济和发展生产，推行吸收性战略，即积极引进、消化和吸收国外的先进技术，以此来推动经济的发展。进入20世纪80年代，产业革命升级，对于科学技术的经济属性高度认可。为了在激烈的竞争环境中保持优势，日本政府在科研投入方面不惜代价，特别是加强了其基础研究和进行独创性自主技术研发的能力。20世纪80年代至90年代初，日本创造了经济高速发展的鼎盛奇迹。到了20世纪90年代，随着日本泡沫经济破灭，为打破经济低迷和促进产业升级转型，日本政府意识到只有开展基础性、开拓性的前沿研究才能保证国家和产业的持续竞争力。日本出台了一系列促进产学研合作的政策与法律，产学研合作进入快速增长阶段，且形成了更加规范、稳定的依靠规则。

纵观日本经济快速发展的历程，技术创新对于日本经济的发展起着关键作用，而技术创新又离不开研究开发活动，可以说产学研合作模式在其中发挥了至关重要的作用。具体来说，有以下几个特点：

首先，日本政府的政策倾向就是鼓励企业、大学和政府研究机构之间的合作。在每次严峻的经济和财政困难之时，比如战后的百废待兴、泡沫经济破灭时的资产贬值，政府都会进行制度完善、政策引导，保证了产学研合作的顺利进行。

其次，行政体制的改革也起到了重要的作用。在产学研合作的初期，为日本战后经济复苏做出巨大贡献的企业与注重理论研究而忽视应用研究的大学都对产学研合作积极性不高，同时日本政府存在着相关行政职能机构纵向分割、无法统一规划的功能障碍。2001 年，综合科学技术会议(CSTP)应运而生。会议下设审议产学研合作组织改革的“科学技术体系改革专门调查会”和创造、确保、活用知识财产的“知识财产战略调查会”。这样，一个就产学研合作相关措施，收集、比较各省厅的政策信息，省略重复，为了补充相互间的不足的“圆桌会议”就此形成。可以说，这些行政体制的改革，对于加强信息管理，促进合作有着不可替代的作用。

此外，1998 年起以专门从事大学技术转让业务的有限股份公司——尖端科学技术孵化中心为代表的从事大学技术转让的组织机构，也已在日本几所主要大学中出现。这既帮助了研究人员和企业之间的沟通，省去了诸多麻烦，又促进了大学社会活动功能的提高，可谓是一举两得。

2. 韩国

在韩国产学研结合及韩国的工业化过程中，技术开发和国家技术革新体系得到了很大的发展。一般而言，可分为以下几个阶段：①产学研结合基础形成期：20 世纪 60—70 年代；②产学研结合研究的繁荣发展时期：20 世纪 80—90 年代；③产学研结合研究成熟稳定时期：2000 年以后。其中，进入 90 年代中后期以后，为了支援产业技术信息、人力及其研究开发支援相互联系的产业，设立了产业技术情报院、韩国科学技术研究院附属研究开发信息中心、韩国电子通信研究院的信息服务站、中小企业厅和中小企业振兴团体的技术情报服务站等多种形式的产业技术信息服务网。

除了信息方面的协作，90 年代中期以后，慢慢出现了地方科学技术振兴措施与地域内造成协同研究重心的潮流。地方合作研究中心以及地域技术革新技术中心的成立，作为协同研究的中心团体——科技技术园等技术协同机构孕育而生。2001 年，韩国政府推出了为期五年的“科学技术基本计划”，重点开发“6T”领域，即IT(信息技术)、BT(生命工程)、NT(纳米技术)、ST(宇宙航空技术)、ET(环境工程)、CT(文化技术)。2004年，韩国启动了“十大新一代成长动力工程”，重点发展数码广播、智能机器人、新一代半导体和未来型汽车等十大高技术产业。2012年，韩国政府又制定了《国际科学商务带基本计划》，旨在促成世界级的基础研究活动，建立基础研究与应用研究相融合的机制，为发展世界级的科学产业创新集群构筑基础，以解决基础科学能力及科研成果转化不足日益成为经济增长的瓶颈问题，在复杂的世界经济背景下，进一步加强产学研合作，提升国家竞争力。

韩国的产学研合作有着以下几大特征：首先，重视人才，大力引进和培养科技人才。20世纪70年代中期，随着经济的高速增长，韩国为解决一批高级专业人才，在继续依靠自费和海外奖学金的前提下，1977年第一次确定了“国费留学制度”。20世纪90年代，把科学技术人力政策的焦点放在了培养优秀科学人才上，把提高科学技术人力的竞争力作为科学技术人力政策的重点，提出要在2012年前，培养10所处于世界前100位的研究性大学。引入“国家特别研究员”制度，培养1万名核心研究人员，着重研发韩国第十代新增长动力技术。实行优秀科学家国家管理制度，让有望问鼎诺贝尔奖的韩国科学家负责国家大型研究项目，并提供所需要的研究经费，向这些科学家提供相当于部长级官员的“国家要员级”的人身保护。

其次，创新合作模式，不断推陈出新。在2000年成立的“产学合作基金会”(以下简称基金会)。依据《产业教育促进与合作法》修订案中的条款设立，将已有的众多促进产学研合作的机构和组织贯穿起来，形成体系化的科技成果转化的机制。基金会是统筹所在高校的科研管理活动的中心，全权负责所有涉及产学研的合作事务。基金会具有独立法人的身份，可以整合专利申请业务，接管所有高校科研中产生的专利的权属。此前高校通常以研究者本人或提供项目经费的企业的名义申请专利，因而基金会的设立不仅提高了韩国高校保护和运用知识产权的意识，也防止了利用高校科研教学资源开发的专利的流失。

3. 中国

我国开展产学研合作主要经过三个阶段，第一阶段是积极探索产学研合作阶段(1985—1995 年)。1982 年,中共中央、国务院根据经济和科技发展的形势,明确提出“经济建设必须依靠科学技术,科学技术工作必须面向经济建设”方针,要求科技行业和经济行业发挥社会主义相互合作的优越性,整合力量,选择对国民经济发展有重大影响、与产业发展有密切关系的项目,突破技术难关,提高经济发展与产业技术的水准,增强国际的竞争力。1984 年,中共中央提出“科学技术要为国民经济服务”,激励高等院校将科技成果转化成实际的生产力。1992 年,由国务院生产办(国家经贸委前身)、教育部、中国科学院 3 家发起推出“产学研联合工程”,并组建临时办公机构,即“产学研工程”办公室,行使其产学研联合的功能,这标志着产学研正式由民间进入官方阶段。

第二阶段是从实施科教兴国战略高度,产学研进入快速发展阶段(1995—2005 年)。1995 年 5 月,中共中央、国务院正式出台《关于加速科学技术进步的决定》,该决定提出了实施科教兴国战略,并强调:“继续推动产、学、研三结合,鼓励科研院所、高等学校的科技力量以多种形式进入企业或企业集团,参与企业的技术改造和技术开发,以及合作建立中试基地、工程技术开发中心等,加快先进技术在企业中的推广应用。”这是中共中央、国务院文件第一次提出产学研合作,标志着产学研合作正式纳入了科教兴国战略。同年,国家经济贸易委员会决定于“九五计划”期间,进一步组织完善“产学研联合开发工程”,逐步形成以企业为主体,并与高等院校、研究院所、技术服务机构共同推进技术创新体系及有效运行机制。

第三个阶段是从建设创新型国家的战略高度,产学研合作进入了又好又快发展阶段(2005 年—至今)。2005 年,《国家中长期科学和技术发展规划纲要(2006—2020 年)》明确指出,建设以企业为主体、产学研结合的技术创新体系,是全面推进国家创新体系建设的突破口。2006 年 1 月,胡锦涛同志在全国科学技术大会上指出:“要建设以企业为主体、市场为导向、产学研相结合的技术创新体系,使企业真正成为研究开发投入的主体、技术创新活动的主体和创新成果应用的主体,全面提升企业的自主创新能力。”这标志着产学研合作已经上升到建设创新型国家的高度,纳入了国家创新体系建设。

回顾我国产学研合作发展的道路，不难发现：首先，中国产学研合作政策体系渐趋完善，政策文件数量充足。从政策制定主体看，有国家最高权力机构制定的法律（包括宪法、基本法和部门法），有地方权力机构制定的地方法规（自治条例），有我国政府和其他国家政府或国际组织之间签订的国际法（国际条约、公约、协议、备忘录等），有国务院制定的行政规章、国务院所属各部委制定的部门规章和地方政府制定的地方行政规章，还有产学研合作促进主体内部的规章制度等。

其次，产学研技术成果输出快速增长。近年来，我国创新能力迅速提升，技术市场快速发展，技术合同交易额逐年上升，技术合同成交额从2014年的8 577亿元上升至2018年的1.78万亿元，增长107.5%。高等院校、科研机构和企业在推动技术市场交易、促进国家经济社会发展及服务国家创新驱动发展战略中发挥着极为重要的作用。

最后，中国产学研合作创新成果大量涌现。近年来，我国产学研合作创新成果快速涌现，以中国产学研合作促进会设立的中国产学研合作创新与促进奖为例，可说明我国产学研合作成果发展现状。截至2016年，中国产学研合作创新和促进奖共评选出各类奖项2 464项。其中，产学研合作创新奖868项、产学研合作促进奖793项、产学研合作创新成果奖733项及产学研合作突出贡献奖70项。其中，产学研合作创新奖由2009年的98项增加至2016年的164项，产学研合作创新成果奖由2009年的70项增加至2016年的161项。2015年，中国产学研合作创新与促进奖一等奖为27项，二等奖42项。2016年该奖项的一、二等奖数量分别增加至49项、51项，共有来自全国内地19个省、自治区、直辖市的144家高校、科研院所和企业分享了一等奖的殊荣。

四、“一带一路”是中日韩深化合作的优秀平台

2015年3月，中国政府正式公布《推动共建丝绸之路经济带和21世纪海上丝绸之路的愿景与行动》，“一带一路”倡议步入实施阶段。在讨论和推动实施“一带一路”倡议构想的过程中，我们关注的重点地区主要集中在中

亚、东南亚、南亚以及中东、东非地区，较少有人注意到“一带一路”与东北亚地区的关系。如果仅从传统的“丝绸之路”或“海上丝绸之路”的路径来看，东北亚地区在“一带一路”倡议中的重要性也许确实不如欧亚大陆。但如果从推动我国与周边国家利益共同体甚至命运共同体建设的大视野来看，东亚国家则同样是“一带一路”倡议的重要合作国家。

首先，从地理位置看，“一带一路”倡议通过海陆两条线将推动形成欧亚大陆经济整合的大趋势，在区域结构上将推动形成一个联通欧亚非三个大陆的“海陆闭环”。如果说这个“海陆闭环”的西部终端在欧洲合龙，那么其东部终端的合龙地就是东亚。

其次，从国际形势来看，在当今全球经济体系的三大主力板块中，西欧有着不断扩大的欧盟，北美拥有成熟的北美自由贸易区，面对欧盟和北美区域一体化咄咄逼人的态势，为了在国际经济事务包括多边贸易谈判中以一个声音说话，东亚区域的整体合作已成为当务之急。而在东亚区域合作中，中日韩合作最为重要。

另外，中日韩合作开拓“一带一路”有着深度融合的现实需要。中日韩是亚洲重要国家和世界主要经济体。三国人口总和超过亚洲的1/3、世界的1/5，经济总量占亚洲的70%、世界的20%，贡献了亚洲经济增量的70%和世界经济增量的36%，堪称世界经济版图和国际经贸合作的稳定增长极。三国地缘相近，优势互补，近年来经济合作逐步深化。全球经济仍处在危机后的低迷期，中日韩等东亚国家经贸稳定发展，对于引领亚洲发展具有重要作用。

中日韩最理想的经济局面是，发挥各自优势，形成互利共赢的自贸区。中日韩合作既有良好的现实基础，又有广阔的发展空间。以加快中日韩自贸区谈判进程为抓手，积极推进东亚一体化建设，可能是当务之急。以充分发挥各自比较优势为基础，积极推动在重大基础设施建设等领域建立跨国合作模式，将中国装备制造的性价比优势同韩日高端技术、周边国家的发展需求紧密结合，开展国际产能合作，打造三方合作新品牌，可以为各自经济增长和全球经济复苏增添新动力；以加强创新政策交流为引领，将中国创新驱动发展战略、韩国创造型经济政策、日本科技立国政策相对接，探讨在软件和信息技术服务领域,特别是移动互联网、云计算、智慧城市、大数据等领域的合作,促进亚洲地区的可持续发展和共同发展。

五、"一带一路"倡议下产学研合作模式的构建

在党的十九大上,习近平总书记指出,"创新是引领发展的第一动力,是建设现代化经济体系的战略支撑",并明确提出"加快建设创新型国家"。实施创新驱动发展战略,是我国应对发展环境变化、把握发展自主权、提高核心竞争力的必然选择,是加快转变经济发展方式、引领经济发展新常态、保持我国经济持续健康发展的必由之路。随着科学技术的进一步创新,特别是人工智能、机器人领域的不断突破,由机器人力代替人力的新一次"产业革命"正在快步向我们走来。世界各国也感受到了创新对于经济发展的巨大推动作用,各国都不断地探索促进创新的战略、路径与模式,尤其在探讨符合本国自主创新能力的合理模式。

在我国,产业界愈发感到光靠过去的成本优势已经无法保持领先优势,必须逐步转向靠研发创新,推进产学研用深度融合。通过建立企业主导产业技术研发新机制、培育壮大引领发展的创新企业群、推进产学研协同创新,才能不断保持优势。而在日本和韩国,也面临着日益加剧的国际贸易摩擦、少子老龄化带来的产业空洞等一系列问题。只有不断创建新的产学研合作模式,促进产学研进一步的融合,夯实创新发展的基础支撑,通过机制创新、资源整合等,推动创新要素高度聚集和创新资源优化配置,提升不同国家不同区域自主创新能力、产业竞争能力、对外开放能力和辐射带动能力,打造推动创新创业和引领创新发展的强大引擎。具体路径如下:

1. 强化合作,发展产业技术创新战略联盟

产业技术创新战略联盟是指由企业、大学、科研机构或其他组织机构,以企业的发展需求和各方的共同利益为基础,以提升产业技术创新能力为目标,以具有法律约束力的契约为保障,形成的联合开发、优势互补、利益共享、风险共担的技术创新合作组织。

在推进国家创新战略、加快建设创新型国家的历史进程中,着力构建产

业技术创新战略联盟,至少有三方面的迫切需要:一是目前我国多数产业已经发展到了整体技术水平需要上台阶、大量共性技术亟待突破的关键阶段,产业界对共性技术的需求十分紧迫;二是资源、能源及环境问题已成为我国发展的巨大瓶颈,而这些技术的开发具有投入大、时间长、短期效益不明显等特点,在一些集中度较低的行业中,单一企业缺乏足够的开发力量,而企业竞争的排他性也不利于向整个行业推广;三是大飞机、大型船舶、高参数火电以及核电、载人航天、高速重载铁路、油气开采及输送等国家重大工程,在运行质量、寿命、安全等方面,需要一个系统的强有力组织作为技术支撑。

产业技术创新战略联盟是市场经济条件下产学研合作的崭新形式。这种新型的产学研合作,不同于以往那种单项、粗放、个体性交易等简单形式的产学研合作,也不同于以往那种行为短期化、组织松散化、缺乏稳定合作机制和持续内在动力的合作,而是聚焦高端、立足长远的战略合作,是多方参与、多元模式、多种结构,具有稳定合作机制的长期合作。由于它立足于国家重点产业、重大科技专项、重点产业创新发展工程的战略需求,有共同的目标和共同的利益作纽带,在战略层面上形成了协同创新的长效机制,具有持续有效的内在动力,因而能够以一定的联盟形式建立长期的战略合作关系,进行协同创新、持续创新。

2. 拓展合作,构建跨国技术创新体系

"一带一路"奉行以"通路"为基础的共同发展理念,强调国家要想发展,必须先"修路",不仅是有形之路如高铁,而且是无形之路如心灵之路。"一带一路"建设并非只是传统意义上的通道建设,而是旨在通过政策沟通、设施联通、贸易畅通、资金融通、民心相通等"五通"代表的"互通互联",构建起一个紧密联系的大经济区。

在此背景下,必须坚持全球经济一体化的方向,加强国际间的交流,不断发展产学研跨国合作作为一种有效促进创新的方式,也逐渐被跨国企业与国际组织重视,跨国企业研发中的科技创新活动已经成为趋势之一。

产学研跨国合作是产学研合作的特殊形式,也是国际科技合作的代表形式之一。常见形式包括:①外资企业与国内科研院所合作;②中资企业与国内外的科研机构、高校合作;③中外合资企业与国内外高校、科研院所的合作。这种创新的合作方式,参与主体突破国别的限制,涉及多个国家不同参与主体的合作。既有产学研合作创新的普遍特征:资源共享、优势互补以及风险共担等,也有自己特殊的优势,比如,技术及科技成果的交流比较灵活,新技术一旦得到市场认可,企业就能打开新市场,创造利润点,很可能就赢得技术上的先动优势,形成一定时间的垄断,获得高额的垄断利润。产学研跨国合作除了为企业创造直接的经济利润以外,对高校与科研院所也大有裨益。通过跨国合作创新,高校和科研院所能接触丰富的国外先进知识,能了解当地或者国际市场的需求,并能筹集相当数额的科研经费,获得丰厚的经济收益与社会声誉。

3. 升级合作,推动产学研协同创新

协同创新是各创新主体将知识、技术、思想等创新资源、创新要素进行多方位交流和合作的过程,是一种知识共享、共同进步的机制,其特点是参与者拥有共同目标、内在动力和直接沟通,依靠现代信息技术构建资源平台,进行多方位交流和多样化协作。协同创新能整合各方互补性资源、充分发挥各方优势能力,促进技术创新和知识创造,带来价值的增加。

协同创新的四大主体要素是企业、高校、科研机构与政府,它们在协同创新体系中发挥着不同的作用。如企业具有市场与资金优势,是知识和技术需求方;高校和科研机构拥有大量的人才和知识资本,是新知识、新技术供给方;政府对协同创新具有调控权,可通过制定政策引导协同创新项目的开展。因此,只有将四大协同创新主体要素整合起来,才能够实现资源优势互补,产生多元主体协同效应。从整个创新活动的过程来看,"基础研究—应用研究—技术开发",其中,基础研究是指立足于研究领域的前沿和交叉学科新的生长点进行探索性研究,具有前瞻性,以产生新观点、新学说、新理论等理论性成果为目标。应用研究是指运用基础研究成果,为创造新产品、新方法、新技术、新材料提供技术基础所进行的研究。技术开发是指在基础研究和应用研究的基础上,将新的科研成果应用于生产实践的开拓过程。从基础研究的科学发现,到应用研究和技术开发,再到产品开发和设计制造,最终经过市场营销服务用户需求,形成规模经济,这是一条完整的创新链条。

考虑到产学研协同创新主体要素的协同关系，以及创新活动以市场需求为主体的特点，只有将创新活动放置在高校这个平台，以基础研究为支撑，以应用研究和技术开发为主体，并通过新技术、新产品为社会创造价值，更好地满足市场需求，才能实现创新活动的增值效应。

六、结　　语

产学研合作已经成为推动世界各国创新体系发展的重要方式之一。面对世界经济全球化的趋势，不同的国家的企业与科研院所、高校合作，进行共同创新的国际科技合作也开展得如火如荼，成为世界经济发展的重要推动力。

本文回顾了产学研合作理论，梳理了中日韩三国产学研的发展历程，总结了三国产学研的发展特点。日本产学研合作起步较早，在发展过程中，形成了“官”“产”“学”相互协同的卓有成效的合作形式，对日本战后经济复苏发挥了不可替代的作用。

在韩国产学研合作模式中，政府参与的比例较大，通过牵头国家研究开发项目，以期实现重大领域的技术突破，缩小与发达国家的技术差距。同时，支持中小企业技术开发的产学研联盟事业在扶持中小企业上发挥了不可或缺的作用。另外，韩国的产学研合作不断更新，形成了独具特色的基金会模式。在它的作用下，产学合作得到加强，科研成果的转化大幅提速。

我国产学研在党和政府的支持下，稳扎稳打。经过三个阶段的探索后，产学研合作已经上升到建设创新型国家的高度，纳入了国家创新体系建设。以企业为主体，产学研合作的技术创新体系，已经成为推进国家创新体系建设的突破口。

当今世界已进入大科学时代，新的科技革命呼之欲出。世界科技创新模式正由传统分散的以研究者个人兴趣为纽带的线性模式向跨国别、跨组织、跨领域、跨学科的网格式、开放性模式演变，产学研合作已成为世界各国提高科技竞争力和综合国力的重要途径。在这个大背景下，中国提出了“一带一路”的国际合作倡议，不排斥世界任何国家，欢迎所有国家的共同参与。“一带一路”是对现有双边、区域和国家合作机制的整合、扩展和延伸。中日韩三国有良好的现实基础，又有广阔的发展空间，三国应充分发挥各自优势，积极推动产学研合作，在重大基础设施建设等领域建立跨国合作模式，为各自国家的经济增长和全球经济的复苏增添新的动力。

天台宗东传高丽及其僧团的建立

李海涛*

在一定意义上来说，韩国佛教是作为东亚佛教的组成部分之一而存在的，也就是说，我们不能脱离开东亚佛教而单独谈韩国佛教，特别是离开了中国佛教就无法真正认识韩国佛教。从整体上看，韩国佛教几乎存在着中国佛教的所有学派、宗派，其理论与观点也多与中国佛教相似。但具体来看，韩国佛教因受固有文化及其思维方式的影响又表现出诸多特点，同时，韩国籍僧人也在很多时候对中国佛教的发展起到重要的推动作用。也就是说，中国与韩国之间的佛教文化交流并不是单向的、由高到低的流动，而是相互影响、相互促进的双向交流，这在中韩天台佛教文化交流方面表现得尤为突出。本文以宗派的视角通过玄光、智宗、谛观、义通、义天、了世、圆觉等人来考察天台宗在韩国的建立及僧团的形成与发展。

一、法华思想在韩国的初传

据史料所载，玄光是第一个将法华思想带回韩国的僧人。关于玄光的史料记载并不多，基本上是以《宋高僧传》卷十八《陈新罗国玄光传》为基础的。玄光，海东熊州人。据考证，当时的熊州应属百济，而非新罗，赞宁应该对海东的情况并不是很了解，加之当时在中土的主要都是新罗僧，所以把玄光误记为新罗僧。另外，从记载上看，虽然无法确定玄光的生卒年，但根据慧思大师年谱，可推算出玄光应该生于6世纪中期。当时的百济国已经是佛

---

* 李海涛，山东大学犹太教与跨宗教研究中心副教授。

寺众多，信佛之风日盛。所以，小小年纪的玄光就一心想寻求善知识，修学佛法。玄光长大之后誓愿要到中国去求学佛法。在百济威德王时期，玄光冒着生命危险，漂洋过海到南朝陈国的衡山一带，第一次见到了慧思大师。慧思大师既严守戒律，注重苦行，修习禅观，同时又非常注重诵持《法华经》，从而悟得法华三昧。慧思大师作为中国天台宗的先驱，对智者大师智顗及天台宗理论构建的影响是毋庸置疑的，但他的佛学思想与天台宗“止观双修”的根本宗风及“三地圆融”和“一心三观”的核心教理也不完全相同。相比而言，慧思强调的是“因定发慧”，在以定为本的基础上倡导“定慧双开”，同时又是以《大品》为宗旨会通《法华》，特重空谛。慧思一生驻锡多处，基本路线是从北至南。其中，在光州大苏山和南岳衡山讲法和传法时间较长，影响也较大。玄光与慧思的相遇在南岳，按此推断应该是在568年至577年之间。当时，慧思大师在南岳倡导“定慧双开”，解行相参，度化众生，影响很大。玄光来中土求法之前似乎并不知道慧思大师，应该是到中土陈国后慕名到南岳参访慧思大师。玄光第一次见到慧思大师，就被他的佛法所折服，敬佩不已。同时，慧思了解到玄光的根器之后，把自己所重视的法华安乐行法门传授给玄光，足见对其重视的程度。玄光也没有辜负慧思的期望，勤修苦行，日益精进，最终证得法华三昧。慧思大师印证了玄光的证悟真实不虚，同时也希望他能回国弘扬这一法门。玄光也听从了师命，在慧思圆寂前就离开了南岳，中经江浙，回到百济弘扬法华思想。据载，玄光在百济熊州翁山盖茅舍为梵刹，升堂讲法，传播法华安乐行门。依从玄光修学者很多，其中留有记载者有中土的慧旻法师、升堂受莂者一人、入火光三昧者一人、入水光三昧者二人。约西元7世纪前期，玄光圆寂。

从思想史上看，百济玄光在中国与韩国佛教文化交流史上具有重要的地位。首先，他从慧思大师修得法华安乐行法门，后将其传播于海东百济，对法华思想的海外传播做出了重要贡献。其次，他在归国途中曾驻锡江浙地区，弘扬法华思想。事实上，玄光离开南岳后并没有直接回到百济，而是在江南一带传法数年。据载，慧旻曾于玄光法师听闻《成实论》二年左右。按照慧旻圆寂于贞观末年(649)，生年77岁的话，他应该是在587年(15岁)到589年(17岁)期间从学于玄光法师，如此来看，玄光法师至少在589

年之前仍居住于中土，也就是说，玄光法师在慧思大师圆寂（公元577年）后，仍在中土阐扬法华等佛教思想。这样说来，玄光法师在中土学习并宣扬法华思想至少应有16年之久。因此，可以认为玄光法师在南岳祖堂和天台国清寺祖堂中居其一，应该不仅仅是因为他是慧思大师之高足，而且也是因为他对法华思想的阐扬所做出的重要贡献。

二、天台宗在高丽的建立

玄光之后，不断有韩国僧人到中土学习天台法华思想，如波若、缘光、悟空、德善、连义、朗智、法融、理应、纯英、无漏等，其中缘光是天台智者大师智顗的亲传弟子；法融、理应和纯英则是天台左溪玄朗的弟子。这些求法师不仅继承了中国佛教的法脉，同时还回国弘扬和传播天台法华思想，将《法华经》及天台宗经典带回韩国，从而为韩国本土天台法华思想的流传提供了经典依据。在韩国建立天台宗之前，韩国僧人对天台法华思想的关心和修学更多的是通过对《法华经》的讲学、诵读、礼忏和注疏来表现的，如出现了大量的《法华经》疏记等，而在新罗则流行《法华经》的讲学、诵读、礼忏和注疏等，都说明当时天台法华信仰已经十分普及。此外，韩国僧人还将天台法华思想传播到日本，并携带典籍入吴越弘扬天台。

高丽与吴越佛教的交流在天台宗方便表现得尤为突出。

第一阶段以智宗、谛观、义通三人为代表。

智宗（930—1018），高丽时期全州人，8岁便出家修学，投学于曦阳山禅门迥超禅师门下，颇受器重。因高丽王读永明延寿的《宗镜录》，青睐有加，故差遣高丽僧入吴越求法，智宗为当时选派的僧团成员之一。可见，智宗在当时的高丽已是较有造诣的禅门僧侣。智宗于955年入吴越，第一站就是到杭州永明寺跟从延寿大师学习佛法，并通过机锋问答的方式得到永明延寿的认可。这表明智宗继承了中土法眼宗的法脉，确立了其所传禅法的正统地位。智宗在永明延寿大师处，修学多久不得而知，只知道他后来到天台山国清寺拜谒净光大师义寂。对于智宗来说，拜谒义寂是一大因缘，使得他可以跟从义寂学习《大定慧论》及天台教观。从后来的记载可以，智宗在义寂门下对天台教观的学习与造诣都是非常出色的，因而受到当地名流的邀请到螺溪传教院讲《大定慧论》和《法华经》。至此，智宗俨然成为天台宗系的一位高僧。970 年，在中土居住了 15 年的智宗回到高丽，此时他不仅完成了高丽王使命，继承了法眼宗永明延寿的法脉，而且还精通天台教观，从而受到高丽历代国王的推崇。从智宗得到的封号“大师、重大师、三重大师、禅师、大禅师”来看，他在高丽主要是作为禅僧的身份而存在的，而对于天台宗在高丽的弘传却没有记载。

高丽谛观（？—970）与智宗（930—1018）几乎算是同时代的人。而且智宗是先于谛观入华的，而又是在谛观圆寂的同年回到高丽的。也就是说，谛观在华的时期，智宗同样在华，而且两人很有可能都在义寂处修学。谛观比较特殊的是，他并不是作为求法师来到中国的，而是应中国宋时吴越王之请，奉高丽王旨携带天台教籍以归故土，突出表现为韩国佛教对中国佛教的直接影响及官方行为。谛观于公元 961 年，应中国吴越王之请，受高丽王之命携带天台教籍入华。谛观入华后，听说义寂讲授超众，遂前往参谒，深感心服敬佩。他拜义寂为师，禀法就学于螺溪十年而亡，其所带来的全部天台宗教籍也“悉付于师教门”，为天台宗的中兴提供了基础。谛观作为吴越与高丽佛教交流的使者，其来华主要有两个意义：一是与以往主要是韩国僧侣入华求法、学法所不同，谛观是在中国天台宗亟需散失的教籍来寻求自身发展的情况下，应吴越王之请，高丽王之派遣，而携带天台教籍来华的，因此，谛观入华不仅代表着中韩佛教交流的官方行为，而且也在很大程度上反映了韩国佛教对中国佛教的反哺与影响；二是从思想理论上来看，谛观所带来的天台教籍不仅填补了中国天台宗所散失的宗内文献，而且促成了天台宗在中土得以复兴，而且谛观还根据智者大师的《妙法莲华经玄义》录述了《天台四教仪》。《天台四教仪》作为谛观对《妙法莲华经玄义》理解性的总结和纲领，为以后的天台宗僧提供了一本很好的宗派入门书。

如果说谛观更多是对中国天台宗发展的所需要的经典文献的功劳的话，宝云义通则直接传承了中国的天台宗法脉。义通入华求法，在天台宗十五祖螺溪义寂门下受业学习天台教观，后在明州（今宁波）弘扬天台圆顿法门 20 年之久，其门下有法智知礼和慈云遵式承继其法脉。义通上承螺溪义寂，下启法智、慈云，使天台教观在将绝之际勃然中兴，成为天台宗第十六祖。法智知礼与慈云遵式的所言所行，是“接着”义通的所言所行而加以发扬光大的，他们所成就的正是义通未竟之事业。义寂、义通、知礼三世相承，由时势之不同而各有所侧重，最终成就天台中兴之全功。

如此来看，智宗、谛观与义通都曾在义寂门下学习，学习的内容当然是天台教观思想。然智宗作为高丽禅门高僧，对天台教观的弘扬主要在螺溪传教院，对高丽也应有所影响；谛观作为携带天台典籍入吴越的高丽僧，在高丽时就应是一位对天台教观思想颇为精通的高僧，后圆寂于中土，并对中国天台宗的复兴做出了贡献；宝云义通则直接传承了中国天台宗，上承螺溪义寂，下启知礼与遵式，成为中国天台宗的十六祖。

第二阶段义天入宋并建立高丽天台宗。

义天(1055—1101)，俗姓王，名煦，字义天，为高丽文宗王的第四个儿子。义天自幼聪慧，11 岁便发心出家为僧，便跟从景德国师烂圆学习华严教观思想。义天成人以后，学无常师，志在追求真正的觉悟之道。据载，义天博览群书，“自贤首教观及顿渐、大小乘经律论章疏无不探索。又余力外学，见闻渊博，自仲尼、老聃之书，子史集录百家之说，亦尝玩其菁华，而寻其根底。故议论纵横驰骋，衮衮无津涯，虽老师宿德，皆自以为不及”。可以看出，义天当时已经广泛地阅读了各种佛教典籍，并进行了深入的研究和探求，而且他还对儒家、道家以及中国的经史子集、百家之说等，都有深入的了解和认识。正是由于义天的学问非常渊博，所以在义天 15 岁时，他的父王文宗册封义天为“广智开宗弘真佑世僧统”。义天作为高丽国的佑世僧统，虽然已经居于备受他人敬仰的地位，但他从来没有安于现状，常有志向到宋朝求法。义天之所以想要去宋朝求法，一是为了求取真正的佛教典籍，二是为了学习天台教观，誓愿为高丽国开创天台法门。据载，有一次，义天入宫，与王兄顺宗一起拜谒母后仁睿太后，偶然间谈到了天台法门。义天说：“天台三观，最上真乘，此土宗门未立，甚可惜也。臣窃有志，为太后深垂随喜。”义天想要开创天台宗的誓愿虽然得到了仁睿太后和顺宗王的赞许，但他们因为担心路途遥远艰辛，生死难料，而一直没有准许义天去宋朝求法。义天看到用正常的方法入宋求法终难实现，所以他留给王兄宣宗王和母后仁睿太后一封《请入大宋求法表》,就带领两名弟子偷偷地搭乘宋朝商船入宋求法。高丽宣宗王二年(1085)五月,义天顺利到达宋朝的密州板桥镇(今山东省胶州地区)。直到高丽宣宗王三年(1086)五月,义天在宋求法一年有余,在此期间,他遍访名山诸宗大德,与中国佛教界开展了频繁而亲密的交流。义天在宋期间,最为重要的活动有两个:其一是拜谒华严宗高僧有诚法师和净源法师,并学习华严教观思想;其二是拜见了天台宗僧辩才元净和慈辩从谏师徒二人,学习天台教观,特别是拜慈辩从谏法师为师,每天与杨杰及诸弟子一同听慈辩大师讲授天台一宗经论。义天回国临别之际,慈辩从谏法师曾赠送手炉及如意珠作为传法标志。同时,义天在回国途中还去天台山拜谒了智者大师塔。在塔前,义天亲笔书写了发愿文,宣誓曰:"尝闻大师,以五时八教,判释东流。一代圣言,声无不尽。本国古有谛观者,传得教观,今承习久绝。予发愤忘身,寻师问道,今已钱塘慈辩讲下,承禀教观。他日还乡,尽命传扬。"由此可见,义天想要传扬天台教观的宏愿。高丽宣宗王三年(1086),义天自宋回到高丽。起初,义天遵从宣宗王诏令住持兴王寺,开坛讲法,振兴各宗法义。高丽肃宗王二年(1097),仁睿太后生前始建的国清寺终于建成。从寺名上就可以知道,此寺是依宋朝天台山的国清寺,为了宣扬天台宗而建。义天奉诏到国清寺出任第一任住持,在此,义天大力弘扬天台教观思想,融禅入教,召集当时九山禅门的高僧与之一起建立海东天台宗。正是由于义天对天台教观的弘扬,使得当时就有弃旧学而新学天台者达千人之多,其中,九山禅门及华严宗僧侣来听义天讲天台思想的人也有很多,从而,义天住持的国清寺成为当时高丽天台宗的根本道场。高丽肃宗王四年(1099),国家第一次在僧科考试中举行了天台宗僧选。高丽肃宗王六年(1101),国家又进行了天台宗大选。此次大选由义天主盟,在大选中,义天的高足教雄力压群雄,被选为"大德",可以出任僧官。高丽肃宗王六年十月五日,义天圆寂。为此,肃宗王非常悲恸,并赐谥号"大觉国师"。

总之,正是在义天的积极努力下,高丽兴建了国清寺,将其作为宣扬天台思想的道场,并又进行了天台宗僧科考试,从而使得天台宗在高丽得以建立。也就是说,是义天真正开创了高丽天台宗,使天台宗风大振于海东,同时，这也实现了义天在智者大师塔前所立的誓愿。虽然，义天是高丽天台宗的实际建立者，但他本人却是以华严僧来确认自己身份的，义天作为天台宗僧及海东天台宗的祖师主要是韩国天台宗法脉传承上的追认。

三、韩国天台宗的传承与宗团重建

义天之后，天台教团由其弟子德麟、翼宗、景兰、连妙等人承继，并发展为大教团，特别是由翼宗弟子教雄及德素相继的法统，把天台教团继续引向了新的发展。大觉国师义天入寂后，弟子妙应大禅师教雄接任义天在国清寺讲明经论，传授佛法，继续弘扬天台宗风。承继义天的天台教观，以国清寺为中心，形成了高丽天台宗内部的“天台疏字宗”一派，此派重在讲解天台章疏教义。除了天台疏字宗，在韩国天台宗法统中，还有“天台法事宗”。这一系统的开创，要追溯到12世纪末的圆妙了世。

了世(1163—1245)，12岁投学于均定法师门下，学习天台教观，13岁中僧选，立志证得天台宗旨，后于36岁在高峰寺法会上扬名，自成天台一家。了世在后来的修行中，虽然短暂地参加过知讷所倡导的定慧结社，但志在天台，终证天台妙观。46岁后，了世居全罗南道月出山药师寺，讲授四明知礼《观无量寿经妙宗钞》中的约心观佛说，倡导观佛论的天台净土思想。后来，了世又移居万德山白莲寺，与弟子天因、天頙一起开辟普贤道场，修习法华忏法，并通过白莲结社运动而引领天台教团的发展。高宗二十四年(1237)，被敕封为禅师，后示病，结跏趺坐，向西入寂，谥号“圆妙国师”。了世在天台宗方面的主要贡献有：第一，开辟了高丽的普贤道场。了世在高宗十九年(1232)四月初八开辟普贤道场，修行法华三昧，求生净土，参禅、诵读法华经等等，它主要是借慧思法华道场之名，行法华忏法的道场。第二，倡导白莲结社运动。了世在高宗二十三年(1236)于万德寺普贤道场设立白莲社，依据法华经如来寿量品之思想，求生阿弥陀净土。了世之后，天因、圆皖、天頙相继成为白莲社的第二、三、四世法主，继承了重视法华忏法实践的传统。而到了朝鲜朝时期，由于不断的排佛运动致使天台教团最终被合并到禅宗之中，从而失去了自身的特色，其宗派也随之销声匿迹。

近代以来，上月圆觉（1911—1974）于1967年重新创立了大韩佛教天台宗，遥承韩国天台宗法脉，奉高丽天台宗的开创者大觉国师义天为开山祖师。上月圆觉早年出家修道，致力于佛教的复兴和教化众生，并于1945年在忠清北道小白山创建了救仁寺，突显“救济亿万苍生，大行仁义之道”的理念，这就是后来的大韩佛教天台宗的总本山。1974年，圆觉大祖师圆寂后，由南大忠（1925—1993）大宗师接任第二代宗正，现任金道勇（1943—）大宗师为第三代宗正。大韩佛教天台宗由宗正来领导，并实行终身制，以保障教团的稳定与发展。大韩佛教天台宗把自己的宗史分为三个时期。第一个时期是高丽天台宗开立之前，始于百济玄光，终于高丽谛观，其中重要的代表有高句丽波若、新罗缘光、新罗法融、新罗理应、新罗纯英等人。第二个时期为高丽天台宗的开立及承继，认为义天是高丽天台宗的开立者，其法脉传承系统为义天—顺善、流清—教雄—僧临、德迁—戒膺—乐真—寿介—澄俨—慧素—德素—了世—天因—法安、之湛、元莹—圆皖—天頙—而安—云默—圆慧—无畏—顺庵—普解—了圆—神照—祖丘—行乎—玄见—明一—觉恒等人。大韩佛教天台宗认为后来的法脉因为排佛并宗政策，已然无法确认了。第三个时期为韩国天台宗的重创，这便始于上月圆觉大祖师，后由南大忠、金道勇传承。重新创立的大韩佛教天台宗有三大纲领：

一是“个人完成”，强调要转凡成圣，立足空谛，以空观断尽“见思惑”，证得一切智，住于“体真止”，成就般若德，自利自觉。

二是“佛国建设”，强调转秽现净，立足假谛，以假观断尽“尘沙惑”，证得“道种智”，住于“方便随缘止”，成就解脱德，利他觉他。

三是“法性体结合”，强调圆融无碍，以中道观断尽无明惑，证得一切种智，住于息二边分别止，成就法身德，自利利他，自觉觉他，觉行圆满。

以三大纲领为基础，上月圆觉重振的大韩佛教天台宗在佛教现代化、生活化和大众化的理念下，致力于佛教的创新运动，以爱国佛教、生活佛教和大众佛教为三大目标。爱国佛教强调积极投身于社会福祉事业和人类精神文明建设事业，献身于民族复兴的爱国精神；生活佛教强调从将祈福的佛教转变为作福的佛教、悠闲的佛教转变为生产的佛教、偶像的佛教转变为实践的佛教等三个方面来实现佛法生活化、生活佛法化；大众佛教强调将伽蓝佛教转变为民众佛教，将出家佛教为中心转变为在家佛教为中心，将厌世主义的佛教转变为救世主义的佛教。

四、结　　语

中韩佛教文化交流源远流长，在很长一段时间内，更多地表现为中国佛教对韩国佛教的影响，这在近代以前表现得尤为明显。而且，韩国佛教一直重视中国佛教的正统性，而非溯源于印度佛教，对中国佛教的宗派及祖师有着十分强烈的认同，以此正统而建立韩国的佛教宗派。同时，也应该看到，流传到韩国的佛教因民族、地域文化的不同而带有一定的本土化特色。如韩国佛教都带有兼学圆融的特点，虽然韩国也有类似于中国佛教的宗派及法统，但在具体修学上却是诸宗兼学，宗派的确认更多是依据僧科考试制度或所在僧团。此外，相对于日本僧，韩国僧更容易进入中国佛教僧团之中，并在中国佛教的发展演变中扮演一定的角色。所以说，中国与韩国之间的佛教文化交流并不是单向的、由高到低的流动，而是相互影响、相互促进的双向交流，这在中韩天台佛教文化交流方面表现得尤为突出。

中国价值观视角下国际学生思想教育路径探索

时　玥*

一、中国价值观及其对外传播意义

习近平总书记指出:"提高国家文化软实力,要努力传播当代中国价值观念","要加强提炼和阐释,拓展对外传播平台和载体,把当代中国价值观念贯穿于国际交流和传播的方方面面"。[1] 中国特色社会主义进入新时代,当代中国价值观的对外传播是树立起中国良好的国际形象、提高中国文化软实力、彰显中国特色社会主义制度优越性的客观要求和重要手段。

根据教育部统计数据,2018 年共有来自 196 个国家和地区的 492 185 名各类外国留学人员在全国 31 个省(区、市)的 1 004 所高等院校学习,比 2017 年增加了 3 013 人,增长比例为 0.62%(以上数据均不含港、澳、台地区)。

随着来华的国际学生不断增加,积极培育国际学生的中国价值观认同,培养国际学生讲好中国故事,有效地向世界传播中国文化,对于构建人类命运共同体,促进共同繁荣具有重要意义。因此,如何向国际学生传播中国价值观,构建国际学生思想教育路径,是一个值得我们关注的问题。

二、国际学生对中国价值观的了解现状

本文以同济大学为例,针对不同年级、不同类型、不同专业、不同国家与

* 时玥,同济大学国际文化交流学院辅导员。

[1] 习近平:《习近平谈治国理政》,北京外文出版社,2014 年,第 161 页。

地区的大学生进行了中国价值观问卷调查。问卷采用随机抽样调查方式，共计发放问卷120份，收回有效问卷98份。其中男生占比54%，女生占比46%，分别来自48个国家。

1. 对中国价值观的了解程度

经过对有效的98份调查问卷的整理后发现，国际学生对中国价值观的了解情况如下：

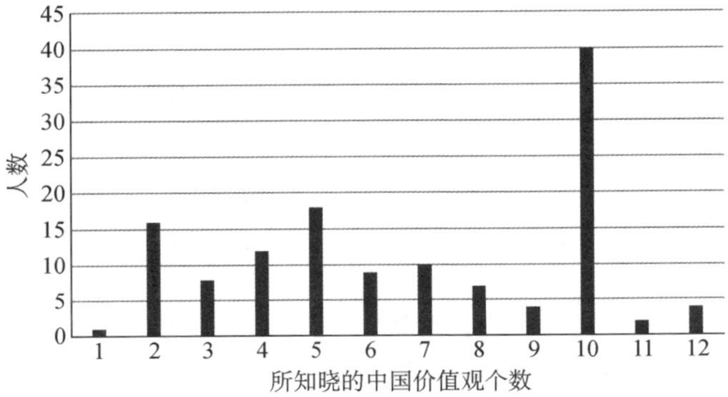

由上图可知，有超过56%的国际学生对中国价值观内容的了解不超过4个，国际学生对中国价值观的了解甚少。

2. 对中国价值观的了解途径

问卷调查结果显示，有52名学生是通过微信、微博等自媒体平台了解到中国价值观；有46名学生表示通过在中国学习期间使用的教材或课程了解到中国价值观；有36名学生表示通过与中国人的沟通了解到中国价值观；有32名学生表示通过浏览中国网站了解到中国价值观；有24名学生表示通过所在城市或校园内的海报了解到中国价值观。由此可见，自媒体平台和学校课堂为中国价值观的两大主流获取方式。

为了深入了解国际学生对中国价值观的知晓情况，笔者在学校中选取了15名国际学生进行了面对面或电话形式的访谈交流。当谈及他们是如何了解到中国价值观内容时，有学生表示“他们可以在城市、学校里见到中国价值观的标语，但并不知道它的意义”；有学生表示“上课过程中，老师偶尔能提到中国价值观”；有学生表示“在浏览微信、微博、网站时会看到中国价值观”。当谈及他们对中国价值观是否理解时，大多数学生表示“不了解其深层含义，只是听说过”；较少的学生表示“跟中国同学和老师聊天时，他们会分享一些中国价值观的含义，帮助自己了解”。由此可见，国际学生对中国价值观的了解仅停留于表面，大多数国际学生不了解其内涵。

三、影响国际学生中国价值观传播的因素

1. 语言

语言是沟通交流的工具，语言承载着文化，文化制约着语言，二者相互依存又相互制约。

国际学生来中国学习的专业、项目都有所不同，以同济大学为例，一部分学生是英文课程，对其没有使用中文语言的要求。而大部分国际学生是中文课程，因此对其有相应的 HSK 级数要求。但由于他们的中文水平还较弱，一部分还处于初级起步阶段，因此在日常的沟通交流中存在一些语言障碍，也导致他们在融入中国环境的过程中存在障碍，更难以加强对中国国情、中国文化的理解。因此，国际学生因为语言障碍难以真正、客观地认识到中国价值观，也影响他们对中国价值观的理解与评价。

2. 教学内容陈旧

2002 年，教育部、外交部、公安部发布第 9 号令《高等学校接受外国留学生管理规定》，在第二十四条中明确规定，“汉语和中国概况应作为接受学历教育的外国留学生的必修课”。国际学生学习“中国概况”课程是一个快速了解中国历史文化、消除隔阂误解的有效途径。通过课堂输出正确的中国价值观有助于培育国际学生的中国观，我们希望这些国际学生能够更好地理解和传扬中国文化，做中外国际交流的友好使者。

但“中国概况”课程也存在一定的缺陷。它不仅起步较晚，各个学校都没有相对统一的教学大纲以及能被广泛参用的教材教案，而且教材内容老化、内容范围狭隘、话题更不具时代性和开放性。目前的研究成果也主要是基于本校师生实践教学而进行的探索。对于来华学习的国际学生而言，“中国概况”类课程的学习至关重要。“中国概况”课程目标在于培养学习者的

文化理解力和跨文化交际能力,因此它的教学方法应该以学生为中心,以文化学习的过程为重点,以培养学习者的文化学习能力为宗旨。我们要始终把学生放在第一位,在教学实践中认真思考如何能切实帮助留学生更好地了解中国文化、适应在华学习生活,如何才能真正达成培养知华、友华、亲华留学生的终极目标。因此,任课教师对课程的建设和改革依旧任重道远。

3. 跨文化适应

跨文化适应理论最早是由罗伯特·雷德菲尔德(Red Field)、拉尔夫·林顿(Ralf Linton)和梅尔维尔·赫斯科维茨(Melville Herskovites)提出,他们对跨文化适应的定义是:由个体所组成,且具有不同文化的两个群体之间,发生持续的、直接的文化接触,导致一方或双方原有文化模式发生变化的现象。[1]

国际学生来到中国,从心理、文化与认知三方面都受到了中国文化的冲击。由于所处环境的陌生、语言障碍以及文化差异等因素,导致国际学生负面情绪的不断积累,严重者会产生"文化休克"现象。跨文化交际的障碍会导致中外学生交流过少,国际学生对校园活动参与度低。因此,如何提升国际学生的跨文化适应能力、促进中外学生交流与融合,是跨文化教育绕不开的议题。

4. 顶层设计不足

大多数高校的国际学生管理由留学生办公室来负责,同中国学生的管理培养模式之间有巨大的差异。留学生办公室无法细化分工,将国际学生的日常管理、思想教育、教学模式进行细致入微的管理,导致国际学生管理的顶层设计严重不足。留学生办公室的老师由于身处机关,无法经常与国际学生接触,真正负责日常管理工作、做思想工作的是国际学生辅导员、学院外事专员、班主任等,但他们大多数都没有接受过系统性的培训,因此往往无法达到合格的中国价值观传播者的标准,而更多的是承担国际学生的"保姆"一职。

[1] 余伟、郑钢:《跨文化地理学中的文化适应研究》,《心理科学进展》2005 年第 6 期,第 836—846 页。

四、中国价值观对高校国际学生的传播策略

1. 加强顶层设计

从国家层面上，应把国际学生思想教育加入全国高校思想教育工作总体规划中。2017 年，教育部、外交部、公安部《学校招收和培养国际学生管理办法》，由国家政府层面推动国际学生的管理与培养，这是一项极其有效的措施。

从高校层面上，高校党委、外事办、留学生办公室和学生处都应当积极响应国家层面的战略需求，加强顶层设计与总体规划。在《学校招收和培养国际学生管理办法》的推动下，部分高校开始招聘国际学生辅导员，由学生处和留学生办公室统筹培养和管理，将国际学生的思想教育培养纳入学校思政工作中，使国际学生思想教育工作逐步走上制度化的道路。

2. 加强校园文化建设，开展第二课堂活动

第二课堂是课堂教学的延伸，通过开展丰富多彩的社会实践活动，可以让国际学生更加直接地感受中国文化、中国教育，也更容易体会和了解中国价值观的深刻内涵。以同济大学为例，组织国际学生赴江西吉安开展“探访古庐陵文化，感知当代中国脉搏”，在上海开展“改革开放最强音，传统现代相交融——同济中外青年赴浦东新区探寻浦东历史变革，体验传统文化魅力”“国际文化交流学院国际学生感知中国系列活动——探秘广富林遗址”等感知中国活动。国际学生能够在体验当地风土人情的同时，了解中国惊人的经济发展速度，也由此更加直接地接受中国价值观教育。

3. 课堂教育

语言与文化两者之间相互促进，在授课过程中应当始终贯穿中国国情和中国文化，以达到文化传播与语言学习有机结合。此外，跨文化的沟通与交流应从学会多元文化共享开始，中国学生同各国国际学生之间应该加强沟通交流，学会欣赏彼此的文化；在此基础上再引入中国文化，才更能被国际学生认同与理解。

“中国概况”课程作为国际学生的必修课，其主要功能就是讲述中国国

情、中国文化,但由于教材内容过于陈旧,很多内容都停留在对中国传统文化的宣传上。在强调"文化自信"的基础上,"中国概况"课程也应当与时俱进,从课程建设出发,将中国现在的文化、国情与发展态势贯穿课程始终。

五、结　　语

国际学生对于中国价值观的了解与认识还较少,加强中国价值观的对外传播,加强国际学生思想教育是国际学生辅导员都需要努力摸索和尝试解决的问题。

文明因多样而交流,因交流而互鉴,因互鉴而发展。国际学生来自全球不同国家、地区,有着不同的语言、信仰和文化。国际学生管理者应秉持平等和尊重,加深中外文化的交流,做好国际学生思想教育工作。在尊重其他文明的基础上,培养"知华、友华"的国际学生,引导他们讲好中国故事,向世界传递中国声音。

“一带一路”视域下的东亚区域合作和汉语教育[1]

马利中*　陈毅立**　鲁　林***

习近平主席2018年在博鳌亚洲论坛年会发表主旨演讲时重申，“共建‘一带一路’倡议源于中国，但机会和成果属于世界”，并再次表达了“把‘一带一路’打造成为顺应经济全球化潮流的最广泛国际合作平台，让共建‘一带一路’更好造福各国人民”的美好愿望。作为将传统友好和经济互补等优势转化为中国与沿线国家合作效益的战略构思，2013年秋天习近平主席代表中国政府提出的“一带一路”的倡议，体现了“睦邻、安邻、惠邻”的诚意和“与邻为善、以邻为伴”的友善，是承贯古今，凝聚传统文化与现代文明交融，树立文化引领经济、多彩发展的自觉。这也为中日关系改善和东亚区域合作呈现了新的发展机遇，提供了经济合作和文化交流的崭新平台。

“文明互鉴”排在2019年度中国网络十大流行语之首，同时也是目前的全球“热词”。东亚地区人口众多、宗教文化多样、发展模式各异，在过去数十年间成为世界上发展最快、成就最大的地区之一，区域合作也取得积极进展。在推动东亚多姿多彩的发展过程中，“汉字文化圈”的中日韩三国，通过“文明互鉴”和合作均做出了杰出的贡献。中日韩三国互为重要邻邦，近年来，“一带一路”倡议为实现中日关系“转暖”和深度经济合作提供了重要契机。在中日政府和民间的共同努力下，“磕磕碰碰”的中日关系得到改善。2018年1月，安倍在众议院发表施政演说时表示，将与“一带一路”构想展开

---

[1] 本文系上海日本研究交流中心课题“文明互鉴对构建多彩东亚的意义与启示”(SJSC202004)的阶段性成果。

* 马利中，上海大学国际战略顾问，东亚研究中心主任、教授。

** 陈毅立，同济大学国际文化交流学院副院长、副教授。

*** 鲁林，上海日本交流中心客座研究员。

合作，满足亚洲的基础设施需求。笔者认为，中日分别是世界第二和第三大经济体，发展稳定的中日关系不仅符合两国利益，也符合整个国际社会的利益。中日关系改善需要定力和远见，更重要的是夯实基础，让两国关系持续向好。而发展新时代中日关系需要进一步增加以汉字为纽带的文化传统意义上的精神互融。

一、“一带一路”是中日关系改善的助推器

中国政府提出的“一带一路”倡议，顺应了世界和平与发展的时代要求，符合各国加快发展的内在愿望，有助于促进沿线经济建设、全球经济繁荣和加强人文交流、维护世界和平，得到了国际社会的广泛关注和积极响应。这一战略构想，也是中日关系改善的助推器。

自 2012 年“购岛”事件后，因领土、历史、对华认知、战略取向等因素，中日两国关系出现复杂波折，一度陷入邦交正常化以来的低谷。安倍政府对“一带一路”一直持冷淡和消极态度，并拒绝加入由中国倡议成立的亚洲基础设施投资银行。2017 年中日关系开始改善，从下半年开始“一带一路”在日本成为热词。安倍表态称，“一带一路”是一个“有潜力的构想”，表示日方期待“一带一路”建设为世界的和平与繁荣做出贡献，希望基于这一观点同中方进行合作的意向。同时内阁官房、外务省、经济产业省等机构开始制定具体的合作方案，特别是 2017 年 11 月，日本三大经济团体组织 250 多名商界要人联袂访华，探讨在“一带一路”框架内中日如何深化经贸和投资合作的议题。2018 年 1 月 22 日，安倍在众议院发表施政演说时表示，将与“一带一路”构想展开合作，满足亚洲的基础设施需求。

围绕“一带一路”探索新的合作契机则使中日关系出现改善迹象，给两国注入了新的政治动力，特别是在政治互信层面出现了重建意愿。在世界格局大发展大变革大调整的今天，越来越多的日本有识之士，特别是经济界人士唯恐错过“一带一路”建设红利的心态逐渐占了上风。在日本对“一带一路”的正面看法和积极评价逐渐成为新的主流认识，从政界到商界，也都频频提及“一带一路”框架内的中日合作可能前景。

中日经贸关系是两国关系中非常重要的组成部分。中日两国互为重要经贸伙伴，发展合作符合双方利益。中国是日本最大的贸易伙伴和进口来源国，日本是中国第二大贸易伙伴国和重要外资来源地。2017年起中日经贸合作呈现企稳回升态势，双边贸易迅速恢复。很多日本企业在华投资获得了良好回报，并继续将中国作为海外投资首选地。中日作为世界第二和第三大经济体，同处亚太大家庭，互利合作是中日关系向前发展的动力。双方产业优势互补性强，合作潜力巨大。可以说，有充分的理由去深化相互间的经济合作、去拓展第三方合作。“一带一路”作为开放、包容的合作平台和国际公共产品，恰恰能给中日双方提供实现互利共赢，乃至与其他各国美美与共的新平台。

在中日关系回暖、中日和平友好条约缔结40周年的大背景下，中日双方表现出对“一带一路”合作的积极意愿。两国经济界可以此为契机，聚焦节能环保、高端制造、电子商务、现代服务等重点领域，深挖互补优势与合作潜力，推进扩大双边贸易和双向投资，开展“一带一路”框架下合作，共同开拓第三方市场，推动在基础设施及互联互通项目上的合作，进一步提升两国经贸合作水平。同时，我们也希望日方把改善中日关系的意愿更多地体现在政策和行动当中，让“一带一路”建设带来的机遇惠及两国企业和商界，助力地区乃至世界的稳定与繁荣，为中日关系改善与发展筑牢基础。

二、中日韩有着“一带一路”合作的历史渊源

事实上，中日韩合作开拓“一带一路”，有着唇齿相依的历史渊源。早在两千多年前，亚欧大陆的两端就开启了对话，雄才大略的汉武帝开辟的“丝绸之路”也由此肇始。中国秦汉时期，“古丝绸之路”已形成并逐步发展，到隋唐时期，进入最繁荣的阶段。唐宋时期，凭借先进的航海技术，成功开辟了通往西方的“海上丝绸之路”，将中国和世界的众多国家联系起来。而在“古丝绸之路”，就一直出现来自朝鲜半岛和日本列岛的身影。

历史上，东亚各国间的交流长期以中国为中心，呈辐射状，日本奈良曾是丝绸之路的东方终点，公元710年到公元784年奈良曾是日本的都城，定

名为平城京，其城市的布局是模仿唐朝长安建造的。考古发现，在日本新泽千家古墓里中发现了许多古罗马、波斯的玻璃器，它们不但与三燕文化因素共存，而且与冯素弗墓中出土的玻璃器颇为相似。专家认为，这些器物应是经由中国辽西地区传到日本的。在朝鲜半岛发现的一些金器、具有佛教文化元素的遗存物、马具等也是通过同样路径传去的。在宋代以前，中国与东半球许多国家的“海上丝绸之路”都已先后形成。在东亚邻国中，与朝鲜半岛往来最早。在公元8世纪新罗时期，韩国民众主要利用北方海路、黄海海路和南方海路，通过中国间接地与其他国家交流。韩国民众从古丝绸之路中获益，包括它的贸易，还有新思想的引入。新罗僧人慧超大师就是沿着海上丝绸之路去印度求法的。

“丝绸之路”作为物质文明的象征，最初是东西方贸易路线的术语。“丝绸之路”使沿途各国互通有无，商贸兴盛，文明融合，呈现祥和繁荣景象。从东亚文化交流的角度考察，“丝绸之路”其实又是文化交流之路，故有学者称其为“书籍之路”。日本遣隋遣唐使均以购求书籍追求学问为重任，古代“书籍之路”横贯亚洲，无论是在国家管理还是在日常生活等方面中华文明对东亚地区的文化发展都产生了重要的影响。有学者根据文献中的记载总结出了“古丝绸之路”中日韩文化交流的5条通道(辽东道陆路、辽东道水路、山东道、吉林道和较晚出现的江浙道水路)。1980年中日合拍《丝绸之路》，让许多人真正了解了这条举世闻名的蕴涵丰富人文历史文化的古代商道；2004年中日媒体再度携手，重拍《新丝绸之路》，依靠强有力的学术理念支持，深入古道沿线文化特征地区，探寻当地人文地理和历史文化的变迁。中日两度合拍《丝绸之路》不仅在日本、东亚地区，也在国际上引起反响。日本民众对“丝绸之路”如此关注，也是一种大陆情结的释放。

“古丝绸之路”是一条文化交流之路，文化的影响力超越时空，跨越国界。东亚各国在相互交流中，形成了本地区的文化特征。日本创价学会名誉会长池田大作对此有精辟的总结：“东亚地区的文化，特别是构成其潮流的风土人情、精神思考，具有什么特征呢？……可以说这地区贯通着一种‘共生的道德气质’。在比较温和的气候、风土里孕育出的一种心理倾向，就是取调和而舍对立、取结合而舍分裂、取‘大我’而舍‘小我’。人与人之间、人与自然之间，共同生存，相互支撑，一道繁荣。而这种气质的重要源头之一是儒教，自不待言。”

“丝绸之路”体现了人类跨越阻隔、交流互鉴的胆识和毅力，在古代东亚区域国与国之间及东西方文明交流交往历史中写下重要篇章。历史告诉我们，以和平合作、开放包容、互学互鉴、互利共赢为特征的“丝绸之路”精神，值得今人继承和弘扬。

不言而喻，“一带一路”为多彩东亚的发展提供了优秀的平台。“一带一路”的构想，体现了“睦邻、安邻、惠邻”的诚意和“与邻为善、以邻为伴”的友善，是承贯古今，凝聚传统文化与现代文明交融，树立文化引领经济、多彩发展的自觉，也是推动东亚多彩发展的重大举措。

中日韩山水相连，文化根基一脉相承。2015 年 11 月在首尔举行的“东北亚名人会”第十次会议上隆重发布了三国学者历时 6 年共同努力的成果——《中日韩共用常见 808 汉字表》。在“名人会”印有 808 个汉字的书法墙上，三国前领导人挥毫写下了“和”“平和”与“温故创新”的题词，表达了对汉字表推动中日韩文化交流、排除沟通障碍所给予的期望。“东北亚名人会”之所以能在艰难的环境中不间断地举办，最重要的工具就是三国之间共享的文化。《中日韩共用常见 808 汉字表》的发布具有里程碑意义，它将融入三国的民间交流和学生课程中去，推动未来三国在各领域的发展。换言之，在中日韩各方共同努力下，三国的合作正在回到正轨，而作为东亚区域文化交流的优秀平台，“一带一路”倡议可以助力建设三国的民心相通工作。全国人大常委会原副委员长许嘉璐从文化的视角点明三国合作的基因：“中日韩三国是一个命运共同体。三国人民最渴望的，还是在文化上相通、心灵上相连，渴望和平相处。”实际上，目前东亚文化互鉴的新领域已经达到拓展，汉风、哈日、韩流所带来的电视剧和音乐等现代文明的元素正在相互影响着年轻一代。

三、中日韩有着“一带一路”经贸合作的现实需要

中日韩合作开拓“一带一路”有着深度融合的现实需要。中日韩是亚洲

重要国家和世界主要经济体。三国人口总和超过亚洲的1/3、世界的1/5，经济总量占亚洲的70%、世界的20%，贡献了亚洲经济增量的70%和世界经济增量的36%，堪称世界经济版图和国际经贸合作的稳定增长极。三国地缘相近，优势互补，近年来经济合作逐步深化。全球经济仍处在危机后的低迷期，中日韩等东亚国家经贸稳定发展，对于引领亚洲发展具有重要作用。2017年中日双边贸易额为2 972.8亿美元，增长9.9%。中国赴日游客超过700万人次，日本在华兴办企业总数突破7万家。中日韩三国贸易额为5372.5亿美元，占中国整体贸易额13%，日本连续多年成为中国重要的贸易和投资伙伴，中国超过美国成为日本第一大进口来源地。“一带一路”倡议强调开放性，三国可以共商共建和共享，可以发展战略对接。

韩国政府近年提出了作为韩国经济外交构想的“欧亚倡议”战略，旨在通过欧亚地区国家间的经济合作，扩大韩国对外贸易，带动朝鲜开放，消除朝鲜半岛的紧张局势。在“欧亚倡议”框架下，韩国正在推动“丝绸之路快线”计划，其操作是通过连接国际物流来实现经济合作，同时通过加强人文交流和往来进一步拉近欧洲大陆和亚洲大陆之间的政治、外交关系，这与中国“一带一路”的构想有相当部分的重叠，探讨双方的合作方式是一件互利互惠的好事。中国作为衔接东亚、中亚、中东以及欧洲的桥梁，中韩的竞争力势必得到提高。

20世纪90年代末，桥本内阁也提出过“丝绸之路外交”战略，谋划“中亚攻略”。中国“一带一路”倡议和日本的“丝绸之路外交”、国家正常化战略有不少矛盾之处。基于东亚共同体建设目标的中日战略互惠的基础又非常脆弱，中日政府间暂时难有大的战略性合作。但是，作为全球化时代的第二、第三大经济体，大幅度弱化彼此经贸关系并不符合双方的利益。作为“安倍经济学”的“新三支箭”，日本内阁2015年10月提出了旨在振兴经济和改善民生的“一亿总活跃社会”的目标。目前，两国关系已出现“适当回温”的迹象，双方应当努力在“一带一路”合作上达成更多的共识。中日在东亚区域合作方面有着很大的空间，无论在环境保护、节能减排、汽车发动机等技术方面，还是在城市垃圾回收和再利用、公交地铁运营等市政精细化管理方面都有着广阔的领域。双方还可以尝试在第三国的项目合作方面互相协调，取长补短,实现互利共赢。

中日韩最理想的经济局面是,发挥各自优势,形成互利共赢的自贸区。中日韩合作既有良好的现实基础,又有广阔的发展空间。以加快中日韩自贸区谈判进程为抓手,积极推进东亚一体化建设,可能是当务之急。以充分发挥各自比较优势为基础,积极推动在重大基础设施建设等领域建立跨国合作模式,将中国装备制造的性价比优势同韩日高端技术、周边国家的发展需求紧密结合,开展国际产能合作,打造三方合作新品牌,可以为各自经济增长和全球经济复苏增添新动力;以加强创新政策交流为引领,将中国创新驱动发展战略、韩国创造型经济政策、日本科技立国政策相对接,探讨在软件和信息技术服务领域,特别是移动互联网、云计算、智慧城市、大数据等领域的合作,促进亚洲地区的可持续发展和共同发展。

2019 年是中日韩合作启动 20 周年。回顾过去 20 年,中日韩三国在经贸、文化、教育和灾害管理等领域的交流与合作成果丰硕,先后举行了 15 轮中日韩自贸协定谈判。同时,中日韩三国合作机制不断强化,已建立了以领导人会议为核心,以 21 个部长级会议及其下设的高官会、工作会议为支撑,全方位多层次的合作体系。2018 年 5 月第七次中日韩领导人会议以来,中日韩自贸区的谈判进程提速。2019 年 4 月 12 日在东京举行的中日韩自贸区第十五轮谈判首席谈判代表会议上,三方代表就货物贸易、服务贸易、投资、规则等重要议题深入交换意见,并就相关议题谈判推进的方法、路径达成形成共识,明确了下一步工作安排。在三方共同参与的区域全面经济伙伴关系协定(RCEP)已取得共识的基础上,进一步提高贸易和投资自由化水平,纳入高标准规则,打造 RCEP+的自贸协定,尽快实现构建中日韩自由贸易区的目标已成为三方的共识。2019 年年底中国举办第八次中日韩领导人会议,困扰中日韩自贸协定谈判进程的东亚三国间的关系得到了进一步转圜。

四、深耕人文社会交流是增进东亚人民感情的重要纽带

共同弘扬东亚传统美德,深耕人文社会交流,为东亚区域人民增添更多

福祉,是"一带一路"倡议的重要内容之一。中日韩三国具有相似的文化背景,文脉相承的人文优势和民心民意是三国合作的社会基础。应对少子老龄化的挑战、社会保障、节能环保等内容都是区域开展人文交流、合作研究的重要课题。

东亚三国虽然处于不同的社会发展阶段,但是少子老龄化问题已成为共同面临的课题。加强对人口结构变化及其对经济社会发展影响的合作研究,以及开展三国人口政策、人口变化与可持续发展理论等方面的比较研究,可以加深中日韩国民之间的相互理解,为三国少子老龄化问题的解决提供新的思路。20 世纪 50—90 年代,三国相继实现了人口结构转变,虽然这一转变存在着差异,但仍有很相似的规律性。50 年代以来,三国老龄化指数上升幅度之大世界少见,老龄化的主因都是生育率下降同时伴随死亡率下降,其结果导致老年人口负担加重,养老问题日益突出。这种人口结构变化主导着东亚人口发展,最终将影响亚洲地区经济的持续发展。日本于 1970 年就已进入老龄化社会,比中国、韩国提前 30 年,其在实施"介护保险制度"、完善社会保障体系,鼓励开发老年人力资源、调整优化产业结构、发展为老服务产业及鼓励生育、延缓老龄化进程等应对老龄化的制度创新和顶层设计方面积累了大量成功经验和有效做法;韩国虽然在进入老龄化社会在时点上和中国同步,但其在社会保障制度改革方面则走在中国的前面,2008 年就已出台了"长期护理保险制度"。未来 30 年,中国人口老龄化率将与日本当前的比率相当,且我国老龄化呈加速发展、规模更大等特征,我们可以借鉴日韩,特别是日本的成功经验和做法,提前谋划、积极应对。当前是中国经济迅速发展时期,要求中国政府能借助经济发展的实力,尽快构建应对少子老龄化浪潮的社会保障体系。近年,借鉴日本护理保险制度的实施经验,在上海、广州、青岛、承德、长春等中国 15 个城市启动了探索为长期失能人员提供包括社区居家照护、养老机构照护、住院医疗护理等三类生活照料和医疗护理结合的长期护理保险制度的试点,受到中国老百姓的普遍欢迎。中日韩三国在少子老龄化领域有着广阔的合作前景,应相互学习、相互借鉴,促进睦邻友好和地区的繁荣发展。

2016 年 4 月 6 日,人民网"日本频道"栏目刊载了池田大作题为《日中韩三国应齐心为解决环境问题全力以赴》的文章。池田先生认为环境课题是东亚三国加强研究交流的重要抓手，他在文章中呼吁：“中日韩三国同属一个‘环境共同体’，三国有必要在环境领域推进国家间及城市间的合作，并加强对话交流，共同寻求保护环境的有效对策。”他还呼吁为青年设置一个交换彼此创意想法和经验的“青年峰会”平台，使其作为三国共同参与的合作专案之一，为满怀抱负的年轻一代的环保合作活动提供一个发挥的空间。同时，池田先生还强调了地方政府间相互交流的重要性，他说：“日中韩三国之间缔结了超过六百个地方政府友好城市协议。如果在这友好城市协议的基础上，让更多地方政府联合起来，那将加深对于彼此居住地虽然不同，但都同属一个‘环境共同体’的认知。毫无疑问，那将会为三国的友好与未来，留下极其珍贵的财富。”

五、强化“汉语教育”，凝聚中日韩区域合作的更大共识

在“人类命运共同体”理念和“一带一路”倡议下，“汉语热”正在世界各地高涨。汉语热的背后，得益于中国综合国力以及与世界各国友好关系的提升，同时也离不开国际中文教育的支撑。中国正在变得更加宽容和开放，通过语言这个工具和桥梁，可以让外面的世界了解中国，也让中国了解外面的世界，加强彼此文化合作的互利共赢。

“一片甲骨惊天下，千年汉字贯古今。”在历史的长河中，许多地域的文明中断，文字湮没。唯有中日韩因其地缘关系，文化传承一以贯之，汉字演变有序，传承三千余年。由于存在着从未断裂、完整的文化系统，汉字也成为罕见的东亚地区共同的文化积淀。因此，强化“汉语教育”，不仅可以促进中日韩民间友好交流和文化交流，同时也凝聚中日韩区域合作的更大共识。

语言和文字是中国“丝绸之路”和唐朝文化的标志，当时的汉语十分让人崇敬，所以它才能一直影响着全世界。在最繁华的唐朝，汉语随着政治文化的推广、流传国外，不仅传播了中国汉语和文化，同时也为全球的语言发展、文化交流和“文明互鉴”做出了前所未有的重要贡献。在中国古代唐朝无论是政治还是经济、文化在当时的世界遥遥领先，让它一举成为我国古代

对外汉语教育的顶峰。在唐朝，汉语言的教育主体可以分为：靠宗教传播的汉语言文学学习和官方组织的学校教育的两种。唐代的长安城，成为东西方文化交流的中心城市，各国争先恐后派来留学生学习中国的传统文化和先进制度。由于唐代实行睦邻友好的外交政策，新罗与日本等国家派遣唐使、留学生和留学僧来长安学习交流文化。最繁荣时期，有 70 多个国家与唐朝互通留学，这不仅建立了良好的外交关系，还促进唐朝文化与世界的交流互鉴。当时，朝鲜半岛高句丽也曾多次派使节来长安学习唐代的文化，并且在贞观十四年(641)，向唐派遣了第一批留学生，其中不仅有皇室子弟，也有贵族出身的国学士学生。而当时的日本主要以派遣唐使的方式与唐朝切磋文化，多达 12 次送来留学生，他们都是从日本的大学中选拔出来的尖子生。

“国之交在于民相亲，民相亲在于心相通。”中国博大精深、源远流长的文明和文化一直影响着周边国家，其中接受熏陶最深的就是一衣带水的日本和韩国。回顾中日两国的文化交流，从遣唐使到清朝的留学生，作为文化载体和交流纽带的文字，就是中日韩近两千年文化交流汇通的见证。迄今为止，日本仍保留了 2 000 个左右的常用汉字，并在每年举行三次“日本汉字能力检定”的能力考试。同样，近 20 年来韩国呼吁恢复汉字的声音也一直没有停止过。朝鲜半岛历史上曾是中国的藩属国，受中国文化的影响，在很长一段时间内使用的文字就是汉字。由于汉字体系复杂难懂，在古代只有高层人士才懂得汉字。朝鲜半岛在 15 世纪创造出了一种简单而又易懂的谚文，但在重要时刻还是使用汉字。韩国独立后的“脱汉运动”开始摒弃汉字，1970 年废除了汉字。但仅仅过去了 50 年，韩国人已后悔不已，因为许多韩国的历史文献都是由汉字记载的，如今闹得却连自己的历史都读不懂了。据韩国官方资料显示：1998 年，韩国民间成立全国汉字教育推进总联合会，主张恢复小学的汉字使用；1999 年，有韩国官员建议在公文和路标上采用“汉字并记”形式。同年，金大中总统发布“施行汉字混用”总统令；2005 年，韩国出台《国语基本法》，规定公文中的汉字在括号内使用；2011 年，韩国教育部建议各小学校将汉字学习列入正规教育课程；2014 年起，教育部门提出在小学 3 年级以上推行“教科书汉字并记”的提案；2016 年，韩国教育部又作出"自2019年起在全国小学5、6年级教材标注汉字及读音释义"的决定。从古至今,中日韩政治经济文化的交融与借鉴从未间断。中国首先发明创造出了汉字,随后传入日本韩国,并成为日本文字的主要构成部分,为日语的多样化表达做出了贡献。与此同时,日语中的汉字在近现代被引进回中国,形成了独特的文化反哺现象。由此可见,汉字作为一种媒介手段,在中日跨文化交流中发挥着桥梁作用。

交流才有发展,互鉴方能同行。随着中国的综合国力稳步提升,汉语继英语之后,已在非母语使用人数及国际影响力等方面成为第二个全球语言。"汉语教育"已从中国接受留学生的"对外汉语"开始走向世界的"国际中文教育"。在东亚区域经济合作中,"汉语教育"可以让更多的中日韩国民通过交流感受到汉字和东亚文化的趣味、神奇、魅力和深远意义,增进三国民众之间的感情和相互了解。毫无疑问,"一带一路"视域下的东亚文化合作和汉语教育的道路将会越走越宽。让"文明互鉴"之光,照亮多彩东亚的未来。

参考文献

1. 习近平.开放共创繁荣 创新引领未来——在博鳌亚洲论坛2018年年会开幕式上的主旨演讲.人民网,2018年4月11日.http://cpc.people.com.cn/n1/2018/0411/c64094-29918031.html.
3. 新华网."东北亚名人会"呼吁努力实现中日韩合作新突破.2015年11月20日.http://www.xinhuanet.com/world/2015-11/30/c-1117309537.html.
4. 王勇.遣唐使时代的"书籍之路"[J].甘肃社会科学,2008(1):42.
5. 池田大作.21世纪与东亚文明(1992年10月14日在中国社会科学院的讲演),我的中国观,四川人民出版社,2009:115.
6. 外交部副部长张业遂在"首届中日韩公共外交论坛暨2016年中日韩合作国际论坛"上的致辞,中国日报,2016年4月29日.http://china.chinadaily.com.cn/2016-04/29/content-24968551.html.
7. 中日达成第三方合作共识,两国"一带一路"合作可从东盟起步,澎湃新闻,2018年4月18日.http://www.the paper.cn/new Detail-forward-2080798.
8. 笪志刚.东北亚上演新三国演义的氛围渐浓.环球军事,2018年4月19日.http://mil.huanqiu.com/article/9CaKrnK7QDr.

9. 池田大作.日中韩三国应齐心为解决环境问题全力以赴(人民网投稿).2016 年 4 月 6 日,池田大作中文网,http://www.daisakuikeda.org/chs/environment.html.

10. 杨牧.公共外交助阵、中日韩合作再添正能量,人民网,2016 年 5 月 3 日.http://world.people.com.cn/n1/2016/0503/cl002-28319333.html.

11. 中日韩自贸区第十五轮谈判首席谈判代表会议在东京举行,人民网,2019. 4. 14. http://japan.people.com.cn/n1/2019/0413/C35421-31028322.html.

12. 中日韩关系有望逐步回到正轨,新民网,2019 年 11 月 6 日.http://newsxmwb.xinmin.cn/world/2019/131607400.html.

13. 池田大作.教育之道文化之桥(1990 年 5 月 28 日),池田大作中文网,http://www.daisakuikeda.org/chs/lecture-08.html.

14. 汉字的中日交流,光明网,2016 年 10 月 15 日.https://news.gmw.cn/2016-10/14/content_22459417.html

15. 韩国为何要恢复汉语教育?历史潮河,2018 年 9 月 26 日.https://baijiahao.baidu.com/s?id=1612631403631026528&wfr=spider&for=pc.

中篇

海外孔子学院与跨文化比较

以“当代中国”命题创新孔子学院中国文化教学体系

刘淑妍*

讲好中国故事，推动中华文化走出去，提高国家文化软实力的关键是需要全面展示中华文明，全方位传播中华文明。

文明是文化的载体，文化是文明的依归。中华文明是中华文化的载体，更是中华文化绵延不断、传承有道的衣钵。中华文明，博大精深，要想做到更好地展示和传播中华文明，就需要更加深入地研究中华文明的源流与脉络，更加全面和深入地分析阐释中华文明的当代意涵和当代发展。当今时代，多元文化交流互鉴，不断丰富着人类文明的色彩。中华民族作为世界大家庭的一员，有着最古老的文明和延续几千年的优秀传统文化，更有着适应新时代新发展的先进性文化内涵，深厚的中华文化底蕴如何融入世界，与世界文明共同塑造人类命运共同体价值，是当前中华文明国际传播与教学的重心。

2004 年成立的孔子学院，一开始就承担了让中国语言文化走出去，让世界正确了解中国的使命。经过十几年的努力，在国别和数量规模上有了不可思议的增长之外，每个孔子学院和孔子课堂都在通过各种方式努力展示中国语言与文化的魅力。回顾孔子学院的总体发展历程，通过开办不同类型的汉语言教学课程班进行汉语言教学培养是基础，关于中国文化的教学，通过组织开展各种文化活动几乎是所有孔子学院展示和传播中国文化的主要形式。成功的文化活动可以直观地展示中国文化形象，可以让受众通过体验快速感知中国文化的特点并产生兴趣，但缺乏成体系的教学模式，根植

* 刘淑妍，同济大学文科办公室主任、教授。

文化基因的中华文明荟萃，以及当代中国文化的时代解读等，中国文化的国际交流与互动因此容易流于形式，并不能真正融入当地民众的心中。

一、当前孔子学院中国文化教学与传播中的问题分析

归纳目前有关孔子学院中国文化教学与国际传播的研究成果与实践经验，其问题和思考主要集中于：①孔子学院中国文化教学的功能定位问题。站在全球竞争和时代格局的变化角度，聚焦孔子学院转型发展和战略定位，从内涵建设上提出孔子学院未来发展中，在持续输出语言教育中，如何加重中国文化推介的比例以及传递的渠道方式。②孔子学院中国文化教学的内涵建设问题。通过比较世界不同语言文化推介机构的建设路径和经验，基于国情文化视域，提出孔子学院中国文化教学中重视传统优秀文化的现代性传递和当代国情文化的典型性传播。③孔子学院中国文化教学体系的建构和实施问题。基于各国孔子学院的教学实证和国别区域特征，借助大型调查、案例分析和比较方法，从教学管理、课程设计、课堂组织、教材运用、效果评估、师资队伍的跨文化能力建设等方面提出改进的思路。④孔子学院中国文化教学的本土化融入问题。从海外汉学与当代中国研究的互动出发，借助思想文化的理论平台与文明的交流互鉴，探讨中国文化走出去的新思路和孔子学院汉语国际教育背景下中国文化教学活动实践选择中的基本原则。

面对全球竞争的文化转向与习近平主席提出的建构人类命运共同体理念，当前孔子学院文化教学体系与课程大纲需要重新定位。文化功能转向意味着孔子学院需要渐次释放为全世界提供中国教育、文化、经济、环境与社会等信息咨询的桥梁和纽带作用，逐步成为中国文化走出去和中外文化交流互鉴的崭新平台。新世纪全面实施和深化拓展孔子学院的业务范围，开展以现代技术为依托的，面向社会各界人士，本土化的大文化传递成为目前孔子学院汉语国际教育跨越式前进的新课题。当前文化教学经常作为孔子学院的汉语教学辅助功能，也因此需要转型升级，进入到“一体两翼”的战略设计，文化教学体系和课程大纲建设也需要不断达成中外文化交流互鉴和跨文化沟通目标。

二、孔子学院中国文化教学中的“当代中国”内涵转向

立足当前中国国情与实践，将中华传统优秀文化的现代化传递和当代中国改革创新的建设成果作为文化教学的内核，建构大文化课程体系，与世界领先的不同学科类型和发展前沿进行对接，设计面向当代问题的通识性文化教学课程大纲，共同关注世界的未来；同时从合作大学以及当地社区的需求出发，借助当地文化教育资源和国内丰富的文化展示，开拓不同国别和人群特色的语言文化教学实践课程及活动，作为通识性文化课堂教学的延伸和有益补充，吸引并持续影响本地居民，积极促进民心相通乃至文化相容。

在文化教学的课程大纲设计中，要始终秉持表达中国立场、传递中国声音、宣传中国智慧的鲜明价值导向，以“中国命题、中国经验、中国智慧”为内容，以“全球高度、世界视野”为角度，探讨中国多领域发展特点与发展规律，向关注中国的海外人士和本地居民传递真实的中国形象。依托我国不断完善的对外文化关系建设内涵和孔子学院基本形成的汉学大众化传播格局，面对新的内外部发展环境，当前孔子学院文化教学课程体系设计要以促进当代中国与世界沟通为原则，立足积极向海外传递中国文化的多元与包容，实现中外华文化的交融与认同目标，以中国理解教育为主线，设计包含不同中国文化专题组合的多栖课堂平台，展示中国与世界现代化发展中多学科交叉成果，同时辅之以不同文化交流与体验活动，形成新型的海外中国文化通识课程教育大纲。

三、以当代中国发展与变革为主题
深化中国文化教学内容

文化教学课程大纲重点是为了培养“知华、友华”的国际友人，在学习者来源、需求、文化等存在较大差异的情况下，通过具有国际化特征的教学理念与方法，客观介绍当代中国的热点讨论、热点研究与热点知识，引导学习者形成自己合理的观点，并在课内外的交互过程中，不断深化对中国的理

解。具体体现为：

以当代问题导向，建设多主题系列课程体系。以“发展”与“变革”两个中心概念为主题，聚焦当代中国，向学习者介绍中国自改革开放以来在经济与管理、政治与法律、社会与文化、环境与生态等领域所发生的变迁和面临的挑战，从人文社会科学与自然科学等不同专业视角聚焦中国的转型进程与发展历程，开发海外学习者最感兴趣的主题系列课程。

组织学员共同开发教学实践案例，作为课堂教学的补充与延伸，确保课堂教学效果。围绕课程中的核心内容设计多种体验式、参与性实践教学环节，从而使教学内容更为直观、更易理解。例如针对跨文化交际主题，可结合课堂学习内容，分组开展跨文化交际案例的搜集与实际采访。在启发学习者对课堂内容继续深入理解的同时，提高受众者的跨文化交际能力。

以现代教育与传播技术为手段，建设多栖课堂平台。充分利用合作大学的资源，以及课程的传统课堂为枢纽，连接教学实践延伸课堂、文化活动、第二课堂、在线学习云端课堂，形成多栖课堂平台。本课程体系并不仅限于传统课堂中的教授、研讨、汇报等，同时紧密结合社会热点，开发当地内外教育资源，引导学习者积极参与各类文化活动、在活动中体验中国、了解中国的历史文化。

联通海内外合作高校资源，以实验性教学为先导，组建跨学科教学师资团队，开展文化主题对话与全过程教学效果评估。在国内外合作大学和社区中招募文化教学的授课团队和兴趣爱好者，共同设计“中国理解”的通识化模块教学专题内容，与学习者同堂开展中国话题的讲解。当代中国文化课程体系提供了一个冲突排练、误会澄清和话语沟通的场所，在推进不同文化和文明之间的国际理解的同时，不断更新对自身所处文化、国情和未来趋势的理解，实现知识更新的可持续发展。同时，通过课程准入评估、过程评估体系保障课程质量，通过教学管理创新、团队建设创新、教育技术创新实现课程服务支持，确保课程体系的可持续发展。

总之，以当代中国理解教育为基础创建的中国文化教学体系，具体的创新之处在于教学理念上创新、课程设置创新和学习环境创新。教学理念上创新：本土化与国际化的结合。既坚持扎根中国大地，又体现国际视野，展示中国经验、本土特色与体现课程内容国际化并举，坚持站在国际学术话语体系中、以鲜明的中国立场介绍当代中国情况、传播中国核心价值。帮助学习者拓展文化视野和思维空间，增强学习者理解中国的能力。课程设置创新：灵活嵌入各类教学计划。不受背景差别、专业差别和身份差别等的限制，体系中的课程性质灵活。每门课程各有侧重，作为通识教育课程的同时，也可以作为专业必修或选修课纳入教学计划。灵活的课程性质，方便嵌入各类教学计划。学习环境创新：融合型学习社区的构建。构建了一个融中外专家和学习者一体的新型学习社区，将中外专家和学习者融和发展从课堂延展到教学实践、课外学习、文化活动甚至课外交往，增强中外民间交流互通、强化从国际视角思考中国内涵，有效地保障了教学效果。

建设"一带一路"孔子学院，推动构建人类命运共同体[1]

孙宜学*

2019年初，中共中央、国务院印发了《中国教育现代化2035》和《加快推进教育现代化实施方案（2018—2022年）》，提出未来将加强与"一带一路"沿线国家教育合作，优化孔子学院区域布局，加强孔子学院能力建设。这说明，孔子学院对"一带一路"民心相通工程的重要性得到了充分肯定，而孔子学院也将借力"一带一路"，进入一个高质量稳步发展的科学轨道，并且就像一根根毛细血管，把"一带一路"和人类命运共同体的和平理念融入"一带一路"沿线国家的日常生活，进而推动全人类合力共创可持续发展的新世界。

"一带一路"倡议旨在与沿线国家建立"拥有共同命运归属感与文化共性的朋友"关系，而人类命运共同体理念则是"一带一路"倡议和孔子学院发展的精神基础与传播内涵，孔子学院作为沟通中国与世界的心灵之桥，则在推动"一带一路"与人类命运共同体构建过程中扮演着促进民心相通的桥梁角色。

人类社会是一个相互依存的共同体，这一理念已经成为世界共识。因此，构建人类命运共同体，是中国顺应和平发展、合作共赢的时代潮流，着眼于世界各国相互联系、全球命运休戚与共的发展大势，而提出的中国方案。这一方案不是西方式的零和思维，不是将世界看作势不两立的角斗场，而是以国际社会普遍认同的"共赢"理念，将自身命运和前途同世界命运和前途

[1] 原文载于《中国教育报》2019年9月12日。

* 孙宜学，同济大学国际文化交流学院院长、教授。

紧密联系在一起。这一中国方案是要满园花开，是要奏响人类共同发展的交响乐。这是一个新时代大国的责任和使命。

志合者，不以山海为远。中国的发展离不开世界，世界的发展也需要中国。毫无疑问，“一带一路”倡议顺应了世界多极化、经济全球化、文化多样化的大潮流，秉承了开放包容的新理念，为共绘互利合作、共享发展美好蓝图创造了新的历史机遇，为构建人类命运共同体，架构了一座座以民心作轨的“心灵高铁”，贯通了中国与沿线国家之间经济、文化双向多向运输、交流。

目前世界范围内对“一带一路”的认知存在着中外不同温、国国不一致的现象，主要分化为两类：一类为“利益分享”型，认为自己的国家或所处地区将会从中国的发展中受益；另一类是“利益博弈”型，体现在过度担心“合作利益分成”中自己的国家没有足够的主动权。要消解这种认识的不均衡甚至误读，必须发挥中华文化的暖心功能、“美美与共”传统，不断加强中国与“一带一路”沿线国家的人文交流和友好往来，包括更进一步加强在沿线国家的汉语教育与中华文化传播。

孔子学院的发展实践已经证明，汉语国际传播与中外文化交流始终伴随着矛盾和冲突，只有披荆斩棘，方能阡陌相通；只有坦诚交流，才能同一律动。孔子学院正通过发挥自身的汉语教育、文化交流、民间外交、信息互通等多重优势，一步步改善着“一带一路”前行途中的“硬环境”和“软环境”，且步步融冰化雪，步步播种绽绿，形成了与“一带一路”建设有机互动的生动局面，推动中国和沿线国家文化和谐共存、共兴逐渐成为主流。

但孔子学院在“一带一路”沿线国家的发展布局并不均衡，供求关系尚不平衡。目前已有孔子学院主要集中在“一带一路”沿线经济较发达的国家，如俄罗斯、泰国、印度尼西亚、波兰、乌克兰、菲律宾等。已有孔子学院物理空间分布广，外部环境复杂，文化生态不一，舆情多变，在顶层设计、路径设计、内容供给、质量保障与检测、对话机制、运行机制等方面也因主客观条件所限，存在着很多不确定性和变数，客观上导致“一带一路”沿线国家的孔子学院在功能发挥、投入与产出比例等方面存在着瓶颈，构成孔子学院发展途中必须面对的一堵堵有形或无形之墙。

“一带一路”倡议和构建人类命运共同体已为孔子学院创造出了适合的

发展空间和成长环境，孔子学院也可借力在未来发展中进一步优化结构性布局，在服务于“一带一路”倡议和人类命运共同体构建总目标的基础上，重点在目前孔子学院力量较弱的中亚、西亚以及“海上丝绸之路”区域的国家和地区加强孔子学院建设，从而在更大范围内推动中国与“一带一路”沿线国家地区平等相处，共同构建人类命运共同体。

“如行远，必自迩。”孔子学院是中国看世界的眼睛，也是世界看中国的窗口。沿线国家民众所看到的一所所孔子学院，就是中国一双双看世界的眼睛，而眼睛是心灵的窗口。孔子学院在沿线国家和全世界输出的必须是一汪汪纯净的中国智慧之水，温暖之流，坦诚之意。只有这样，孔子学院才能成为“一带一路”沿线各国文化中温煦如春的存在，人类命运共同体才能成为百花齐放的花园。

意大利暨圣马力诺孔子学院初级水平汉语学习者HSK考试分析及教学建议

——以佛罗伦萨大学孔子学院为例

赵　莹*

自2006年9月意大利第一所孔子学院——罗马大学孔子学院正式成立至今，意大利暨圣马力诺共设立了13所孔子学院，这些孔子学院在教学管理模式、教学内容、教材选择、学生学习方法和策略等方面具有较大的共通性。本文拟以同济大学与海外承办机构合作建立的四所孔子学院之一的佛罗伦萨大学孔子学院（以下简称佛大孔院）为例，通过对佛大孔院初级汉语课程注册学生参加汉语水平考试（HSK）情况的分析，考察孔子学院汉语课程的设置，从而对孔院初级汉语课程的教学提出合理化建议。

一、佛大孔院HSK考点报考情况分析

佛罗伦萨大学孔子学院于2014年3月31日揭牌成立，2015年6月开始举办HSK考试。截至2017年底，佛大孔院累计举办了5次28场HSK一至六级考试，考生累计539人次。

在佛大孔院举办的HSK考试中，HSK一级考生累计214人次，约占考生总人次的39.70%；二级考生累计166人次，约占考生总人次的30.80%；三级考生累计88人次，约占考生总人次的16.33%；四级考生累计45人次，约占考生总人次的8.35%；五级考生累计22人次，约占考生总人次的

* 赵莹，同济大学国际文化交流学院讲师。

4.08%;六级考生累计4人次,约占考生总人次的0.74%。

由此可见,与来华留学生HSK考试情况相比较,孔子学院HSK考生以参加HSK一、二级考试为主,如佛大孔院考点HSK一、二级累计考生380人次,约占考生总人次的70.50%,而HSK三至六级的考生一共只占比约29.50%。这种现象一方面与海外汉语学习者以零起点和初级水平学习者为主的现状相吻合,另一方面也与孔子学院奖学金对HSK成绩的相关要求有关。

孔子学院奖学金分为四周研修生奖学金、一学期研修生奖学金、一学年研修生奖学金、汉语国际教育本科奖学金、汉语国际教育专业硕士奖学金五种。2017年度,佛大孔院共有6名学生成功申请了孔子学院奖学金,其中四周研修生奖学金5人,一学期研修生奖学金1人。孔子学院奖学金对四周研修生和一学期研修生的HSK成绩最低要求为具有HSK成绩(部分一学期研修生课程要求HSK三级210分,具有HSKK成绩)。而对一学年研修生、汉语国际教育本科和汉语国际教育专业硕士的HSK成绩要求则从HSK三级270分,具有HSKK成绩至HSK五级210分,HSKK成绩达到中级不等。

可见,不同类型的孔子学院奖学金对申请者的HSK成绩要求不同。要求越高,申请者人数和申请成功率也相应越低。孔子学院奖学金的设立,极大地促进了孔院学生参加HSK/HSKK考试的积极性,另一方面,HSK/HSKK成绩也影响了学生奖学金的申请。

二、佛大孔院汉语课程注册学生HSK一、二级考试情况分析

佛大孔院HSK考点的绝大多数考生(约70.50%)报考的是HSK一、二级考试。而在这些考生中,既有佛大孔院汉语课程注册学生,也有来自其他大学、孔院、当地华校等多种学习渠道的汉语学习者。就佛大孔院汉语课程注册学生来说,孔院设置初级A、初级B、中级A、中级B、中级C以及高级六个等级的汉语课程,其中初级A课程对应HSK一级水平,初级B课程对应

HSK一级至二级水平，中级A课程对应HSK二级水平。而学生的实际学习效果能否达到孔子学院的教学目标，我们以2017年度春季学期佛大孔院汉语课程注册学生参加2017年7月HSK一、二级考试为例：

（一）从报考人数来看，该学期初级A课程共有23名注册学生，其中仅有9名学生参加了HSK一级考试，约占初级A注册学生数的39.13%。初级B课程共有19名注册学生，其中3名学生参加了HSK一级考试，7名学生参加了HSK二级考试，报考总数约占初级B注册学生数的52.63%。中级A课程共有24名注册学生，其中仅有4名学生参加了HSK二级考试，约占中级A注册学生数的16.67%。

由此可见，孔院汉语课程注册学生的HSK考试参与率不高，尤其是初级A的零起点学生，对参加考试的信心和动力不足。此外，也有一部分学生倾向于“低报”，比如初级B存在部分学生报考HSK一级，而不是二级的现象。而中级A学生报考人数的减少，也与部分学生在初级B阶段已经通过了HSK二级考试有关，所以中级A学生报考HSK二级，也相当于一种“低报”。

（二）从通过率来看，HSK一级考试：初级A课程有9名考生，8名通过考试，考试通过率约为88.89%；初级B课程有3名考生，全部通过考试，通过率为100%。初级A、初级B平均通过率约为91.67%，低于佛大孔院考点平均通过率（94.29%）。HSK二级考试：初级B课程有10名考生，7名通过考试，考试通过率为70%；中级A课程有4名考生，全部通过考试，通过率为100%。初级B、中级A平均通过率约为78.57%，低于佛大孔院考点平均通过率（81.25%）。

由此可见，孔院汉语课程注册学生的HSK一级、二级考试通过率均低于佛大孔院考点考生的平均通过率。而“低报”考生（包括初级B学生报考HSK一级和中级A学生报考HSK二级）的考试通过率均达到了100%，这种现象也提示我们需考察孔子学院汉语课程的设置及授课内容与HSK考试要求的匹配程度。

三、佛大孔院初(中)级汉语课程设置与HSK一、二级大纲要求

根据佛大孔院汉语课程教学大纲，在孔院开设的六个等级汉语课程中，初级A、初级B、中级A三个等级对应本文所考察的HSK一、二级考试。

(一) 初级A课程：对应HSK一级水平，教学目标为掌握约200个生词及相应语法项目，课程内容为《意大利人学汉语(基础篇)》第1课至第10课。

从词汇上看，初级A课程(第1课至第10课)共包含178个生词，而HSK一级词汇为150个，初级A课程讲授词汇量大于HSK一级词汇(多28个)。但是，二者的选词差异较大：初级A课程词汇涵盖HSK一级词汇74个，约占初级A课程词汇的41.57%，约占HSK一级词汇的49.33%；初级A课程词汇未涵盖HSK一级词汇76个，约占HSK一级词汇的50.67%。在未涵盖词汇中，有40个将在初级B课程中学习，约占一级词汇的26.67%；有36个生词不能在初级阶段课程中完成，占一级词汇的24%。

从语法上看，HSK一级语法涵盖59项，分属11大项。初级A课程语法涵盖HSK一级语法32项，约占HSK一级语法项目的54.24%；初级A课程语法未涵盖HSK一级语法27项，约占HSK一级语法项目的45.76%。在未涵盖语法项目中，有23项将在初级B课程中学习，约占一级语法项目的38.98%；有4项不能在初级阶段课程中完成，约占一级语法项目的6.78%。

(二) 初级B课程：对应HSK一级至二级水平，教学目标为掌握约400个生词及相应语法项目，课程内容为《意大利人学汉语(基础篇)》第11课至第17课。

从词汇上看，初级汉语课程词汇共涵盖428个生词，其中初级A 178个，初级B 250个。而HSK二级词汇为300个(包括HSK一级词汇150个)，初级汉语课程(包括初级A和初级B)词汇量远大于HSK一级词汇(多128个)。但是同样，二者的选词差异较大：初级汉语课程词汇涵盖HSK二级词汇188个，约占初级汉语课程词汇的43.93%，约占HSK二级词汇的

62.67%。初级汉语课程词汇未涵盖HSK二级词汇112个，约占HSK二级词汇的37.33%。在未涵盖词汇中，包含HSK一级词汇36个，占二级词汇的12%；二级词汇76个，约占二级词汇的25.33%。

从语法上看，HSK二级语法共126项，分属16大项，包含HSK一级语法59项。初级汉语课程语法涵盖HSK二级语法89项，约占HSK二级语法项目的70.63%。初级汉语课程语法未涵盖HSK二级语法37项，约占HSK二级语法项目的29.37%。在未涵盖语法项目中，包含HSK一级语法4项，约占二级语法项目的3.17%；二级语法33项，约占二级语法的26.19%。

（三）中级A课程：对应HSK二级水平，教学目标为掌握约600个生词及相应语法项目，课程内容为《意大利人学汉语（基础篇）》第18课至第20课，《意大利人学汉语（中级篇）》第1课至第3课。通过对佛大孔院初级A、B课程内容的分析，我们发现，虽然初级A、B课程与HSK一、二级大纲存在差异，但基本可以涵盖HSK一、二级考试的大部分内容（仍需对差别词汇和语法进行补充）。而且，HSK一、二级考试本身对应的即为初级水平汉语学习者，而中级水平汉语学习者对应的为HSK三、四级考试。并且，孔子学院中级A课程大纲所列教学目标600个生词，已经是HSK三级考试的大纲词汇量了。由此，我们认为中级A课程对应HSK二级水平的提法是不太合适的，HSK二级水平应该为初级B课程的教学要求。

四、佛大孔院初级汉语课程教学建议及实践

意大利暨圣马力诺范围内通用的《意大利人学汉语》一书，编排科学、合理，适应意大利本土教学方式和学习者的学习习惯。但因其成书时间较早，编写参照《欧洲语言共同框架》标准，而非HSK考试大纲，所以在与HSK考试接轨方面难免存在差异。为使初级水平汉语学习者在孔子学院课程学习时能更好地完成学习目标，顺利通过HSK一、二级考试，在孔院初级汉语课程教学中需补充相关的HSK一、二级生词及语法项目。

（一）初级A汉语课程：对应HSK一级考试。教学中需补充HSK一

级生词76个，其中初级B课程涵盖的HSK一级词汇40个，初级B课程未涵盖的HSK一级词汇36个。需补充HSK一级语法27项，其中初级B课程涵盖的HSK一级语法23项，初级B课程未涵盖的HSK一级语法4项。

（二）初级B汉语课程：对应HSK二级考试。教学中需补充HSK二级生词112个，其中HSK一级词汇36个（同初级B课程未涵盖的HSK一级词汇），HSK二级词汇76个。需补充语法37项，其中HSK一级语法4项（同初级B课程未涵盖的HSK一级语法），HSK二级语法33项。

为验证在孔院相关课程中补充讲授HSK生词、语法后，学生参加HSK考试情况，我们以2017年度春季学期初级班注册学生参加2017年7月HSK考试为例，做了如下平行班实验对比：

以初级A课程为例，2017年度春季学期初级A课程共分为两个班，我们以A1班（15人）为正常授课班，A2班（8人）为补充HSK内容实验班。初级A1班参加2017年7月HSK一级考试考生数为4人，其中3人通过，报考率约为26.67%，考试通过率为75%。初级A2班参加HSK一级考试考生数为5人，全部通过，报考率约为62.50%，考试通过率为100%。虽然样本数量有限，但从这一小小的实验对比可以看出，通过补充学习教材中未涵盖的HSK相关生词、语法，一来增强了学生报名参加HSK考试的信心和积极性，使报考率大大提升，二来也提高了学生的考试通过率。

我们也在初级B课程中进行了同样的实验，初级B2班（补充HSK内容实验班）的HSK一、二级报考率（77.78%）也同样高于初级B1班（正常授课班）的报考率（60%），但两个班学生均在低报HSK一级考试时达到了100%的通过率，而HSK二级考试未通过的学生也均为弃考，所以两个班的HSK二级考试通过率对我们的实验参考价值不大。

综上所述，佛大孔院HSK考点的考生以报考HSK一、二级考试为绝大多数（约占70%）。这与意大利暨圣马力诺其他HSK考点的情况相仿。对应佛大孔院课程，HSK一级水平为初级A课程，HSK二级水平为初级B课程。但孔院现有的主流教材及教学内容与HSK考试大纲要求存在较大偏差，如：初级A课程词汇仅涵盖HSK一级词汇的49.33%；初级A课程语法仅涵盖 HSK 一级语法项目的 54.24%；初级汉语（初级 A＋初级 B）课程词汇涵盖 HSK 二级词汇的 62.67%；初级汉语课程语法涵盖 HSK 二级语法项目的 70.63%。为增强考生报考 HSK 的信心和动力，提高 HSK 通过率，建议在孔院初级汉语课程教学中补充相关 HSK 一、二级生词及语法项目。如：初级 A 汉语课程补充 HSK 一级生词 76 个；补充 HSK 一级语法 27 项。初级 B 汉语课程补充 HSK 二级生词 112 个；补充 HSK 二级语法 37 项。同时，我们也通过平行班实验对比，验证了通过补充教材中未涵盖的 HSK 相关生词、语法，可以使学生的报考率和通过率得到大幅提升。

附录：佛大孔院初级汉语课程教学中需补充的 HSK 一、二级生词及语法项目

1. 初级 A 汉语课程（对应 HSK 一级考试）补充生词：76 个

1.1　初级 B 课程涵盖的 HSK 一级词汇：40 个

杯子、本、茶、点、电脑、读、飞机、高兴、个、工作、号、喝、会、几、块、开、了、没关系、那、能、年、漂亮、钱、上、时候、水、岁、太、喂、先生、想、些、写、星期、月、怎么、怎么样、这、坐、做

1.2　初级 B 课程未涵盖的 HSK 一级词汇：36 个

爱、菜、出租车、打电话、多、儿子、饭店、分钟、狗、好、后面、看见、冷、里、猫、米饭、女儿、苹果、前面、热、认识、水果、睡觉、天气、下、下雨、小姐、学校、衣服、医生、椅子、一点儿、住、桌子、字、昨天

2. 初级 A 汉语课程（对应 HSK 一级考试）补充语法：27 项

2.1　初级 B 课程涵盖的 HSK 一级语法：23 项

代词　指示代词：这　那

　　　疑问代词：几　怎么　怎么样

数词　表示时间：8 点 40 分

　　　　　　　　2009 年 7 月 7 日

　　　　　　　　星期四

表示年龄：他今年 24 岁

表示钱数：15 块

量词　用在数词后：　一个

3 本

用在“这”“那”“几”后：　这个

那些

副词　　程度副词：　太(太好了!)

助动词　　　　　　　会(我会做饭。)

能(你什么时候能来?)

助词　　语气助词：　呢(你在哪儿呢?)

陈述句　肯定句：　　明天星期六。

天气很好。

疑问句　几(你几岁了?)

怎么(你怎么了?)

怎么样(这本书怎么样?)

2.2　初级 B 课程未涵盖的 HSK 一级语法：4 项

量词　用在“这”“那”“几”后：几次

副词　否定副词：　没(他没去医院。)

助词　语气助词：　了(她去医院了。)

否定句：　没(她没去看电影。)

3. 初级 B 汉语课程(对应 HSK 二级考试)补充生词：112 个

3.1　HSK 一级词汇：36 个(同 1.2 初级 B 课程未涵盖的 HSK 一级词汇)

3.2　HSK 二级词汇：76 个

白、帮助、报纸、比、宾馆、出、穿、次、错、打篮球、大家、得、第一、懂、房间、服务员、高、告诉、过、孩子、好吃、黑、红、鸡蛋、近、就、考试、快乐、累、离、旅游、慢、门、旁边、跑步、便宜、妻子、起床、晴、去年、让、上班、生病、事情、手表、说话、虽然、它、题、外、完、往、西瓜、希望、洗、笑、雪、颜色、眼睛、羊肉、药、已经、阴、游泳、右边、鱼、远、运动、再、丈夫、找、着、正在、准备、昨天、左边

4. 初级B汉语课程(对应HSK二级考试)补充语法

4.1 HSK一级语法:4项(同2.2 初级B课程未涵盖的HSK一级语法)

4.2 HSK二级语法:33项

代词 人称代词:它 它们 大家

数词 表示钱数:6元

表示顺序:第三

表示重量:公斤

副词 时间副词: 正在(我们正在看电视。)

已经(他已经到学校了。)

就 (她下星期就回来了。)

频率副词 再 (欢迎再来!)

介词 比 (我比她高。)

向 (向左走。)

离 (学校离我家很近。)

助词 的"的"字短语 这件衣服是最便宜的。

我买了一些吃的。

那边打电话的是我丈夫。

得 你做得对。

助词 动态助词 着 (她笑着说:"明天见。")

了 (我买了一本书。)

过 (我学过汉语。)

动词的重叠 让我想一想

疑问词 多 (从这儿到那儿多远?)

祈使句 不要 (不要吃太多。)

特殊句型 "是……的"句 强调时间 我是昨天来的。

强调地点 这是在火车站买的。

强调方式 他是坐飞机来的。

比较句 今天比昨天冷。

动作的状态

用“在……呢”表示动作正在进行	他们在吃饭呢。
用“正在”表示动作正在进行	他们正在打篮球。
用“了”“过”表示动作已经完成	他买了一斤苹果。
	我看过这个电影。
用“要……了”表示动作(变化)将要发生	火车要开了。
用“着”表示动作(状态)的持续	外面下着雨。

日本京都祇园祭及其中国元素

蔡敦达*

夏日的京都有各种各样的节庆(祭り),而最负盛名的当属祇园祭(ぎおんまつり),被誉为日本三大节庆之一。2010年正逢祇园祭登录联合国教科文组织非物质文化遗产后的首次彩车巡游,7月17日当日又逢周六假日,据当天《京都新闻》转引京都府警署的统计称,沿街观看彩车巡游的当地群众及来自日本各地及国外的观众约达20万人之多,较上年增加7万人,热闹场面雄伟壮观。报道中这样写道,出梅后的京都映照在蓝天白云下,装饰得绚丽豪华的32辆彩车(山鉾・やまぼこ)宛如一座移动的美术馆,在祇园小曲(祇園囃子・ぎおんばやし)伴奏下行进在名曰"都大路"的京都繁华街上,接受观众的检阅和观赏。上午9点过后,随着打头阵的长刀彩车(長刀鉾・なぎなたぼこ)的指挥(音頭取り・おんどとり)"嘿呀嘿呀(エンヤラヤー)"的吆喝声,车轮嘎吱嘎吱转动着从四条通乌丸朝东进发,近四条麸屋町时,少年(稚児・ちご)用长刀砍断连接带叶青竹(斎竹・いみたけ)上的草绳(注連縄・しめなわ),沿街响起欢呼声。在四条河原町和河原町御池的十字路口,重量超过十吨的彩车的90度拐弯(辻回・つじまわし)尤为壮观,车夫们在路面铺上青竹、洒上水,车轮在上面顺利滑行,引来阵阵掌声和欢呼声。

笔者在日留学期间和2000年、2008年,曾多次来到祇园祭彩车巡游现场观赏。现根据相关的文献资料和自身经历,对祇园祭的历史和内容及其中的中国元素作一简要的考察和分析。

---

* 蔡敦达,同济大学教授、日本立命馆大学孔子学院大阪孔子课堂原负责人。

1. 祇园祭的历史

祇园祭起源为祇园御灵会(祇園御霊会・ぎおんごりょうえ),传平安时代贞观年(869)日本全国流行瘟疫,为了驱散病魔、祈求健康,人们制作了象征66个地方(国・くに)的66根长矛(鉾・ほこ)送往神泉苑(しんせんえん)祭祀牛头天王(牛頭天王・ごずてんのう)。所谓御灵泛指蒙冤离开人世的灵魂、即冤魂,人们将突如其来的天灾、瘟疫,尤其是瘟疫看作是这些冤魂在作祟,因此,怀着畏惧和敬畏的心情称他们为御灵,尽自己所能安抚他们,祈祷他们不要加害活着的人。御灵会就是出于这种目的,神泉苑祭祀除诵经外,还有歌舞和演奏等内容,虽然主要目的是镇魂,但热闹程度不亚于过节。

有关祇园祭的起源尚无定论。除以上始于日本贞观十一年(869)的传说外,见于史料的有天禄元年(970)和天延二年(974)两种起源说,但孰是孰非,亦难以肯定。不过,其时的祇园祭已从驱散病魔、祈求健康的祇园御灵会,发展成为一种固定的祭典。在12世纪中叶的画卷《年中行事絵巻(ねんちゅうぎょうじえまき)》第九卷中,描绘有神轿返回祇园本社时行进在三条大道上的情景。巡游队列以四马四骑手(乗尻・のりじり)打头阵,接着是两把大伞(扇鉾・おうぎぼこ)、两个骑着马的少女(巫女・みこ)、王舞、两组狮子舞和四把长矛,其后是三顶神轿(神輿・みこし),分别是牛头天王、婆利采女(はりさいにょ)和八王子(はちおうじ)的坐轿,紧接着是两个骑着马的少女和骑马少年(駒形稚児・こまがたちご)、骑马舞乐(田楽・でんがく)和舞者(細男・せいのお),最后压轴是五位骑着马的祭主(神主・かんぬし)。从平安后期到镰仓时代,祇园祭的主体是以三顶神轿为主的巡游队列以及在神轿途中临时休息处(御旅所・おたびしょ)举行的祭神歌舞表演(神事芸能・しんじげいのう),歌舞表演由歌舞(神楽・かぐら)、王舞、狮子舞、舞乐和舞者组成,其中舞乐最受人欢迎。

提到京都祇园祭,我们自然会联想到彩车巡游的热闹场面。但中世前期的祇园祭巡游主要由三顶神轿和13根马上长矛(馬上鉾・ばじょうぼこ),五匹神马(神馬・しんめ)及其狮子舞、少女歌舞、舞乐等组成。这里的所谓马上长矛,只不过模仿武器的长矛而已,并非现在所见的彩车的样子。

长矛的作用是让瘟神依附在其上面，从而起到消除病魔、保佑人们健康的作用。据说最早的长矛是用树枝做的，如同头儿削得尖尖的木棒，祭典结束后毁掉。因此，它是一种避灾驱邪的替代物(形代・かたしろ)。

彩车的出现年代可追溯到14世纪中叶的南北朝时代，这在贵族们的日记等中多有描写。在传一条兼良(1402—1481)所著书信体教科书《尺素往来》(せきそおうらい)中见有“祇園御霊会今年殊結構、山崎之定鉾(しずめぼこ)、大舎人之鵲鉾(かささぎぼこ)、処々跳鉾(おどりぼこ)、家々笠車、風流之造山、八撥(やつばち)、曲舞(くせまい)、在地之所役、定叶於神慮歟”的记载，大致意思：“今年的祇园御灵会特别热闹，既有山崎的定鉾、大舍人的鹊鉾，又有各处的跳鉾及各家的笠和车，再加上风流的造山、鞨鼓艺人的八拨、女曲舞车。当地的侍奉一定会满足神灵们的心意吧。”文中所记彩车为初级阶段的形状。其后，彩车在形状上和数量上都有了很大的变化和增加。形状除山形外，还有长矛形、伞形、船形等；数量方面在应仁之乱(1467—1477)以前，祇园祭前后两部分的活动最多时参加巡游的彩车有58辆。这种热闹场面即使与现在相比也毫不逊色，可见当时的祇园祭已发展成为彩车争奇斗艳的欢乐节庆。但由于应仁之乱，祇园祭被迫中断，直至明应九年(1500)才得以恢复，当年参加前后两部分节庆巡游的彩车总共36辆，远不及动乱前的盛况。不过，值得一提的是当时围绕巡游彩车的出场顺序发生过争执，于是就有了抽签决定彩车巡游顺序的制度。中世末祇园祭的盛况可以从描绘15世纪前半叶京都的著名的《洛中洛外図屏風(らくちゅうらくがいずびょうぶ)》中看出。

进入江户时代后，祇园祭的祭神仪式和彩车巡游都按一定的形式固定了下来，一直传承至今，成为今日我们所见祇园祭的原型。以彩车为例，巡游彩车固定为33辆，规模大型化和装饰的豪华是其特点，这些直至江户末期基本上没有大的变化。但在幕府末期至明治维新，由于社会处于历史的变革和动荡期，加之明治初年的废佛毁释(はいぶつきしゃく)的灾难性破坏，祇园祭直到明治五年才恢复活动，巡游使用的彩车是些幸存下来的构造较为简单的花车(山・やま)。在明治政府发布《神佛分离令》之后，虽然祇园社更名为“八坂神社(やさかじんじゃ)，成了地地道道的神道之社，原先供奉的佛像被移至其他寺院，但一些彩车中所持有的佛教色彩并没有完全消失。由于采用太阳历，祇园祭的巡游日期也做了调整，本来前祭（さきのまつり）为阴历的六月七日，后祭（あとのまつり）是同月十四日；经过数次调整，明治十年前祭和后祭分别定为阳历 7 月 17 日和 24 日。一个全新的“明治祇园祭”展现在了世人的面前。

昭和十八年(1943)中断的彩车巡游在“二战”后的 1947 年得以恢复，起初仅举行前祭活动；1951 年，彩车前祭 18 辆、后祭 9 辆分别按原有的路线参加了 7 月 17 日和 24 日的巡游。之后，不但彩车数量不断增加，而且来京都观光的游客人数也急剧增加，其中不少是冲着祇园祭来的。于是，就引发了 1955 年祇园祭“是出于信仰还是为了旅游”的民众大讨论，有人提出为了促进旅游改变彩车巡游路线的提案，但遭到重视祭神仪式传统的神社等方面的反对。1957 年举行了恢复彩车巡游十周年的纪念活动，1958 年祇园祭被指定为非物质民俗资料。1966 年即“二战”后第 20 次彩车巡游将前祭后祭合二为一，实现了统一的巡游，而七年后的 1973 年的后祭 24 日开始了“花伞(花笠・はながさ)巡游”。

2. 祇园祭的内容

现在的祇园祭高潮或看点集中在每年 7 月 17 日的彩车巡游，但原本的祇园祭 17 日神轿从八坂神社启程到 24 日回宫的一周内需举行各种祭神仪式，自 7 月朔日祭神仪式开始到月末 29 日仪式结束都包括在祭典之内。因此，祇园祭是盛夏京都持续整整一个月的祭典。以下按日期的先后顺序梳理祇园祭的主要内容和活动。

7 月 1 日，祭神并祈祷神灵保佑节庆的顺利进行，即意为祭神仪式开始(吉符入り・きっぷいり)。各彩车街道的代表开会商量节庆事宜，除选举各彩车负责人外，还就彩车的组装、拉曳和舵手的人选签订协议。祇园小曲也在当晚开始练习。“吉符入り”仪式也有在 3 日或 5 日举行的。

7 月 2 日，在京都市长的见证下，各街道代表抽签决定彩车巡游的顺序(籤取り式・くじとりしき)。抽签结束后，各彩车街道代表参拜八坂神社，祈祷祇园祭平安举行。因为争夺头阵的事情时有发生，在应仁之乱后采用了抽签决定彩车巡游顺序的方式。

7月10日，为17日祭神彩车的巡游（神幸祭・しんこうさい），使用鸭川（鴨川・かもがわ）的河水清祓神轿（神輿洗・みこしあらい）。先是四个年轻人抬着四米高的大火把在四条大街上疾走，清祓道路。接着抬出神轿放置在四条大桥上，取来鸭川的神水往神轿身上泼洒，以达到清祓的目的。

7月10日至14日，各彩车街道开始组装彩车（鉾建て・ほこたて、山建て・やまたて），组装时不用一根钉子，而是按照传统工艺，使用草绳和麻绳组装。待全部组装完成后，在祇园小曲的伴奏下，开始首次拉曳（曳き初め・ひきぞめ）在这里需要说明的是同为彩车，但“山”和“鉾”是有区别的。“山”结构较简单，车顶大多装饰有松树（真木・しんぎ），还有神体等偶人。通常由人抬着巡游，但也有形同“鉾”的“曳山（ひきやま）”。“鉾”不但结构复杂，而且要高大得多，车顶宛如一个装饰豪华的亭子，前面站着一少年，两侧坐满演奏祇园小曲的人。亭顶上立有起源于长矛的长柱子，柱头是象征各街道彩车的矛头。

7月13日，骑在白马上的长刀彩车少年和两个刘海童（禿・かむろ）一起参拜八坂神社，接受作为神之使者的资格。下午，久世少年（久世稚児・くぜちご）也参拜神社。

7月14日至16日，彩车巡游前三个晚上的活动，分别称作“宵々々山（よいよいよいやま）”“宵々山（よいよいやま）”“宵山（よいやま）”，其中“宵山”最为热闹。各彩车街道把自己的彩车装扮得豪华好看，并点上驹形提灯（駒形提灯・こまがたちょうちん），用笛子、钲演奏祇园小曲，引来众多的听众和观者驻足欣赏。孩子们合着节拍叫卖护符和神符。商家展示华丽的各种屏风。为了祈祷翌日是个大晴天，从“宵山”的晚上十时半起，由各彩车街道祇园小曲演奏者们组成的“晴天神乐（日和神楽・ひよりかぐら）”往返于各街道与神轿途中临时休息处之间（长刀彩车街道的小曲演奏者们往返于八坂神社之间）。其实，“宵山”的热闹程度和观赏效果并不亚于翌日的彩车巡游。观众不但能近距离观看装饰在彩车前后左右各种豪华的挂毯（懸装品・けそうひん），还可以通过商家的临街房登上彩车顶上，了解车上情况和俯视街上的热闹景象。

7月17日，祇园祭的高潮，盛况如文开头部分所述，被誉为“移动的美术馆”的彩车巡游自此拉开序幕。集合在四条乌丸的各种彩车以长刀彩车为先导开始巡游，途中有少年用长刀砍断彩车上的草绳等仪式，而最为观止的是彩车在四条河原町和河原町御池、新町御池的十字路口 90 度大拐弯的情景，这是彩车巡游的一大看点。

巡游结束后，三顶神轿从八坂神社出发，在宗人区域内(氏子区内・うじこくない)巡游后，到达四条寺町的神轿临时休息处(神幸祭)。申轿一直停放至 24 日的“還幸祭(かんこうさい)”

7 月 24 日，停放在临时休息处的神轿经宗人区域内的固定路线返回到八坂神社，即神灵回宫。这天，进行花伞巡游、跳鹭鸶舞(鷺舞・さぎまい)等。

7 月 31 日，在八坂神社境内的疫神社的牌坊前搭建个大型的茅草圈，人们钻茅草圈祈求无病消灾(疫神社夏越祓・えきじんじゃなごしのはらい)。长达一个月的祇园祭就此落下帷幕。

3. 祇园祭所体现的中国元素

祇园祭不仅具有京都地域文化和日本节庆的典型特点，而且还深受中国、朝鲜、印度、欧洲和阿拉伯各地文化的影响。说到祇园祭中的中国元素，最为典型的是名称源于中国的彩车和装饰用挂毯，下面主要就这点做一简单的梳理和分析。

函谷鉾(かんこぼこ)，出自齐国孟尚君学鸡叫逃出函谷关的故事。在立柱上部的天王台和下方分别祭祀着孟尝君和一对雌雄鸡，右侧挂毯是具有宽永十八年(1641)铭的中国绒毯，图案为风趣幽默的“狮子戏珠图”。

鸡鉾(にわとりぼこ)，出自“谏鼓”传说，相传尧曾在庭中设鼓，让百姓击鼓进谏。因天下太平，以致鸡站在上面产卵。立柱头上三角框中的铜圆板象征鸡卵，彩车少年的华丽头冠中间就是只雄鸡。

孟宗山(もうそうやま)，出自《二十四孝》中故事，名曰“哭竹生笋”。相传三国人孟宗为侍奉病中母亲，雪中掘笋感动了天帝。为此，车顶的松树上装点有白棉，车前挂毯图案为中国的龙云纹样，车后挂毯是 17 世纪中期中国刺绣“凤凰牡丹和幻想动物图”。

郭巨山(かっきょやま)，同样出自《二十四孝》中故事，名曰“郭巨埋儿”。

相传汉朝人郭巨为救母埋子，掘坑时得一釜黄金。车前挂毯图案为中国的“妇女喜游图”，左右侧挂毯分别是刺绣“陈平饲虎图”和“吴道子图”。

伯牙山（はくがやま），出自周朝人伯牙闻友人钟子期病故破琴绝弦的故事。其他彩车的装饰用挂毯，多由于看重奇与新，各挂毯图案标新立异，缺乏统一性。而伯牙彩车是唯一以中国风格统一的彩车，车前挂毯是明代的珍品，其他的虽为日本制，但所表现的图案都是中国的人物风景图。

蟷螂山（こいやま），出自汉魏时期文学家陈琳《为袁绍檄豫州文》中“欲以螳螂之斧，御隆车之隧”之语，意为“螳臂当车，自不量力”。

鲤山（こいやま），出自黄河鲤鱼跳过龙门（今称禹门口）成龙的传说，后以“鲤鱼跳龙门”比喻成名、扬名，又用作比喻逆流前进、奋发向上。为此，彩车栏杆都装饰成金色的波浪状，车顶上木雕鲤鱼的造型栩栩如生，十分逼真。

白乐天山（はくらくてんやま），出自诗人白居易向鸟窠道林禅师请教佛法大义的故事。车顶站着头戴蓝色呢绒帽手持佛珠、拂子的禅师和身穿白衣裳、头顶官帽、手持笏的诗人，车后挂毯为手织锦《北京万寿山图》，侧面挂毯为清代波涛飞龙纹刺绣。

此外，彩车装饰挂毯图案题材与中国有关的不在少数，其中不乏中国明清时代的刺绣精品。例如，保昌山（ほしょうやま）的车后挂毯“八仙人图”是16世纪明代的刺绣，占出山（うらでやま）的车后挂毯“凤凰牡丹图”、役行者山（えんのぎょうじゃやま）的车后挂毯“升天龙图”、油天神山（あぶらてんじんやま）的侧面挂毯“波涛飞龙图”都是17世纪明末清初的作品。而17、18世纪，日本正值锁国时代，但明清的刺绣制品还是源源不断地通过长崎等口岸输入京都。此外，还有许多装饰挂毯的图案也都以中国历史故事为题材，除产自中国外，不少出自日本名家之手，前面提到的保昌山车前挂毯“苏武牧羊图”和侧面挂毯“张骞与石虎图”的原作为江户中期圆山四条画派创始人圆山应举（1733—1795）所绘。这样的例子在祇园祭彩车装饰挂毯事例中非常之多。

纵观祇园祭中所体现的中国元素，有两点需引起我们的重视，其一是中国文化对日本的影响，其二是日本对中国文化的吸收，两者相辅相成，缺一不可。众所周知，中国文化很早就对日本产生影响，仅从前面提到的彩车主题和相关装饰挂毯的题材来看，例如，白居易诗文集的《白氏文集》在平安时代就已传到日本，对以《源氏物语》《枕草子》等王朝文学为主的日本文学产生了极大的影响。再如《二十四孝》故事，也很早就传入日本，在平安后期的故事集《今昔物语集》“震旦”部分就收录有许多中国故事，祇园祭彩车孟宗山中的“哭竹生笋”和郭巨山中的“郭巨埋儿”也收入其中，可见其历史相当久远。在收录室町时代至江户初期通俗短篇小说的《御伽草子》中也见有《二十四孝》故事，江户时代私塾“寺子屋”甚至把其中的故事当作教材来使用。至于其他上至帝王下到民间的中国故事，在日本也广为流传，深入人心。

另一方面，日本积极吸收中国文化也是不可忽视的。日本古代、中世不言而喻，即便在极端锁国的近世，也在不断地摄取中国文化的精华部分。就以祇园祭为例，早在中世末期，京都所谓的町众、即商家和手工业者就热衷于中国文化，对出自中国的故事发生强烈的兴趣，把这些当作雅兴（日语称之为“風流”）来理解，并作为一种教养贯穿于日常生化之中。同时这些扎根于町众心底的中国文化的道德准则和风俗等通过彩车主题和挂毯图案得到具现，反映了一般民众对中国文化的爱好和理解，也让我们看到了当时日本民众积极吸收中国文化的一个侧面。因此，祇园祭是一种集包括中国元素在内，加之朝鲜、印度、欧洲和阿拉伯多样要素的各种文化的结合体，也是印证日本文化多样性的一个典型例子。

（附言：拙文是篇旧文。可能是因为这类题材的论文国内相对不多，2018 年在位于日本京都的国际日本文化研究中心，我初次相识现任中国民俗学会会长的中国社会科学院世界宗教所研究员叶涛老师时，他第一句话就是你写过关于日本京都祇园祭的论文，这让我有些诧异，因为这篇快 10 年前的小文还在被人记得。之后我才知道叶涛老师刚在《民俗研究》上发表了题为《作为传统信仰文化载体的祇园祭——日本京都祇园祭考察札记》的研究论文。这次承蒙本书主编的厚爱，略做修改收录本书中，但愿为学界起到抛砖引玉的作用。）

参考文献

1. 京都新聞.都大路、山鉾優雅に　祇園祭、巡行に20 万 . 20100717.
2. 星野紘・芳賀日出男監修.社団法人全日本郷土芸能協会編集.日本の祭り文化事典.東京書籍,2006.
3. 米山年直編.祇園祭——都市と祭と民衆と.日本放送出版協会.東京,1986.
4. 八木透編.京都の夏祭りと民俗信仰.昭和堂.京都,2002.
5. 塙保己一編.『群書類従』第九輯文筆部　消息部『尺素往来』.続群書類従完成会.東京,1960.
6. 島田崇志.西山治朗ほか写真.写真で見る祇園祭.光村推古書院.京都,2006.
7. 真弓常忠.祇園信仰——神道信仰の多様性.朱鷺書房.奈良県,2000.
8. 祇園祭編纂委員会.祇園祭山鉾連合会編著.祇園祭.筑摩書房.東京,1976.

“至情至性”与“情”本体论[1]

——中西比较视野中的文学观念选择

娄晓凯*

一、西方的自由主义与中国古典诗学中的“至情至性”

在西方政治思想史及其文学艺术发展的历程上，自由主义(liberalism)不是一个绝然封闭的、孤立的学术概念，而是一个在敞开中承载着诸种相关政治思想与文化思潮的集合概念。在这个概念的词源学追问上，我们可以把现代英语“liberty”——“自由”在意义上追溯至古罗马时代的拉丁文“liber”——“自由”。从古罗马以来，西方历代知识分子在从“liber”至“liberty”的语言转换进程中，这个概念的意义发展形成了一系列高扬“自由”之旗帜的多元思想流派，并对西方社会、政治、历史、文化与文学艺术等产生了深远的影响。特别是西方19世纪中叶以来，自由主义几乎成为覆盖欧美发达国家的主流文化思潮。胡适、徐志摩、梁实秋与林语堂等中国知识分子留学于欧洲与美国时，在一个相对多元的意义上不可避免地接受了西方自由主义的影响。

他们以留学生的身份走向西方后，得以规避了中国本土几千年传统文化所沉积的落后与封闭，对西方之自由与独立的认同成为他们坚定的立场，也正是基于这一立场，他们又以最为敞开的心态接受了西方的哲学、美学及文学艺术观。作为留学欧美的知识分子，他们在知识结构的重组和自我精

[1] 本文原刊发于《文艺理论研究》2014年第4期。

* 娄晓凯，同济大学国际文化交流学院副教授。

神的重铸两个面向上，把西方的自由与独立带入了中国汉语文化本土。西方的先进异质文化在跨文明的遭遇中，对东方中国旧日文明传统形成了巨大的冲击、颠覆与介入性重构。正是在这种中西文化的冲突、对话与交汇中，他们的文学观念呈现为一种把主体人格意志中的“至情至性”放大到极致的姿态。然而从中国古代诗歌的创作审美心理来考察，留学欧美的知识分子在创作中主张其激情喷薄于“至情至性”，这也是对中国古代诗歌创作传统的接受与改造，“至情至性”在文化内质上就是中国古代诗歌创作的传统，一如刘熙载在《艺概·卷四·词曲概》对苏轼与辛弃疾的评价：“苏辛皆至情至性人，故其词潇洒卓荦，悉出于温柔敦厚世，或以粗犷托苏辛，固宜有视苏辛为别调者哉？”（刘熙载，4）

徐志摩曾先后赴美英留学，他在与先进异质文化的遭遇中融入了欧美自由民主的氛围，接受了西方浪漫主义的传统和唯美主义的思潮，西方文化的熏陶和洗礼也造就了他的内在审美气质，促成了他在文学艺术创作中崇尚自由与独立的人格，也更激发了他创作的灵感和诗情的“无关阑的泛滥”。在《猛虎集·序》中，徐志摩把自己的诗情描述为山洪爆发式的震撼：“有一个时期我的诗情真有些像是山洪暴发，不分方向的乱冲。……生命受了一种伟大力量的震撼，什么半成熟的未成熟的意念都在指顾间散作缤纷的花雨。”（徐志摩“选集”，234）无论我们在什么时间与任何地点走进徐志摩的诗性世界，我们的阅读总能体验到诗人在本真的自由与情致的独立中尽情抒发的喜怒哀乐。晚清刘熙载曾评价“苏辛皆至情至性人”，而我们从诗所负载的“情感”不可遏制地体验到徐志摩也是“至情至性人”，扩而展之地说，这批从欧美留学归来的诗人，他们都是“至情至性人”。

如果说“情感”的“无关阑的泛滥”成就了徐志摩以诗人身份在那个时代显赫着自己，同样留学欧美的闻一多早在《评本学年〈周刊〉里的新诗》一文中，就已经阐明了“情感”是诗人在创作中所投射的本体力量，并以此作为评判新诗优劣的审美价值标准。闻一多把源于诗人内心的真情阐释为诗的“内在原素”“诗的真价值”，进而把爆裂于诗人胸中的激情理解为铸成惊心动魄之作的本体：“诗人胸中底感触，虽到发酵底时候，也不可轻易放出，必使他热度膨胀，自己爆裂了，流火喷石，兴云致雨，如同火山一样——必须这样，才有惊心动魄的作品。"（闻一多，47）而在中国古典诗学批评中，关于把言语表达的激情理解为铸成惊心动魄之作的本体，早在战国时期依托吕望之名所作的《六韬》在首篇《文韬》中即有定义："言语应对者，情之饰也；言至情者，事之极也。"（吕望，1）。在《六韬·文韬》看来，言语是"情之饰"的审美符号性表达，并且"至情"就是事态的究极，此处"极"即是本体。与此同时，在后来的《冬夜评论》一文中，闻一多又激情无限地申述了他的文学观念："文学本出于至情至性"（闻一多，87），诗歌是以语言在审美符号的编码中"厚载情感"的；也正是在这种"至情至性"文学观念的构成上，闻一多把诗歌创作的动力追溯至个体内在情感的蒸发与展现之中。甚至在《泰果尔批评》一文中，闻一多对世界级大诗人泰戈尔也进行了批评，认为泰戈尔的诗歌过多地在哲理中追寻诗性的思辨，从而导致了情感的缺席。他这种"至情至性"的文学观念其中不仅蕴含着现代欧美自由主义的元素，更沉积着中国古代诗歌"至情至性"的本土传统。

朱自清在《中国新文学大系·诗集导言》中曾将李金发视为中国新诗坛的"一支异军"，强调他自觉遵从"法国象征诗人的手法"并第一个将其介绍至中国汉语本土的开创之举；同时指明李金发所要表现的"不是意思而是感觉或感情"、是"对于生命欲揶揄的神秘及悲哀的美丽"。[1] 诗歌原本就是个人精神与情感的自由抒发，李金发是执着追求艺术的自我世界而决无旁骛的诗人，情感是他的诗得以存在的本体。针对批评他的诗作"初看上去不甚明了""很难读"等评论，李金发则在诗论《诗是个人灵感的纪录表》一文中泄尽诗意地回应："我作诗的时候从没有预备怕人家难懂，只求发泄尽胸中的诗意就是。……我的诗是个人灵感的纪录表，是个人陶醉后引吭的高歌，我不希望人人能了解。"

徐志摩倡导的"无关阑的泛滥"之感情、闻一多申述的"至情至性"与李金发"满贮着我心灵失路之叫喊"的诗作，[2]不仅代表了那个时代的知识分

[1] 参阅朱自清："诗集导言"，赵家璧主编：《中国新文学大系》（第八册），良友复兴图书印刷公司，1935年，第7—8页。

[2] 李金发曾在《给X》一诗中写道："我，/长发临风之诗人，/满洲里之骑客，/长林里满贮着我心灵失路之叫喊，/与野鹿之追随"。李金发：《微雨》，上海书店，1986年，第39页。

子释放在他们文学活动中的全部激情，也代表了他们所形成的自觉的文学观念，这种文学观念的审美理论构成就是创作主体宣泄于文学形式中使其意义出场的"至情至性"。这种"至情至性"即是西方之自由与独立在中国本土留欧美知识分子文学观念中的变异性呈现。西方哲学、经济学、政治学与社会学意义上的自由与独立被他们带入了中国汉语本土，并与中国古代诗歌传统沟通与交汇之后，转换为文学创作、文学批评与文学理论三个维度上"至情至性"的情本体论思想表达。

二、"诗者：根情"："情"本体论在中国文化传统中的系谱性追溯

可以说，"情"是我们在此分析与总纳留欧美知识分子文学观念时，从中提取出来的一个重要的涵盖性术语——"umbrella term"。以胡适、徐志摩、闻一多为代表的这批中国知识分子，在他们的文学活动中构成了他们所倡导的以"情"为本的情本体论文学观念，而"情"这个术语在其学理体系的构成上可以总纳他们在中国汉语本土构建于文学观念中的美学思想。

在中国古代文学观念发展史上，早在先秦时期，《荀子·正名》即把"情"界定为人性的本质，在原始的审美心理把"情"作为一个"概念"本质主义(essentialism)化了："性者，天之就也；情者，性之质也；欲者，情之应也。以所欲为可得而求之，情之所必不免也。"(引自《诸子集成》Vol. 2. 284)《吕氏春秋·上德》曾讨论"顺天"与"顺情"的自然文化观："其之敌，而不知其所以然，此之谓顺天。教变容改俗，而莫得其所受之，此之谓顺情。"(引自《诸子集成》Vol. 6. 241)东汉高诱曾对此句中的"情"字这样界定："情，性也，顺其天性也"，这里的"情"在本质上即是审美的"人情"——人之情。成书于战国至秦汉年间的《礼记》在《礼运》篇就"人情"记录了那个时代士人所赋予意义："何谓人情？喜、怒、哀、惧、爱、恶、欲，七者弗学而能。"(引自《十三经注疏》，1422)在某种程度上，"喜、怒、哀、惧、爱、恶、欲"，正是"情"注入于不同文学体裁中所外显的诸种审美表现。西晋文学家陆机在《文赋》中提出"诗缘情而绮靡"，南朝批评家钟嵘在《诗品·序》中指出，"气之动物，物之感人，

故摇荡性情,形诸舞咏",都曾主张诗人在创作的审美心态中自觉吟咏情性;白居易在《与元九书》中也曾执着地把"情"认同为诗的根本——本体:"诗者:根情,苗言,华声,实义。"(白居易,960)"诗者:根情",这是中国文学批评史上以"情"为根本的文学观念的建构。

徐志摩、闻一多与李金发等所倡导的"情感"或"至情至性"作为文学观念,其中必然含有中国本土文化的诗学传统。正如清代诗坛性灵派主将袁枚在《随园诗话》所强调的那样:"诗写性情,惟吾所适。"(袁枚,3)所谓"惟吾所适",就是需要创作主体在性情宣泄时体验一种自由与独立的审美心理,即"至情至性"。无疑"情"是留欧美知识分子在他们的文学观念中得以安身立命的基点,这个基点就是本体,以此构成了"情"本体论的文学观念,我们可以把这一文学观念的自觉在系谱上溯源于白居易在中唐新乐府运动中所诉求的"诗者:根情"。然而,不同于陆机、钟嵘、白居易与袁枚等中国古代诗人及批评家的是,这批知识分子不仅继承了中国本土以"情"为本体的传统文学观念,同时在其中也注入了来自欧美文化的自由与独立思想,因此构建起属于他们那个时代的、融汇中西之文学观念的"情"本体。

需要强调的是,"情"在我们的论述中不再是于日常用语上所使用的一个常规表述。在文学的审美活动中,作为个体的人往往把自己丰富的本质、品性、感受、情致感性化地渗透于"情"这一概念中,因此作为一个重要文学理论概念的"情",其包含着个体生命投入于文学活动中的个性、人性、性灵、至情至性、心灵、自我等。也正是在这一层面上,对以胡适、徐志摩、梁实秋等为代表的知识分子而言,"情"不再仅仅是一个可以被简单地理解为纯然"feeling"的表述,而是在汇通中西诗学与中西文化的大背景下,极具现代性与本土性的"情"本体。

三、"情"本体论的彰显及中西文学理论观念的融合

如果说徐志摩、闻一多、李金发曾在文学创作层面将主体人格意志中的"至情至性"放大到了极致,胡适、梁实秋、林语堂在文学理论这一维度上对文学的审美本质、价值功能与自由独立特性给予明确的界定与阐释,并使中

国传统文论中的"情"具有了包含个体生命投入于文学活动中的个性、人性、性灵等现代性内涵。胡适推崇易卜生"个人须要充分发展自己个性"的主张,提倡自由独立的精神,认为"社会最大的罪恶莫过于摧折人的个性,不使他自由发展"(胡适,30)。在《中国的文艺复兴运动》一文中,他对"五四"文学革命运动做出了总结,从文学理论的层面热切希望中国文坛能有"自由"的、以"人"为主体的文学:"我们希望两个标准:第一个是人的文学;不是一种非人的文学;……第二,我们希望要有自由的文学。"这两个标准:"人的文学"与"自由的文学",实际上是从胡适到朱光潜等留欧美知识分子于自觉或不自觉之间一致恪守的基本文学理念。而在《什么是文学——答钱玄同》一文中,胡适又对"何为文学"做出了自己的界定,这也是他此后一直坚守的文学理论立场:"语言文字都是人类达意表情的工具:达意达的好,表情表的妙,便是文学。……文学的基本作用(职务)还是'达意表情',故第一个条件是要把感情或意,明白清楚的表出达出。"(胡适,165)文学是借用语言塑造审美形象的修辞性书写,所以语言在文学创作中的"达意"必须借助于修辞的"表情"而兑现,因而胡适将"达意表情"视为文学的第一个"要件";同时他还提倡达意表情的"有力"和感人,如此一来的创作才算是在意志自由与情感宣泄中达向"美"的文学。由此可见,尽管胡适终其一生都辗转徘徊于中西文学、哲学与政治所构成的互文场域中,但他基于西方自由主义的立场,以先驱者的姿态积极倡导"健全的个人主义"以及文学在审美自由中"达意表情"的理念,不仅是对中国古典诗学理论的自觉承继,同时推动着那个时代的文学挣脱一切束缚,在新旧文化的交替与更迭中追寻个体情感的自由表达。

在早年与闻一多的《冬夜评论》一起出版发行的《草儿评论》一文中,梁实秋已经关注到诗歌创作中"情"的专属性,他声称:"诗的主要职务是在抒情,而不是在说理;……诗里最忌的是冷酷严厉的说理词句,因为如此适足以减少诗的情的成分。"(梁实秋,7)在此后的文学理论和文学批评中,他又将诗歌中"情"的抒发与表现上升至"人性"的层面,明确地表明文学"发于人性、基于人性、亦止于人性",并进而认为"伟大的文学亦不在表现自我,而在表现一个普遍的人性"。"人性",即"一切人类的情思"(梁实秋,313),成为他的文学思想中的基本的核心概念。而从西方普遍的“人性”论出发，梁实秋在中国汉语本土以一种激烈与固执的姿态拒斥“工具文学”“武器文学”“宣传文学”，抵制“思想统一”，批判“政治控制文艺”，反对文艺的阶级性和题材的积极性，将文学视为个人在自由与独立中追寻真善美的本真的“情思”，并以此作为测量文学的终极标准。在《文学与革命》《文学是有阶级性的吗》《人性与阶级性》等文中他一再重申：“伟大的文学乃是基于固定的普遍的人性，从人心深处流出来的情思才是好的文学……至于与当时的时代潮流发生怎样的关系，是受时代的影响，还是影响到时代，是与革命理论想合，还是为传统思想所拘束，满不相干，对于文学的价值不发生关系。”（梁实秋，312）

“两脚踏中西文化，一心评宇宙文章”的林语堂则认为“性灵就是自我”“文学之命脉实寄托于性灵”，他在《论文》《论性灵》《写作的艺术》等文中几乎把“性灵”提高到无以复加的文学本体地位，并呼吁“个性 Personality 无拘无碍自由自在表之文学”，希望文学能够摆脱一切束缚、自由独立地发展。而“性灵”原本属于中国古典文学批评的范畴，其美学渊源可以追溯至求取人格独立、精神自由的庄子学派与万历年间倡导“独抒性灵，不拘格套”的公安三袁。林语堂的文学观念中存有中国本土文学传统的立场，他深受老庄思想和公安三袁的影响并对公安派推崇备至，从中国本土走向欧美以后，林语堂又自觉地从意大利美学家克罗齐及其表现主义中找到了与自身契合的理论主张。在中西文化的交汇与融合中，林语堂强调基于个体情感、精神真诚自然抒写的“情”本体论文艺观念，并认为唯其如此，文学才能成为“亲感至诚”与“引动他人”的不朽之作（林语堂，149）。

四、“情”本体论与崇尚无为、自由的文学批评观念

从美学和文学批评层面来讲，同时期的朱光潜、梁宗岱、宗白华则更注重文学的审美形态和审美价值，表明了这批具有留学背景的中国知识分子一致恪守的基本文学理念与大致相同的文化选择。朱光潜留学英国时，接受了克罗齐以“直觉”为核心的美学思想，并以此构建了他以“美感经验”为

基础的美学理论和文艺批评理论体系。所谓"美感经验",朱光潜认为,"就是我们在欣赏自然美或艺术美时的心理活动",这种心理活动的最基本的特点就是"形象的直觉"(intuition of form)。而"诗和其他艺术都是情感的流露"(朱光潜,153),"流露的"情与情感被视为文艺的本体,因此朱光潜认为审美主体应以"自我"直觉的活动对客观的"物"凝神观照、无所为而为地欣赏(disinterested contemplation)。与此同时,朱光潜还借助英国心理学家布洛(Bullough)的"心理距离说"(pschical distance)和德国心理学家、美学家立普斯(Lipps)的移情说(Einfühlung),希望审美主体在"观赏对象"与实际的人生和现实的生活之间"辟出适当的距离",并在审美进程中通过移情作用使"我的情趣和物的情趣往复回流"(朱光潜,37—38),真正进入《圆觉经》所言的"不即不离,无缚无脱"的凝神观照中,超以象外,得其环中,这样才可能达向庄子美学思想所追寻的"物我同一"的至高审美境界。

与此同时,朱光潜倾向于"艺术的""主观的"与"直觉的"印象主义批评。在《灵魂在杰作中的冒险——考证、批评与欣赏》一文中,谈及文学批评,朱光潜明确表明自己倾向于注重欣赏的"印象派的批评";在《文艺心理学》一书中,他希望真正的批评家以自身的感觉印象,窥透作品的深层美学结构与脉搏气息,追寻作品的"内在的价值"与独特的艺术魅力,规避教条式的与功利性的文学批评;在《谈美》一书中论及创造和艺术时依然坚守他一贯的"超然"和"无功利",正式在中国汉语本土的文艺批评领域中提出了"无所为而为"的理论表达(朱光潜,10)。而他所言说的"无所为而为",即是指一种基于情本体论之上的、超然独立而又无功利目的性的文学批评观。

1934年,梁宗岱撰写了《谈诗》一文,对留欧美知识分子普遍认同的"情"本体构成提出自己的见解:从"摒除一切客观的写景,叙事,说理以至感伤的情调""绝对独立,绝对自由"的纯诗理论出发,他将心灵、自我、情绪的自然流淌及其与审美客体的融会、契合视为文艺创作活动中的重要元素;并进一步重申:"诗是我们底自我最高的表现,是我们全人格最纯粹的结晶。"(梁宗岱,28)"一切最上乘的诗都可以,并且应该,在我们里面唤起波特莱尔所谓'歌唱心灵与官能底热狂'的两重感应。"(梁宗岱,73)由注重心灵自由抒发与情绪自由流淌的本体论出发,梁宗岱反复强调审美进程中读者、批评家与作者精神与情感的交流与契合:"文艺底欣赏是读者与作者间精神底交流与密契。"(梁宗岱,88)"真正的文艺欣赏原是作者与读者心灵间的默契,而文艺的微妙全在于说不出所以然的弦外之音。"(梁宗岱,56)在梁宗岱看来,上乘诗作乃是诗人的心灵乃至整个宇宙的象征,只有读者、批评家的心灵与精神达到足够的高度,才能从作品本身透视出作家心灵的世界,进而领略作品的微妙之处与弦外之音。

当我们在梁宗岱的言述中追访到一种内在的启示后,不妨把思考的逻辑转向另外一位同期的留欧知识分子宗白华那里去。宗白华坚持以"唯美的眼光"与"审美的态度",真切地体悟他所观照的审美对象的个性、灵魂与深情,在超越时空与民族限制的互文性场域之中,寻求古今中外的文艺家及其作品的汇通与契合。在《新文学底源泉》一文中,宗白华从学理的层面,将由人性最深处发生的、"极强烈深浓的、不可遏止"而又"挟着超越寻常的想象能力"的情绪,视为古往今来的文学艺术得以发生的基础与源泉(宗白华 Vol. 2. 189)。他宣称歌德的《少年维特之烦恼》以其"真诚的,解放的,高超的"思想与热烈深挚、狂飙般的情感感动了千百余年的万千阅读者(宗白华 Vol. 2. 26);在论及歌德以《普罗米修斯》与《浮士德》为代表的剧本与诗时,宗白华敏锐地捕捉到诗人"浸沉于理性精神之下层"的"永恒活跃""如火如荼"的生命本体,而他在此所讨论的"生命本体",从文学观念的理论构成上来诠释,其就是在审美自由中"鲜艳活泼""永恒活跃"的"情"本体。

当宗白华从对歌德、席勒国外作家的欣赏与批评转向中国本土时,他又将"唯美的眼光"与审美的情绪带入中国新诗、散文、诗画、书法等领域,甚至带入遥远的汉魏两晋。他欣赏《蕙的风》及其作者汪静之在"老气深沉、悲哀弥漫"的中国社会无所顾忌地"放情高歌少年天真的情感"(宗白华 Vol. 1. 431);他崇尚精神、人格、思想上"极自由、极解放"的汉魏两晋,在《论〈世说新语〉和晋人的美》这篇中国古典美学论文中,宗白华极为推崇以个性之美与狂狷不羁,反抗"桎梏性灵"的封建礼教束缚的晋人,欣赏他们从容地将自身"天真仁爱的赤子之心"与诚挚的"一往情深"寄情自然山水甚至行草、绘画之间的洒脱与自由(宗白华 Vol. 2. 267—284)。说到底,通贯在宗白华文学批评观念中的核心理念还是中国古典诗学批评中一直崇尚与展现的本真之"情"。并且这里的"情"也可以被理解为诗体创作主体所秉有的一种性灵与天赋,清人张澎在《养素堂诗集》的《九言诗书王孝子(光昇)事实后》一章中曾言"至情至性由天生"(张澎,17)。

五、"戴着镣铐跳舞":"情"之出场的形式控制及其张力空间

需要指出的是,尽管"情"是我们在分析与总纳具有留学背景的中国知识分子的文学观念时,从中提取出来的一个重要的涵盖性术语,也是他们在文学活动与审美理论构成上得以安身立命的本体;但通过研究我们可以发现,在他们文学观念的发展进程中,他们对"情"这一审美本体的推崇与宣泄也并非一成不变。在另外一个维度上,他们又以一种"控制"的姿态提倡中国古典文学批评所强调的"格律""节制""形式"等,用以避免情感的过度泛滥。从表象上来看,这种"控制"与他们所倡导的"至情至性"是对立的,但实际上,他们的"控制"恰恰是为了给"情感"的出场与表达,营造一个更为恰切、更为完美、更有张力的文本空间。

在闻一多前期的系列批评论文中,他曾将源于诗人内心的"情感"视为文学得以生发的本源与诗人投射于作品中的本体力量;但"至情至性"毕竟要借助于语言符号或其他外在的审美表现形式,才能使情感负载的潜在意义得以出场,闻一多在推崇情感并使其极致化的同时也并没有忽略这一点。在1921年撰写的《评本学年〈周刊〉里的新诗》一文中,闻一多激情无限地肯定"诗底真价值在内的原素",但他同时声称"美的灵魂若不附丽于美的形体,便失去他的美了"(闻一多,42)。在写于科罗拉多的《泰果尔批评》一文中,他不仅批评泰戈尔的诗歌由于过多的哲理思辨而导致了情感的缺席,而且认为泰戈尔的诗歌"没有形式",由此造成了诗歌在审美上的"单调"与"不足以引人入胜"(闻一多,128—129);在影响极为深远的《诗的格律》一文中,针对五四时期白话新诗的过分直白与散漫无张,闻一多将西方英文中的"form"翻译为中国传统诗学理论中的"格律"一词,并且指明"棋不能废除规矩,诗不能废除格律";他还从中国古代的韩昌黎与西方的莎士比亚、歌德等

古今中外的文学家及其创作进程中得到启示：越是伟大的作家，越是要"戴着脚镣跳舞"才跳得痛快，格律非但不是文学活动中情感抒发的"障碍物"，反而是"表现的利器"。

徐志摩早年倾向于在本真的自由与情致的独立中尽情抒发个体的喜怒哀乐，但随着他接任《晨报副刊》主编、创办《诗镌》专栏，他便逐渐由前期任由灵感和诗情"无关阑的泛滥"转向对新诗格律的推崇与自觉实践。1926 年 4 月 1 日，徐志摩在自己所主持的《晨报副刊·诗镌》第 1 期上发表《诗刊弁言》一文，宣告式地转达了他的诗学理论主张与理想信仰："我们信诗是表现人类创造力的一个工具……我们信完美的形体是完美的精神唯一的表现，"而"诗文与各种美术的新格式与新音节的发现"，便是徐志摩那时所心仪的、为自由的思想、灵魂、完美的精神所构造的"恰当的躯壳"（徐志摩"选集"，172）。尽管《诗镌》只出到短短的十一期就草草收场，然而徐志摩在《诗刊放假》一文中总结新格律诗歌运动时依然执着地认为：首要成绩在于"新诗音节与格律"的讨论与倡导，甚至直接倡言：诗的内在音节的"匀称与流动"，是诗情得以阐发、诗的生命得以延续的必要条件（徐志摩，85—86）。在 1928 年发表的《新月的态度》一文中，徐志摩有着更明确的以理性过滤、节制情感的表示："我们当然不反对解放情感，但在这头骏悍的野马的身背上我们不能不谨慎的安上理性的鞍索"（徐志摩，196）。从早年情感的自由奔涌到自觉考察并实践诗歌的音节、韵律与创作范式，徐志摩由主观抒情走向了更为合理的、用理性节制情感与野性的客观抒情，这依然是一种持有"情"本体论的文学观念。

梁实秋曾经把诗歌中"情"的抒发与表现上升至"人性"的层面，并将其视为文学的本质，但他同时主张文学的"纪律"与创作主体内在情感、想象的理性节制。在《文学的纪律》一文中，梁实秋明确指出："所谓节制的力量，就是以理性（reason）驾驭情感，以理性节制想象。"（梁实秋，139）梁实秋认同文学的抒情本质与发泄"极丰烈极壮伟"之情感的功能，但同时指出"抒泄情感"应有相当的分寸。"伟大的文学者"应该致力于以理性"制裁情感"，将情感置放在理性的缰绳之下，从而激发文学的力量与效用，也在审美层面给予读者一种"平和的宁静的沉思的"舒适之美。虽然梁实秋所注重的"纪律"与"形式"与闻一多、徐志摩所提倡的"格律"与"三美"在理论阐释与言说方式上不尽相同，但其终极目的与文学理想却殊途同归、不谋而合。

无独有偶，我们同样可以在朱光潜与宗白华的言论中追访到倡导格律、内质与形式并重的踪迹。朱光潜在《“从心所欲，不逾规”——创造与格律》一文中，首先从“情感”出发，指明“诗和其他艺术都是情感的流露”，同时强调满足“人类共同的情感需要”的自然律，即“格律”。他还以律诗的四言、五言、七言、古、律、绝、词的交替变换为例，为时常被误解的格律“开脱正名”：“格律不能束缚天才，也不能把庸手提拔到艺术家的地位。如果真是诗人，格律会受他奴使；如果不是诗人，有格律他的诗固然腐滥，无格律它也还是腐滥。”(朱光潜，126)宗白华虽然没有明确的倡导“格律”的文学理论主张，但他主张“形”与“质”并重，追求诗歌的音乐、绘画、意境之美以及情致表达的深婉曲折，这也从另一个侧面折射出他希望以美好之形式，“引人精神飞越，超入美境”，并进一步引人“由美入真”，深入“生命节奏”之核心的审美理想。

对胡适、徐志摩、梁实秋、朱光潜等具有留学背景的中国知识分子而言，从中国本土负笈留学海外，既谙熟中国古典文学及传统文化，又有着长期留学欧美的学术背景与极高的英文甚至多国语言造诣，他们持有敞开的普世性文化立场及比较视域，并在汇通中西的基础上形成了其深具本土性与世界性的“情”本体文学观念。同时，他们这种诗性书写也构成了那个时代独有的文化资源，在这种文化资源中的本土性就是民族性，而其中所接受的西方精神又具有世界性。在《文学、民族与政治》一文中，当下国际著名的比较文学研究者帕斯卡尔·卡萨诺瓦曾讨论了一个时代文化资源构成的民族性与世界性问题，并认为：“这些资源——具体与抽象、民族与国际、集体与个体，以及政治、语言和文学的资源——组成由世界所有作家所共享的特定遗产。每个作家在进入国际文学竞争时都携带(或不携带)整个文学的‘过去’：仅仅由于属于某个语区或民族集团，他就要体现或恢复整个文学史，甚至在没有完全意识到的情况下肩负起自己所处‘文学时代’的使命。因此，他就成了‘造就’整个民族和国际历史的继承人。”[1]在这一向度上，留学欧

[1] 参阅帕斯卡尔·卡萨诺瓦：《文学、民族与政治》，大卫·达姆罗什、陈永国、尹星主编：《新方向：比较文学与世界文学读本》，北京大学出版社，2010年，第223页。

美的中国知识分子作为一个族群，作为复数的“他们”，正是那个文学时代使命的担当者。

参考文献

1. 白居易.白居易集：第3册[M].顾学颉校点.北京：中华书局，1979.
2. 胡适.胡适文集：第2卷[M].北京：人民文学出版社，1998.
3. 梁实秋.梁实秋文集：第1卷[M].厦门：鹭江出版社，2002.
4. 林语堂.林语堂名著全集：第14卷[M].长春：东北师范大学出版社，1994.
5. 梁宗岱.梁宗岱文集：第2卷[M].北京：中央编译出版社，2003.
6. 刘熙载.艺概：第4卷[M].清同治刻古桐书屋六种本.
7. [周]吕望.六韬：第1卷[M].清嘉庆平津馆丛书本.
8. 十三经注疏[M].北京：中华书局，1990.
9. 徐志摩.徐志摩全集：第3卷[M].天津：天津人民出版社，2005.
10. 徐志摩.徐志摩选集：下[M].北京：人民文学出版社，2004.
11. 闻一多.闻一多全集：第2卷[M].武汉：湖北人民出版社，1994.
12. 袁枚.随园诗话：第1卷[M].顾学颉校点.北京：人民文学出版社，1960.
13. 宗白华.宗白华全集[M].合肥：安徽教育出版社，1994.
14. 张澎.养素堂诗集：第19卷[M].清道光二十二年刻本.
15. 朱光潜.谈美[M].合肥：安徽教育出版社，1989.
16. 诸子集成[M].上海：上海书店，1991.

儒学之“仁”与基督教之“爱”[1]

凌璧君*

一、引　　言

在人类文明发展史上，儒学和基督教是对东西方文化影响最大的两种思想体系。数千年来，中国人受儒家思想教化，而西方人受基督教思想统治。基督教和儒学均以重视道德见称：儒家的核心思想是“仁”，所谓“仁者爱人”，“爱人”是“仁”的本质。“仁爱”观贯穿于整个学说，是儒学的最高道德原则；基督教有“三主德”——“信仰、希望和爱”，其中“爱”是最高道德准则，“爱人如己”被基督教称为“金律”，是基督教的教义教规的出发点。表面看儒学的“仁”和基督教的“爱”都是关于如何“爱人”，但是二者的核心理念及哲学基础是不同的。下文就三个方面“来源”“对象”和“方式”来谈谈两者的区别，进而探讨产生这种区别的根源。

二、来源不同

基督教的“爱”来自上帝，而儒家的“仁”则是人的本性。

《圣经》中是这样阐述“爱”的：“神藉着所赐给我们的圣灵，把他的爱浇灌在我们的心里。”（《罗马书》）“爱是神来的。凡有爱心的，都是由神而生，并且认识神的；没有爱心的，就不认识神，因为神就是爱。”（《约翰一书》）这

---

[1] 原文收录于《第三届汉语国际传播学术研讨会论文集》，马秋武主编，外语教学与研究出版社，2015：132—137。

* 凌璧君，同济大学国际文化交流学院讲师。

段话告诉我们，爱源于上帝，上帝就是爱；上帝创造了人和万物，同时将爱赐予人类；所有皈依基督教的人都有爱心。此外，"神爱我们，差他的儿子给我们做了挽回祭，这就是爱了。亲爱的弟兄啊，神既是这样爱我们，我们也当彼此相爱，神就在我们里面，爱他的心在我们里面得以完全了"(《约翰一书》)。这句话的意思是说，神派他的儿子耶稣来救赎世人的罪恶，通过把世人的罪恶变为自己的受难——被钉在十字架上受人唾弃，以此来消解世人的罪恶，这就是上帝对人类之爱；因为我们领受了上帝的爱，我们也应当爱上帝，因为所有信奉上帝的人都是上帝的子民，所以我们应该彼此相爱。

在基督教中，爱源于上帝，上帝在造人的过程中以及派自己的儿子救赎人类的过程中表现了他对人类之爱，因此，爱是外来的、自上而下的，是被赐予的；人类被动领受了上帝的爱，作为回报应该"爱上帝"，正如《圣经》中所说"尽心、尽性、尽意地爱你的上帝，这是诫命中的第一，且是最大的"，因此，人类对上帝的爱并非发自人类的本心，而是被上帝赋予的义务，是一种他律的爱。

为什么基督教之爱是外来的？因为基督教认为人类生来具有"原罪"。《创世纪》中，亚当和夏娃在伊甸园中因受到蛇的引诱而违背上帝的戒命偷吃了禁果，这就是人的原罪。原罪是人的始祖带来的、并扎根于人性之中，人的一生就是赎罪的过程。因此，人类没有爱的能力，必须靠上帝的恩典才能获得爱；人类也没有赎罪的能力，因此上帝派他的儿子耶稣来到人间受难，救赎人类的原罪。人为了回报上帝之爱，人类应该爱上帝；救赎自身原罪的唯一途径是爱上帝，并进而将对上帝之爱推广到上帝的子民之间，"不爱他所看见的弟兄就不能爱没有看见的神"(《约翰一书》)。因此基督教之爱是被赋予的、是他律的。

与此相反，儒家之"仁"则是人的本性，是内在的。"仁"从字源上看，从人从二，证明仁是由人本身引申出来。孟子也说："仁、义、礼、智，非由外烁我也，我固有之也。"(《孟子·告子上》)"恻隐之心，仁之端也；羞恶之心，义之端也；辞让之心，礼之端也；是非之心，智之端也。人之有四端，犹其有四体也。"(《孟子·公孙丑》)意思是说，"仁"是人心固有的善端，是人与生俱来的本质属性。何为"仁"？孔子讲"仁者爱人"，"爱人"是"仁"的具体表现，人通过“爱他人”而成为“仁者”。如何爱人？“己欲立而立人，己欲达而达人”，“己所不欲，勿施于人”。（《论语·颜渊》）自己不想要的东西不要强加给别人，自己不能做到的事情也不要强迫别人做到。儒家的“仁爱”是由己及人的、发自内心的“爱”，它反映的是人类善良的本性。

因此，儒家之仁是以人的本性为基础的。孟子认为“仁”是人区别于动物的标志，不行仁义就不能算是人，为了证明自己是人，就必须要“行仁”；“爱人”则是人为了成为“仁者”的自发行为，具有极高的自主性。而基督教之爱以神的赋予为基础的，人类对爱的接受是被动的，人类对神之爱也是被动的，是对“神爱”的回报。正如牟宗三先生所言，“基督教立足于上帝，从人生负面之罪切入；儒学立足于人生，从人生正面切入，其重视主体性与道德性的特色，在基督教充满怖栗的罪恶意识的对照之下，益发明朗”（牟宗三，1997）。

三、对象不同

基督教之爱是一种以共同信仰为基础的“平等之爱”，而儒家之仁是以血缘关系为基础的“等级之爱”。

基督教之爱是一种超越国家、民族和血缘界限的“博爱”。《马太福音》中记载，有一次耶稣正在对众人讲道，他的母亲和兄弟来找他，有人告诉他母亲和兄弟来了，他却回答说：“谁是我的母亲，谁是我的兄弟？凡遵行我的旨意的人，就是兄弟姐妹和母亲。”按照基督教的教义，所有人，只要信奉基督教，不论国别、肤色、性别都是同胞姐妹兄弟，都在爱的范围之内。这一原则后来被演化为“四海之内皆兄弟”的口号。

而儒家之“仁爱”是以血亲家庭为基础，进而推广至异性及其整个社会的一种广义的爱。仁爱的对象可分为三个层次：首先是父母、夫妻、兄弟之间的亲情之爱。其次，是对国家统治者的忠心之爱。中国人传统的“家国同构”思想，“国”即是一个范围更大的“家”，统治者如同父母，臣民则为子女。在家庭中，子女应当服从并孝顺父母，在国家中，臣民应当服从统治者的管理，并忠心于统治者。亲情之爱孕育了对统治者的忠爱，孕育了对其他人的

“泛爱”。再次，对他人之爱，即“泛爱众”。就是将“小家之爱”推广到全社会，形成“老吾老以及人之老，幼吾幼以及人之幼”的和谐社会。这三种爱是有等级之分的，最根本、最重要的是“孝”，所谓“孝悌者也，其为人之本”(《论语·学而》)，其次是对统治者之“忠”，再次是对他人之爱。

如果进一步探讨造成这种“平等之爱”与“等级之爱”区别的深层原因，则要归结于“教”与“学”的差别，归结于两者产生的根源不同。

基督教博爱思想的根源在于其宗教的本性。基督教的前身是犹太教，罗马人入侵犹太地区后，未能在现实中征服犹太人，于是从精神上找出路。“爱人”思想一开始是下层犹太人提出的，罗马统治者为了在精神上麻痹和统治犹太人，便利用了这一思想，并且进一步扩展为“博爱”思想，提出爱的对象包括异教徒和罪人，甚至包括敌人。《路加福音》中说：“你们的仇敌要爱他，有人打你这边的脸，连那边的脸也由他打，有人夺你的外衣，连里衣也由他拿去。”这种“博爱”思想是为统治者服务的，通过宣扬所有教徒是平等的，爱上帝就必须爱所有的人，包括仇人和敌人，以此来麻痹和欺骗人民，用“博爱”来吸收招揽更多的信徒，以便稳固他们的统治。

儒家思想也是为统治者服务的，旨在建立起一套尊亲有序的道德规范，从而实现尊老爱幼、中庸寡争的和谐社会。儒家思想的根基在于儒家伦理。“儒家伦理是一种以宗法血缘为核心的思想，其特征是家族、家法、政治三位一体，在血缘关系的基础上确立宗法原理，再把血缘宗法的原理直接上升为政治的秩序，形成一种特殊的社会关系、人际关系的组织结构形式与特殊的意识形态——伦理政治。它强调以孝悌为本，处理君臣、父子、兄弟、夫妇、朋友的关系，维护亲亲、尊尊的宗法等级制度。”(王东生，2009)血缘关系有远近之分，因此“仁爱”就有等级之分。

四、方式不同

基督教之爱的实现方式是外在的，而儒家之“仁”的实现方式是内在的。

《圣经》中对爱是这样规定的：“爱是恒久忍耐，又有恩慈；爱是不嫉妒，爱是不自夸，不张狂；不做害羞的事；不求自己的益处；不计算人的恶；不喜欢不义；只喜欢真理；凡事包容；凡事相信；凡事盼望；凡事忍耐；爱是永恒不息。”(《哥林多前书》)基督教之爱是一种行为规范，他规定人们应该做什么以及如何做，所有的规定都是针对人类外在行为而言的，如告诉人类不应做坏事，要忍耐和节制。“有了信心，又加上德行；有了德行，又加上知识；有了知识，又要加上节制；有了节制，又要加上忍耐；有了忍耐，又要加上虔诚；有了虔诚，又要加上爱兄弟的心；有了爱兄弟的心，又要加上爱众人的心……人若有这几样，就永不失脚。”(《彼得后书》)所有这些行为规范和准则都是外在的，通过要求人类在行动上遵守规范，进而达到心灵上的皈依，从而实现道德提升和超越。因为行为是外在的、可见的、可以约束的，而人类的内心是不可见和不可约束的，人类生而具有原罪，因此人类的内心是罪恶的，只有通过外在行为的不断改善、不断克制和忍耐，才能最终实现内心的净化和德行的超越。

与此相反，在儒家教义中，“仁”起源于“人”，仁植根于人性，仁与人性是合一的，人通过不断完善自我、修养自我才能达到“仁”的要求，实现“仁”的方式是反省内求，“克己复礼为仁，一日克己复礼，天下归仁焉。为仁由己，而由人乎哉?”(《论语·颜渊》)实现“仁”的方式首先是“克己”。儒家主张正人先正己，正己先克己，通过对自身的道德自律，做到“非礼勿视，非礼勿听，非礼无言，非礼勿动”(《论语·颜渊》)。孔子曰，“为仁由己”，“我欲仁，则斯人至矣”，意思是说“实现仁爱，需要靠自己的努力修为”，“只要我诚心想要做具有仁爱之心，并且身体力行，努力去做，那么仁自然会来到我的身边”。其次是“复礼”。“礼”指“尊卑、贵贱、亲疏等人际关系的等级秩序”，人们通过对自身的道德完善来维持尊亲有序的社会规范。由此可见，儒家之“仁”的实现方式是内在的、由内而外的，通过提升自我的道德修养来改善自己的行为，进而实现“天下归仁”。

这种“内外”之别的根源在于儒学和基督教对于人类本性的不同认识，儒家认为“人之初性本善”，“恶”并非源于人的本性，而是后天追求过多的人欲所致，因此需要通过提升人内心的道德修养来维持本性，抵挡诱惑。“仁”的本质在于人性，“仁”的实现即对自我的超越、品质的提升。而基督教认为，人生来具有原罪。人类的原罪是不能依靠自身的力量消除的，只有通过信仰基督，才能洁净灵魂，上帝出于对人恩典而实施的“救赎”，是消除原罪的唯一方法。爱的本质是上帝之恩，人自身是无能为力的，人类可以做的只有积极响应上帝的召唤，将身心归属于上帝。

五、结　语

通过对基督教之爱与儒学之仁对比后，我们发现两者的根本差异在于“教”与“学”的区别，在于神本主义与人本主义的区别，在于对人性本质的不同认识。基督之爱源于上帝，其本质是上帝之恩。上帝之爱是先行的，上帝造人、缔结契约以及耶稣受难都是上帝之爱的体现，人类之爱则是一种被动的响应，人类只有通过皈依上帝、遵守教义才能实现自我救赎。因此基督教之爱的最终目的是实现“原罪救赎”，其本质是“上帝的救赎”，基督教的基本问题是人与上帝的关系。儒学之仁植根于人的本性，实现“仁”就要成为一个有道德的人，就要修养自己的品质，就要“修身”“养心”“躬行”，以此实现“天下归仁”。因此儒家之仁的最终目的是建立和谐社会，其本质在于人性的超越，贯穿儒家思想始终的基本问题是人与人的关系。

参考文献

1. 林火生.孔子“仁爱”观与基督教“爱人”思想比较[J].重庆邮电学院学报(社会科学版),2005,17(5):634-636.
2. 厉永平.论基督教的“爱”和儒家的“仁”的几点不同[J].吉林师范大学学报(人文社会科学版),2009(3):42-44.
3. 牟宗三.中国哲学的特质[M].上海:上海古籍出版社,1997.
4. 孙文娟.儒教之仁与基督教之爱[J].绥化学院学报,2005,25(3):24-27.
5. 孙丽娟.儒家与基督教关于人之恶消解的异同[J].沈阳师范大学学报(社会科学版),2009,33(5):18-21.
6. 王东生.儒家伦理与基督教伦理比较研究[J].重庆交通大学学报(社科版),2009(2):84-88.
7. 朱寰.儒学与基督教道德哲学核心理念的异同[J].甘肃社会科学,2003(5):53-55.

赵氏孤儿、美狄亚与歌德

刘怡菲*

一、《赵氏孤儿》《美狄亚》和《浮士德》三者“杀婴”事件的比较

通常具有类似母题的作品容易被文学评论者加以比较，作为伟大悲剧的典范，《赵氏孤儿》《美狄亚》和《浮士德》，这三者或任意其二也因为包括相似的悲剧成分而被放在了同一个平台。三部悲剧的发生都是以牺牲婴儿为代价，这些最最无辜的死者可以说都是被自己最亲的人直接杀死的。但是三部作品杀婴事件的婴儿与罪魁祸首的关系以及背后的伦理关系截然不同。

在纪君祥的元杂剧《赵氏孤儿》（原名《冤报冤赵氏孤儿》）中，仇恨是发生在屠岸贾与赵氏孤儿之间的，但是最终被牺牲的却是无数无辜的同龄婴儿，其中包括了程婴自己的亲生儿子。程婴为了保护赵氏孤儿将自己的儿子献出，之后也正是他激励了赵孤的复仇。赵孤最终杀害了的是视他为亲生儿子的人，而此人恰恰就是赵孤真正的杀父仇人。在程婴的安排下，赵孤的确上演了一出长达十几年的“认贼作父”，只是最终为家族复命的信念还是压倒了其与养父的深厚情谊。其实其中还隐含了另一层复仇，就是程婴让赵孤替自己的孩儿复仇。尽管是屠岸贾杀死了程婴的儿子，却也是程婴自己将亲生骨肉推进地狱的。那么简而言之，直接杀手是屠岸贾，而幕后操盘手却是程婴本人，即婴儿的父亲。程婴的爱是一种爱国家的大爱，所以纪

* 刘怡菲，同济大学国际文化交流学院院办副主任。

君祥诠释了一出政治悲剧,淡化了伦理道德的问题。

到了欧里庇德斯的《美狄亚》这里,人物关系就相对简单多了,美狄亚是为了自己复仇,直接动机是为了报复伊阿宋对自己的始乱终弃,所以她亲手杀死了她视作敌人的公主。同时她自己的两个儿子也随即一同陪葬了。但是在欧里庇德斯浓郁的人性关怀下,美狄亚并不是一个毒妇。她仅仅是一个走向了极端的普通女人,集人性的善恶美丑于一身。美狄亚每走一步都在进行痛苦而矛盾的挣扎,她会忽然这样想:"唉!唉!我的孩子,你们为什么拿这样的眼睛望着我……看到他们这明亮的眼睛我的心就软了,我得把我的孩儿带出去。"接着又有一个念头蹦出:"女人总是什么都害怕,走上战场,看见刀兵,总是心惊胆战;可是受到丈夫欺负的时候,就没有别的心比她更毒辣的了!"只是可惜最终心中复仇的恶魔战胜了亲情导致了家庭伦理悲剧。

歌德的《浮士德》里,杀婴事件出现在了第一部中,就是著名的甘泪卿(Gretchen,也有译成格蕾琴、玛甘泪、葛泪欣和甘泪欣等,不过就其在《浮士德》中的形象和悲剧遭遇,甘泪卿更为贴切,郭沫若的这个翻译非常传神和惟妙)的悲剧。浮士德在大街上与甘泪卿相遇,在魔鬼靡非斯特的帮助下,他得到了这个女孩,盲目的爱情使得原本天真无邪的甘泪卿用安眠药毒死自己的母亲,后来也溺死了自己与浮士德所生的孩子。主观上浮士德并不愿意伤害甘泪卿,但是背后的魔鬼却控制住了浮士德。甘泪卿的神经错乱是多方面原因造成的,但是毁灭性的后果却也是她自己造成的。甘泪卿的悲剧是一出典型的爱情悲剧,在整个《浮士德》的体系中,可以成为一个独立的"市民悲剧"。歌德在《原浮士德》中,也将此刻画成了一出社会问题剧。

二、美狄亚与甘泪卿命运的同与异

如果说是什么导致了美狄亚和甘泪卿杀婴的悲剧,那么恐怕都能归结为两位女性的"爱情至上主义"。甘泪卿的《纺车旁的甘泪卿》,正是表达了她对浮士德的思念和以身相许的强烈愿望,同样爱得轰轰烈烈,却也同样遭遇了爱人的背信弃义,在她们痛苦万分的时候,伊阿宋和浮士德都在享受其他女人的怀抱。她们同样不得已杀死了自己与负心汉所生的骨肉。然而美狄亚的性格太过复杂，工于心计，而甘泪卿悲哀的却是太过单纯。

相对而言，美狄亚是一个较为强势的大女人，她的确对伊阿宋用情至深，所以她可以放弃自己的国家抛弃自己的亲人，尽管面对伊阿宋的背叛她无法扭转时局，她却能够做到真正的心狠手辣，一步步地策划，为了达到目的而不择手段伤及无辜。她并没有被全世界都鄙弃，因为还有好心的雅典国王埃勾斯的支持。而甘泪卿就是一个典型的陷入爱情的小女人，活在爱情的幻想里失去了自我，一旦爱情破碎，她的世界也随之崩塌。一个手无缚鸡之力的弱女人的痛苦是无与伦比的，她在寺院礼拜的时候带着痛悔，怀着恐惧，思绪像恶魔一样缠绕着她，她终于昏倒在地。甘泪卿的世界饱受摧残。外部社会给予的压力，乡间的人们都知道了她未婚先孕的丑事，所有人耻笑她。她的亲人都为了她而死去，她给母亲服用了过量的安眠药间接地害死了母亲，尽管她的哥哥因为她的怀孕而以她为羞耻，但最终却也为了她而去与浮士德决斗结果不幸遇难。溺死了儿子后，她意识到自己是有罪的，她的精神也终于失常了。

欧里庇德斯可以通过歌队来表达自己对美狄亚的同情，但是甘泪卿是真正孤独的，她战胜不了魔鬼。内心世界与宗教世俗支配的外部世界格格不入，正是由于她对社会有抗议，所以她才能唱出："他们夺走了我的孩儿，使我悲哀，反诬我自己把孩子杀害……"

三、《赵氏孤儿》对歌德的影响

《赵氏孤儿》被引入欧洲之后反响空前，伏尔泰改编的《中国孤儿》也造成了轰动，在 1772 年和 1774 年的德国，维兰德和弗里德里希斯先后根据中国元杂剧《赵氏孤儿》改变成了小说《金镜》和剧本《中国二年或公正的命运》，都是取自杀婴救孤的题材。

《赵氏孤儿》是歌德接触过的并且高度赞扬过的第一部中国文学。到了 1781 年至 1783 年间，歌德写剧本《埃尔佩诺》。遗憾的是这部作品始终未完成。据记载，歌德正是以《赵氏孤儿》为蓝本而进行创作的。

德国学者彼德曼做过统计,《赵氏孤儿》与《埃尔佩诺》有十三个相同的母题:两个显赫的男人在相互限制的权势中接触,所以一个对另一个,连同他的亲属一起施暴;但一个尚幼的孩子被从死亡线上救出,施暴者只不过对此一无所知;被救的孩子由于某种机遇来到敌对一方的家里,敌方不明他的身世,把他当作自己的孩子抚养;孩子的救命恩人同样也被施暴者接入家中,因为他被施暴者当作自己的帮凶;被救的孩子以后通过他知道了自己家庭的遭遇,当他承担起复仇的责任后,由于誓言而陷入了与子女对父母义务的矛盾,但最终完成了复仇的使命。

参考文献

1. 卫茂平.中国对德国文学影响史述[M].上海:上海外语教育出版社,1996.
2. 余匡复.浮士德——歌德的精神自传[M].上海:上海外语教育出版社,1998.
3. 歌德.浮士德[M].绿原,译.北京:人民文学出版社,2003.
4. 欧里庇德斯.古希腊悲剧经典[M].罗念生,译.北京:作家出版社,1998.
5. 纪君祥.赵氏孤儿[M].吉林:吉林文史出版社,2005.

老子和弗洛伊德的世界观

李钰倩*

老子，中国道教创始人，他的生平笼罩着一层神秘色彩。司马迁在《史记·老子韩非列传》中，倾向于认为老子姓李名耳，是东周王朝掌管图书的史官。根据考古发现推断，《老子》成书于春秋晚期、战国前期。

弗洛伊德(1856—1939)，奥地利精神分析学派创始人。弗洛伊德对职业生涯中观察到的精神官能症、性偏离和其他形式情感不适的临床表现进行总结描述，39岁后发表诸多精神分析论著，代表作有《歇斯底里研究》《梦的解析》和《超越唯乐原则》等。

19世纪60年代到20世纪初，西方出现了大量的老子学说译本，尤其是"二战"之后，资本主义经济迅速发展的时代，道家学说备受西方学界和大众的推崇。在中国，20世纪二三十年代的五四新文学时期，学者试图通过精神分析学思想来解放被压抑的人性，弗洛伊德的学说在中国掀起千层浪，现代中国对于心理学的研究必然不会绕开弗洛伊德。生活在不同时空背景之下的两位伟人为后人留下了诸多人文思想财富，他们对世界的终极分析和对人性的审视殊途同归，异同兼有，且在细节上互补。

一、本源的探索

老子的一生崇尚"自然"，与轴心时代的其他哲学家不同的是，他试图突破有形的经验世界，在无形领域中体悟天下万物之母，同时又不诉诸

---

* 李钰倩，同济大学国际文化交流学院国际学生辅导员。

"神"力。

"天下万物生于有,有生于无。"(《老子》第四十章)这句话中的"无"是对道体的一种表述,不是"绝对的虚无",更不是否定天下万物之母的存在。本源是无形的,超越经验世界中的时间空间,是不能用逻辑思考分析描述的存在。《老子》开篇首句:"道可道非常道。名可名非常名。"这句话为老子思想奠定了基调。"道"这股玄妙的不可言说的力量给世人以无限的想象,或许正因如此,《老子》虽通篇仅五千余字,但流传千年经久不衰,学者对《老子》一书的解读依旧见仁见智。

《老子》第四十二章中,老子解释了无名到有名的生息演变。"道生一,一生二,二生三,三生万物。万物负阴而抱阳,冲气以为和。"老子明确指出,"道"创生天下万物。"一"代表全未分化的混沌状态,"二"代表相克相生的阴阳双方,"三"代表相克相生的阴阳之气在互动中结成的各种和气。无名的"道"化生了阴阳交互和冲突的两面,阴阳运动化生了有名的天地山川以及人。

生活在老子之后两千余年的弗洛伊德,自1905年开始整理个人前期精神分析的研究成果,转向更为成熟的理论研究,对人类心理所做的哲学总结。弗洛伊德在1923年出版的《自我与本我》一书中提出,个体的心理结构分为三个层次:自我、本我和超我。"本我"被定义为人类心理的本源。"本我"是与生俱来的,个体的其他心理部分均来自"本我"。作为非逻辑领域,"本我"忽略时间和空间,没有对立概念,至今无人可以探知全貌。"本我"只受最原始的心理动力原则——享乐原则支配。

"本能"包括了遗传中的一切,是人类出生时就获得的礼物,是人类个体构造中的一部分——尤其是从身体组织中产生的以及以一种我们不知道的形态在躯体中呈现出心理表达的本能。(西格蒙特·弗洛伊德的心理作品全集,4957)

"本我"充满了出自本能的能量,但"本我"没有组织,不产生集体意志,而只是努力满足享乐原则支配的本能需要。(西格蒙特·弗洛伊德的心理作品全集,4682)

此处,弗洛伊德对"本我"的认识和老子对"道"的认识有相似之处,这是人类与生俱来的一股力量，人类受这股力量的支配，同时这股力量有演化的能力，能派生出其他力量，将个体全面包裹。弗洛伊德认为，“自我”充当“本我”和外界之间的媒介，是“自我”在个体身体表面的一种投射。“超我”是在社会教化训练中产生的，代代相传。在个体成长过程中，父母的批评融入个体心理，成为监察“自我”的一种力量，在个体脱离父母管教之后，如果个体没有达到理想自我的要求，就会出现自我的谴责。

二、互动的过程

老子的“道”是“无名”，那么由道生化为万物，就意味着“道”要运动变化。老子说：“反者道之动。”（《老子》第四十章）“反”是相对的，互动是循环往复周而复始的过程。“道”生万物，万物周流不息地向“道”的反方向运动，到达顶端后返回，最后回归混沌，回归“道”。老子不仅认识到万物之间充满矛盾，更强调对立矛盾两事物之间的互动。老子把“道”和“玄牝”作类比，就像是母体的子宫一样，“道”中间是空虚的，留有空间和余地，为世界万物的互动创造了充足条件，在万物互动中创生无限的生机和活力。

同样，弗洛伊德在将人的心理理解为一个两方驱力互动变化的过程。个体需要不断协调情感之间的矛盾。若个体不能调和对立感情之间的矛盾，则陷入混乱焦虑，引发精神病。在弗洛伊德的三重心理理论中，人类通过知觉系统接受到的外部世界的各种刺激，“本我”受到这些刺激的影响，被改变后一部分的“本我”变成了“自我”，“自我”与“本我”并未分开，“自我”中的较低一部分合并到“本我”中。“自我”因为受到社会生活影响，分化出“超我”。“本我”中保存着原始的生物本性，“超我”中保存着人类文明发展过程中积累下来的礼教道德。“本我”派生出“自我”，“自我”借着“超我”掌握着对“本我”的控制权，“自我”既不可能回归到婴儿般的天真，也不可能为了完全服从“超我”而忽视“本我”的原动力。“自我”不稳定地平衡于“本我”和“超我”两者之间，三种人格在个体上不断互动，故而人的精神世界丰富而生动。

三、平衡的理想

老子的理想是，顺应“道”生活，自然无为、柔弱不争、致虚守静，以恢复到世界本真的状态。自然无为，按照本性自然发展，不妄动，对世间万物不加干涉，用心受“道”；柔弱不争，老子说，“柔弱道之用”（《老子》第四十章）。柔弱是指微弱但是持续不断生化的力量，这种力量不出挑，但是细水长流，借力于“道”；致虚守静，在繁杂的世界中，让内心重归平静，不借用智巧引发种种浮躁情绪，质朴生活，尽心守“道”。

同时，弗洛伊德从医学的客观角度，分析得出结论：人有“死本能”。“死本能”是涅槃原则的终极表现。弗洛伊德认为，有机体都有回归无机的内在动力。也就是说，有机体的终极理想是，个体处在没有外来和内在刺激的干扰环境中，处于完全平静。但是世界万物无时无刻在互动，所以个体在生命进行过程中，永远无法逃离一切刺激和改变，达到完全的平静。“自我”在“超我”与“本我”之间不断寻找平衡，正是为更加接近终极理想，达到理想的平静状态所做的努力。出于“死本能”，个体一直试图除掉令其不安的刺激，摈弃内在思虑的紧张焦虑以及外在环境的变化，通过平衡来逼近平静。

神经系统是一个能够摆脱所有刺激的仪器，或者能将这些刺激尽可能降到一个最低的水平，或者，如果可能的话，将维持自己处在一个完全不受刺激的状态中。（西格蒙特·弗洛伊德的心理作品全集，2959）

老子是形而上论证世界本源的哲学家，弗洛伊德对哲学不感兴趣，他声称自己是理性的科学家，立志建立一套精神分析体系、医疗手段治疗精神疾病患者。然而，老子引领着无数代后人的思想，深刻影响着他们行为模式，弗洛伊德的精神分析也走出了临床实验室，成为后世眼中包罗万象的类哲学体系。一位哲学家，一位医生，在各自的领域以不同的视角解释着世界，但是两人的世界观构架相似，两人世界观的精神要义高度契合，在某些方面又互为补充。例如，老子的思想中更偏重“道”对世界的指导作用，但是少有生成论方面问题的讨论，而弗洛伊德以实践为切入点，将“本我”多方分析，并且就“本我”对“自我”和“超我”的互动进行了叙述性的描述。同时，弗洛伊德的早期作品有多方尝试，包括引诱理论、原欲发展理论、俄狄浦斯情结理论、愿望实现理论，极富创意，但是弗洛伊德自己也不得不承认，这些并不是放之四海而皆准的，而从哲学分析角度下，我们不难看到弗洛伊德精神分析架构的框架对于人类心理建设和思想引领具有重大的意义。

随着世界经济的发展，中外文化交流也成为学界关注的热点，文化交流应从“同”入手，以“补”为愿。正如老子和弗洛伊德的世界观有着惊人的契合，人类本是同根生，终将回归同一种平静。生命中遇到的一切都在不稳定的平衡中，中西文化差异既是正常状态无须紧张，正是矛盾的互动创生了无限生机。文化不求同，只在文化互动交流中寻求平衡和稳定。

下篇

汉语国际教育——理论与实践

中文教育国际化进程:全球语言视角

吴英成*

一、从“对外汉语”至“国际中文”:中文教育国际化发展见证人

我 1987 年第一次踏上神州大地,出席在北京西三旗举行的“第二届国际汉语教学讨论会”。在分组讨论会上发表国际汉语教学处女作(“以克漏字测验探讨新加坡的华语教学问题”),得到蜚声国际的汉语语言学前辈朱德熙教授高度肯定,让来自南洋年仅 28 岁的晚学感到无比鼓舞。同年,世界汉语教学学会成立,成为首批创始会员之一。自此积极参与并推动会务工作,从学会永久会员,到担任学会理事,再到学会常务理事。我目睹从上世纪八九十年代的“对外汉语教学”,到本世纪初的“汉语国际教育”,再到目前的“国际中文教育”,有幸成为中文教育国际化发展见证人。

二、中国复兴:重登世界舞台

(一) 中国复兴方案

为“使中国再次伟大”(Allison 2019:164),中国国家主席习近平在 2017 年中共十九大报告中提出“实现中华民族伟大复兴是近代以来中华民族最伟大的梦想”,并为中国复兴之路设定“两个一百年”奋斗目标:从 1949 年中华人民共和国成立让“中国人站起来”,稳健发展至中国共产党建党一

* 吴英成,世界汉语教学学会理事、新加坡南洋理工大学国立教育学院教授。

百年(2021年)让“中国富起来”,争取在中华人民共和国成立一百年(2049年)让“中国强起来”。

中国领导人邓小平1978年启动改革开放政策,充分以广东、福建两省的地理优势,让沿海地区(深圳、珠海、汕头、厦门四个经济特区)一部分人先富起来,同时号召海外华侨华人积极参与中国现代化建设。邓小平1992年的“南方讲话”标志着中国改革开放进入关键转折期,自此中国成为“世界加工厂”,开始融入世界经济体系。历经中国领导人厚植国家实力,中国目前拥有完备的公路、高铁、网购、物流、移动支付等基础设施网络,规模大、速度快、成本低的世界最大生产供应链,从低端至高端的世界最大统一消费市场。

自习近平担任中国国家主席,中国开始进入《易经》“飞龙在天”时期。为应对南海争端、钓鱼岛事件、台海等棘手涉及中国主权问题,中国政府从邓小平时代采取的“韬光养晦”国际战略转变采行“积极外交”政策。习近平2013年在哈萨克斯坦提出“丝绸之路经济带”以及在印尼国会提出“21世纪海上丝绸之路”(简称“一带一路”),以汉朝张骞两次出使中亚与明朝郑和七次下西洋等古丝绸之路,重新与沿线国家通过“五通”(政策沟通、道路联通、贸易畅通、货币流通、民心相通)(习近平2014:289-290)和成立“亚洲基础建设与投资银行”(简称“亚投行”),建立一个遍及欧亚大陆以及大多数印度洋沿岸国家的物流、人流、金流、技术网络。如此大规模的互联互通不仅改变沿线国家的经济模式,也改变人们生活命运。中国重登世界舞台,不但让“一带一路”沿线地区的人民受益,连美洲、非洲其他地区的人民都掀起学习汉语的热潮,为汉语国际传播带来全新机遇。

(二)世界“适应不良”现象

面对中国2010年取代日本成为仅次于美国的世界第二大经济体,目前世界各国出现“适应不良综合征”现象。守成大国美国发动美中贸易战与科技封锁,借此破坏中国生产供应链;新兴大国中国也正在重新调整战略,适应国际地缘政治新格局;其他“第三世界”(包括欧盟、东盟等地区)国家在两个大国竞争之间夹缝中求生存。有鉴于此,李光耀指出:“中国打乱世界平衡的规模巨大,促使世界必须在三十至四十年之内找到新的平衡,不可能假装把中国当作只是另一个较大参与者。中国是世界史上最大的参与者。”(Allison & Blackwill 2013: 71)

三、汉语作为全球语言

(一) 全球语言促因

“一种语言之所以成为全球语言,不是因为该语言内在的结构性质、词汇量大小、曾为伟大文学作品的书写工具、曾与伟大的文化或宗教联结。”(Crystal 1997/2003)英语之所以成为当今公认的全球通用语,不取决于英语本身和英国文化。同时,也“不取决于该语言说本族语的人数”(Crystal 1997/2003)。以英语作为一语的使用者人数而言,英国、美国、澳大利亚、新西兰、加拿大组成的“五眼联盟”(Five Eyes)的总人数并没有比以汉语作为一语的中国人数多。

人类历史曾无数次证明,唯有具备强大政治、经济、军事的深远影响力,这个语言才有条件成为全球通用语。希腊语、拉丁语、古汉语和西班牙语曾经在不同历史时期,分别从母国远播到周边地区,凭借的就是强大的政治、经济、军事实力。在过去一个多世纪,英语也基于同样的原因在全球迅速传播。随着 19 世纪英国对外军事扩张与殖民统治,英语传遍世界各地;加上 20 世纪美国崛起并在“二战”后成为超级强国,英语全球化发展取得空前成就,直接传播到国际社会各个领域,包括学术、教育、科技、商业、外交、媒体、娱乐、旅游等,英语无可争议地跃升成为当今最强势、最具影响力的全球通用语。

由此可见,促成汉语成为全球通用语不取决于汉语本身和中国文化以及说汉语为本族语人数多寡,而是取决于汉语背后的中国政治、经济、军事等非语言因素。如今成千上万的外国留学生到中国积极学习汉语,目的并不是要成为中国人,而是着眼于中国经济、政治、外交、国防、科技等未来发展潜能,他们希望能成为中外文明交流的使者。

（二）语言竞争：全球英语对垒全球汉语

1. 英语全球化传播路径与英美帝国国际化发展同步

英语全球化传播路径与19世纪大英殖民帝国以及20世纪美国超级大国发展同步，英语从内圈的英国与美国大本营，传播至中圈的英美殖民地区（即今日英联邦国家），再传至外圈的外语地区（Crystal 1997/2003）。

2. 汉语全球化传播路径与中国复兴同步

上世纪八九十年代，为“对外汉语”时期，主要在中国境内教外国人汉语。同时，在不同历史时期由移民所形成的海外华人区，也积极推动华裔语言教育。伴随着中国在本世纪初成为“世界加工厂”，融入世界经济体系，中国汉办在世界各地广设孔子学院与孔子学堂，“汉语国际教育”开始从中国境内走向全球。如今为因应中国“一带一路”国际化发展战略，正积极推动“国际中文教育”。由此可见，汉语全球化传播路径与中国复兴同步。

有鉴于汉语正跃升成为全球重要传播媒介语，英美主流媒体（BBC、纽约时报、华尔街时报、路透社等）都专设中文版，高度重视潜在的国际汉语媒体市场。美国金融投资大师罗杰斯（Rogers）在《中国很牛》（*A Bull in China*）（2007）中告诫西方读者：“我能够告诉你的最好建议是教你的子女或孙子汉语，汉语将会成为他们一辈子里最重要语言。”为了让女儿从小就能学汉语而移居新加坡，他还说道：“无论我们愿意与否，19世纪是属于英国的，20世纪是属于美国的，但是21世纪将是属于中国的。”可见汉语目前是继英语之后公认的第二个全球通用语言。

四、全球汉语三大同心圈

依据汉语传播的种类、汉语在居留地的社会语言功能域、语言学习类型等因素，全球汉语可划分为三大同心圈：内圈、中圈、外圈（Goh 1999，吴英成、林惜莱 2009）。内圈指传统的“中原”地区。

内圈的特点是以汉语作为第一语言或者通用语，包括中国大陆与台湾，前者将汉语称为“普通话”，后者称为“国语”。同时，汉语也是政治、经济、法律、科技、学术、传媒等领域与正式场合的强势主导语言以及学校的主要教学媒介语。中圈指由移民所形成的华人区,其特点是在多语社会中,居留地通行的"华语"成为华人族群认同的标志。外圈指以汉语作为外语的非汉人地区,其范围包括亚洲、美洲、欧洲、非洲等外语区。

值得注意的是外圈与中圈范围的大小虽然可以体现汉语的全球地位,而内圈才是汉语国际传播的源头和大本营。汉语全球化的程度终究取决于内圈(政治、经济、军事等)实力能在多大程度上传播到中圈和外圈。

五、国际中文教育建言

(一) 国际中文教育类型

1. 对外汉语教学

在中国境内教外国人汉语,并以汉语本体、中国语境功能与规范汉语为教学主轴,强调在中国文化主导下的"跨文化"(cross-cultural)交际功能。以汉语为一语的教师从自身习得汉语的经验出发,认为应该且必须采用沉浸式汉语单语教学,且以语言四技(听说读写)齐头并进为教学策略。

2. 汉语国际教育

中国汉办在世界各地通过与当地高校合办孔子学院以及当地学校合办孔子学堂,积极推动汉语教学国际化。虽然在非汉语环境下进行汉语教学,但是以汉语为一语的教师仍延续中国境内对外汉语教学"三教"(教师、教学、教材)核心理念。

3. 国际中文教育

以汉语作为国际通用语的语言教学,并以国际本土化为教学主轴,通过相互 5C(Inter5Cs,交际、文化、联系、对比、社区)促进通文化(inter-cultural)交际。通过汉外对比与翻译教学法,提高二语/外语学习者双语能力与双文化意识。由于汉语口语以语音符号为语码,不同于以汉字为语码的书面语,因此口语与书面语应该分轨处理,并以口语教学为优先。

(二) 国际中文教育可持续发展战略

1. 发挥双语(汉一外二+外一汉二)师资协力组合团队优势

为了应对二语/外语教学的挑战,乔登与沃尔顿(Jorden and Walton

1987)指出:“一个值得推荐的方法是由以目标语为本族语的教师(target-natives)和以基底语为本族语的教师(base-natives)组成专业教师团队,前者作为目标语的模范,积极地以目标语与学生进行互动,这属于语言行为要素;后者着重对目标语进行分析,这属于语言事实要素。”这是因为:“以基底语为本族语的学者(base-native linguist),他们与学生有着共同的认知建构,并且通过个人的经历了解在目标语文化下作为一个外国人的处境。因此,他们在分析和解释目标语事实,以及在决定情景、进度、顺序、难度等级方面具有举足轻重的作用。”

2. 打造科技+教育:在线平台作为全球汉语教室课程

随着移动互联网的兴起和智能手机的普及,在线课程通过再中介化、分散化、非物质化三股数字化驱动力遍布世界各地。国际中文教育界应顺势而为,打造在线平台作为全球汉语教室,利用前沿信息与通信技术和教育产业开展深度结合,让汉语学习者随时随地进行自我管理的自主学习,开启数字化教育新篇章。在课程理念方面,以口语为主位;以语音、语法、词汇、文化为四大核心构件;以外语教学作为培养双语人才的模式;以 5C 目标及其 11 项标准作为与汉语世界接轨的语言学习目标;以语言知行兼容作为教学指南;以个人化按需学习模块配套作为个人学习规划总蓝图;以实时在线专业咨询与技能指导作为后台支援。在教材设计方面,以口语发展、发音基础、汉语导读三个既独立自主又相互联系的元件作为在线汉语口语入门课程的学习路径;以超量学习策略让零起点外语成人学习者通过精熟学习七步法掌握听力说话技巧;以替换、转换、回应、扩展、组合五大操练法提升语言流利度和实现语言自动化;以听力理解、口语表达两大应用练习完成指定语言学习任务。在课程研发方面,以产学合作模式设立内部课程发展处,培养在线课程数字化市场人才;成立众包课程发展处,广邀世界各地国际中文教育同行共创本土化汉语教材并提供后台学习支援。

3. 全球本土化:推动中外国际中文教育研究合作模式

为因应中国与“一带一路”沿线的欧亚周边国家的经济合作不断深化,不可避免地必定会涉及语言互通问题,对各行业人才需求也更高。麦肯锡全球研究院(李广宇 2017)认为:随着“一带一路”从由各国政府主导,以国企、央企为主位的1.0阶段迈向2.0阶段，对人才需求更高：既需要行业的专业技术人才，也需要复合型的管理人才；既需要人才从中国“走出去”，也需要加强海外市场的国际人才及当地人才的引入。

从现有的国际汉语教材来看，当前中国出版的汉语教材在课程设计和教学内容方面并不能满足“一带一路”沿线国家需求，大多只适合在中国境内学习的外国留学生。内圈的汉语教学界，大多主张只能用汉语教外国人，反对双语教学法。由于“二”(语)一定有“一”(语)，“一”(语)必然影响“二”(语)，因此真正的二语/外语教学必须采用汉外双语教学法，不仅教外国学生第二个语言(汉语)，同时还训练学生掌握汉外＋外汉的双语互通能力。再说，我们应该借鉴美国快餐业者肯德基采用“全球本土化”策略，例如：中国的肯德基早餐套餐与美国不同，特别推出皮蛋瘦肉粥＋油条套餐，以满足中国人早餐饮食习惯。

倘若国际汉语教学界无法从外语学习者的角度出发，中文国际化推进的速度必然延缓，因此国际中文教材应尽速朝本土化、语别化、国别化、族别化的方向前进。倘若要在外圈教外国人汉语，就必须满足当地对华贸易需求。由于中国企业在“走出去”的过程中，尤其需要专业领域的人才，因此国际中文教育不仅训练学生掌握在日常所需的衣食住行语言沟通技能，还必须开设对华专业行业中文课程，依据金融、科技、交通、运输等不同产业设计相应的课程，而本土化教材的研发，语言服务业的发展都是下一阶段急需关注的重点领域。

参考文献

1. 邓小平.邓小平文选：第三卷[M].北京：人民出版社，1993.
2. 李广宇，吕文博，李超.“一带一路”2.0：市场化运作扬帆起航[J].麦肯锡季刊，2017(2).
3. 吴英成，林惜莱.汉语国际传播：全球语言视角[J].汉语教学学刊，2009(5)：1-15.
4. 吴英成，邵洪亮.国际汉语教师培养：双语教师协力组合模式[C]//世界汉语教学学会秘书处.第十一届国际汉语教学研讨会论文选.北京：高等教育出版社，2013：463-468.

5. 吴英成，邵洪亮，杨延宁.“老外”教汉语：经验与启示[J].国际汉语，2012(2)：14-21.

6. 吴英成，邱利军.教学与科技整合：在线成人汉语口语入门课程设计[J].国际汉语教学研究，2019(2)：31-38.

7. 习近平.习近平谈治国理政[M].北京：外文出版社，2014.

8. Allison, Graham & Blackwill, Robert. Lee Kuan Yew: The Grand Master's Insights on China, the United States, and the World[M]. Cambridge, MA: MIT Press, 2013.（中译本：格雷厄姆·艾利森.去问李光耀：一代总理对中国、美国和全世界的深思[M].林添贵，译.台北：时报文化出版公司，2013.）

9. Allison, Graham. Destined for war. Can America and China escape Thucydides's Trap? [M]. Boston: Houghton Mifflin Harcourt, 2017.（中译本：格雷厄姆·艾利林.注定一战：中美能避免修昔底德陷阱吗？[M].陈定定，傅强，译.上海：上海人民出版社，2017.）

10. Crystal, D. English as a Global Language[M]. Cambridge: Cambridge University Press, 1997/2003.

11. Goh, Yeng Seng. Chanllenges of the Rise of Global Mandarin[J]. Journal of the Chinese Language Teachers Association, 1999,34(3): 41-48.

12. Goh, Yeng Seng. Teaching Chinese as an International Language: A Singapore Perspective[M]. Cambridge: Cambridge University Press, 2017.

13. Jorden, Eleanor H. & Walton, A. Ronald (1987) Truly Foreign Language: Instructional.

14. Challenges. Annals of the American Academy of Political and Social Science, 490: 110-124.

15. Rogers, J. A Bull in China[M]. New York: Random Housing Publishing Group, 2007.（中译本：王柏鸿.中国很牛[M].台北：时报出版社，2008.）

16. Widdowson, Henry G. The Monolingual Teaching and Bilingual Larning of English [M]//Robert L Cooper, Elana Shohamy & Joel Walters (eds.). New Perspective and Issues in Educational Language Policy: A festschrift for Bernard Dov Spolsky. Amsterdam: John Benjamins Publishing, 2001:7-18.

来华留学教育中的中国概况类课程建设与育人实践创新[1]

——以同济大学全英语授课“当代中国”系列课程为例

程　好*　黄立鹤**

伴随习近平主席对“讲好中国故事，传播好中国声音”的倡导和与践行，自2015年，诸多高校都开展了“当代中国”主题课程的建设。其中，面向中国学生，以提升对中国重大战略与当下热点问题的理解、更好解读“中国故事”为目的的课程，取得了诸多成果。同时，一些来华留学国际学生规模较大的高校，也开展了面向国际学生的中国理解课程的建设。2018年9月3日教育部颁布《来华留学高等教育质量规范》，明确将“对中国的认识和理解”“跨文化和全球胜任力”作为来华留学高等教育的人才培养目标。要求来华留学生的专业培养方案“应当包含中国概况类课程的必修要求”。在这样的背景下，如何建设适应当前国际形势与教育发展需求的中国概况类课程，提升来华留学高等教育质量，受到了更多的关注。

2008年，同济大学在全国率先建成以“中国理解教育”为主题的全英语讲授“当代中国”系列课程。该系列课程面向中外学生同时开放，在教学中秉持“表达中国立场、传递中国声音、宣传中国智慧”的鲜明价值导向，以“中国命题、中国经验、中国智慧”为内容，以“全球高度、世界视野”为角度，探讨中国多领域发展特点与发展规律。该系列课程曾先后获得教育部来华留学

---

[1] 本文为同济大学研究生教育研究与改革项目“一流大学留学生研究生公共必修课程体系规划与教学管理保障”（项目编号：2019GL21）、同济大学交叉课程建设项目“多元文化与全球治理”（项目编号：1100104113）的阶段性成果。

* 程好，同济大学国际文化交流学院副教授。

** 黄立鹤，同济大学外国语学院副教授。

英语授课品牌课程(2013)、上海市教委英语示范性课程(2013)、上海市教委来华留学英语授课示范课程(2015)以及上海教学成果奖二等奖(2017)。同时,出版了"当代中国系列教材"和"当代中国丛书"。

本文在对同济大学全英语授课"当代中国"系列课程进行分析的基础上,提出"中国概况"类课程建设的建议,并初步探索该类课程在拓展高校课程思政、实现综合育人方面的重要意义。

一、"中国概况"类课程的需求环境

作为经济、贸易、人口总量居于世界新兴国家首位的大国,中国在世界舞台上表现出强劲的发展势头。未来的世界格局势必将是中国持续发挥重要影响、构建更多话语权的多极世界格局。如何培养在未来世界格局下,更加具备国际视野,更加符合国际合作与竞争需求的国际化人才,是中国高等教育者需要思考和解决的问题。鉴于对中国持续发挥全球影响力的认知,美国斯坦福大学、芝加哥大学等知名大学中都设有中国研究中心,开展有关当代中国的研究与教学。2015 年德国联邦教育与研究部在《中国战略》中表示德国高校即将开展"中国能力"建设(刘奕涛,2019)。

对中国高校而言,除肩负上述人才培养与科学研究的责任,在社会服务与文化传承创新方面,亟须解决如下问题:

(1) 伴随中国参与国际合作与竞争的范围扩大与程度加深,如何讲好中国故事,以加深国际理解与信任?

(2) 中国作为具有全球影响的地区性大国,随着综合国力的显著提升,如何承担向世界贡献中国智慧、中国经验的国际责任?

(3) 在坚持扎根中国大地的高等教育发展理念下,如何培育具有深厚家国情怀、坚定中国立场和扎实中华学识的国际化人才,实现育人目标?

二、"当代中国"系列课程概况

采用全英语授课,中外学生同堂的"当代中国"课程体系在同济大学已开设十余年，核心课程包括中国历史与文化、中国社会经济、中国可持续发展、中国城乡建设、跨文化交际、多元文化与全球治理、中国知识产权保护、中国外交与国际关系、城市文化与城市美学、中国历史文化遗产保护、中国音乐与歌曲、传统体育等，并且还在拓展课程体系的内容；课程学习融合了课堂教学、教学实践、课外活动、在线学习等多种方式。

通过多年的教学实践，以培养国际化人才为导向，实践了按照国际需求定制(International)，以当代问题为导向(Present)，建立在多栖课堂平台上的(Accessible)，超学科(Supradisciplinary)、可持续发展(Sustainable)通识教育创新，目标是使中外学生获得通往多元世界的文化意识通行证、通向国际人才市场的竞争力通行证(iPass)，如图 1 所示。

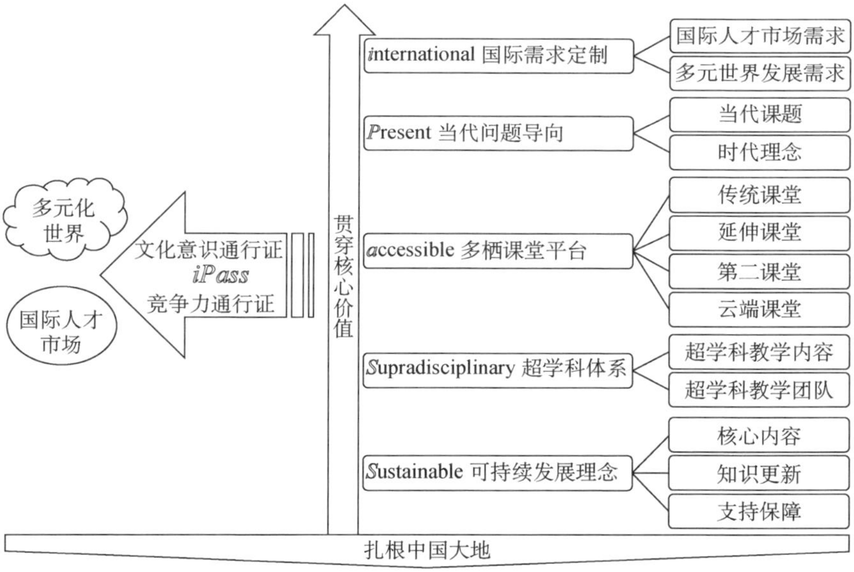

图 1　国际化人才培养的 iPass 通识教育创新

1. I：国际需求定制

世界文化的多元化与中华文化伟大复兴，亟需中国高等教育培养出一批秉承中国价值观念、立足坚定的中国立场并可以使用国际通用语言讨论中国问题的中国学生，以及“知华”“友华”的国际学生。这一理念指导下的“当代中国”课程体系，通过培养和提高学生跨文化理解能力、跨文化沟通能力，以使之适应国际化人才市场的需求。

2. P：当代问题导向

课程紧扣当代中国发展的重大课题与时代理念，通过介绍和研讨可持续发展的中国经验及中国作为大国为多元世界的和谐共融做出的积极努力，使中外学生对中国有一个整体的了解与相对客观的认识，并在此基础上进行辩证思考，在中国的发展与崛起、中国理念、现象与事件等方面形成合理观点。

3. A：多栖课堂平台

以11门课程的传统课堂为枢纽，连接了教学实践延伸课堂、文化活动、第二课堂、在线学习云端课堂，形成多栖课堂平台。课程紧密结合社会热点，引导学生积极参与各类文化活动、校内外第二课堂活动，在实践中感知中国的整体发展、了解中国的历史文化。同时，充分运用现代教育手段和网络技术，部分课程开发在线学习云端课堂。组织和引导中外学生积极参加各种联合演出、学校活动、社区服务等，依托中外学生实践活动拓展跨文化交流维度。

4. S：交叉学科定位

由社会、经济、历史、文化、外交、法律、城市建设、环境保护、音乐、体育等同济大学多专业专家学者构成的融合各学科，以问题为导向的交叉学科教学团队，通过案例教学、探究式学习、亲历体验等方法呈现多学科融合的交叉学科教学内容。另外，本课程体系的大部分专业内容是同济大学为服务当代中国社会经济发展所形成的经验知识，属于同济大学办学过程中形成的学科优势与研究特色。

5. S：可持续发展理念

首先，课程核心内容基于世界可持续发展设计，同时也旨在培养学生自身的可持续发展能力。此外，当代中国课程体系提供了一个冲突排练、误会澄清和话语沟通的场所，在推进不同文化和文明之间的国际理解的同时，不断更新对自身所处文化、国情和未来趋势的理解，实现知识更新的可持续发展。同时，通过课程准入评估、过程评估体系保障课程质量，通过教学管理创新、团队建设创新、教育技术创新实现课程服务支持，确保课程体系的可持续发展。

三、“当代中国”系列课程成效

成效主要体现在课程建设、教师培养、学生培养、社会影响四个方面。

1. 课程建设成效

“当代中国”系列课程选课人数逐年递增并在近年趋于稳定。其中，国际学生每年选课在 1 000 人次左右，除满足全英文授课专业的学历学位生需求外，校际交流的非学历学生人均选课也达到 0.4 门。中国学生通过正式注册选课、参与教学实践延伸课堂、实践创新第二课堂等方式参与课程学习。课程学分得到欧洲、北美、大洋洲、亚洲的 250 所高校认定，203 名来自 QS 排名前 200 位高校的学生获得了本课程学分。

课程体系建成后，学校新开设英语授课研究生专业 6 个，本科生专业 8 个。在各类榜单中，同济大学国际化水平排名显著高于大学综合排名。编写出版“当代中国”系列教材与“当代中国”丛书两个系列的丛书[1]，分别有 4 本教材与 2 本参考用书出版，选题与学术水平受到业界与读者肯定。学生评价良好，被誉为“上到的最好的课程”“打开了整个世界的大门”“拓宽了文化视野”“对未来职业发展产生影响”。

2. 教师队伍建设成效

“当代中国”系列课程培养出一批可以使用英语授课的青年教师，几年来，青年教师在本课程体系锻炼后，后续新开全英文授课课程 10 门，专业外语课程 5 门，大部分青年教师已成为本专业全英文授课课程建设、专业建设骨干。课程开设以来，教师在各自专业领域、教学研究领域发表论文 149 篇，主持、参与研究项目 84 项，其中，英语授课、通识教育领域的教学研究论文 25 篇。定期举办的“英语通识课”青年教师沙龙活动，提供了教师教学技能交流的平台。诸如“英语授课教师语言能力陶养”“国际课堂上的外交问题”等主题论坛也同时向全校教师开放。另外，教师在开设中国概况类课程帮

[1] Yu Cheng. “Public Opinions on the Belt and Road Initiative: A Cross-cultural Study”, The Belt & Road Initiative in the Global Arena: Chinese and European Perspectives, Palsgrave Express, 2017.

助学生理解中国的同时,也加深了自身对中国的研究与理解,教学相长是中国概况类课程发展的驱动,保持开放的态度、发展的眼光是确保课程取得预期成效的关键。

3. 学生培养成效

据不完全统计,课程中超过30多名国际学生关于中国文化理解的文章发表于《人民日报》《光明日报》等主流媒体。39名学生将课业研究形成学术论文并公开发表。课程提升了中外学生跨文化理解能力、跨文化交际能力。学生访谈发现:中国学生的收获主要体现在"使用英语与外国人讨论中国问题"能力的提升;社交圈国际化程度提升;跨文化意识的养成等。结合课堂教学,几年来中外学生合作开展研究项目百余项,其中《国际学生生活指导手册》《完美留学服务中心》等项目已应用于实践。

4. 社会影响成效

在授课中注重宣传中国理念,如科学发展观、和谐世界、可持续发展,为我国对外宣传提供了课程途径。任课教师海外受邀开设该领域讲座累计达到79场,国际会议发言72场。为美国州立大学联盟访华团等来华团体做专题介绍。教师还受邀赴海外进行"当代中国"主题讲座、讲学。此外,课程协调人受邀在上海高校外国留学生研究会年会、E9高校外事与国际交流会议、上海市来华留学英语授课示范课交流会等做专题报告介绍。中外学生开展"一带一路"沿线国家舆情研究,研究成果结集出版[1],得到《人民日报》等媒体关注,为"一带一路"建设贡献力量。

四、"当代中国"系列课程经验

总结"当代中国"系列课程的主要经验有:

1. 构建"多元文化背景下的中国理解"教育课程体系,提升学生国际视野

在高等教育国际化的趋势下,如何扩大中国学生的国际视野,培养其国

[1] 程妤:《来华留学生视野中的"一带一路"倡议》,同济大学出版社,2017年。

际理解和跨文化交际能力始终是重要课题。本课程为始终在本土学习的中国学生提供了在国内感受国际化课堂的机会，实现了“不出国门的国际化”。同时，由于该课程体系既坚持宽广的国际视野，也秉持鲜明的中国立场，承载充实的本土中国学内容，因而有助于增强学生在国际化视野下“讲好中国故事”“传播中国智慧”的能力。

2．增加了高质量全英语讲授的国际课程数量，促进高校高质量来华国际学生的流入与国际化发展

长期以来，我国高校鲜有系统面向来华国际学生开设相关课程，一定程度上阻碍了来华国际学生的流入与国际化发展。同济大学的“当代中国”课程体系根本目的在于促进来华国际学生对中国历史文化内涵以及当代中国建设成就的理解，帮助来华国际学生拓展文化视野和思维空间，为其今后理解国际问题提供新的思考路径，以培养知华、友华、具备国际沟通能力与理解能力为最终目标。

3．形成跨学科国际化公共平台课程，突破院系资源分割、本硕培养分离、中外学生分隔

传统跨学科国际化公共平台课程建设往往受到大学院系资源分割，“当代中国”的课程内容与教师团队来自多个院系专业，形成以问题为导向，相关学科提供支撑的交叉学科态势，打破传统院系资源的条块分割。同时，课程面向本科生、硕士生、国际学生、中国学生同时开放，真正实现中外学生同堂的教学生态。

五、中国概况类课程创新的建议

基于对同济大学“当代中国”系列课程的回顾与总结，提出中国概况类课程创新的如下建议：

1．教学理念创新：本土化与国际化的结合

中国概况类课程应当既坚持扎根中国大地，又体现国际视野，展示中国经验、本土特色与体现课程内容国际化并举，坚持站在国际学术话语体系中、以鲜明的中国立场介绍当代中国情况、传播中国核心价值。

2. 课程设置创新：灵活嵌入各类教学计划

中国概况类课程本身不受专业差别限制的同时，也应尝试突破本硕博差别、国际学生类别以及中外学生身份的差别限制，以更有效地利用资源让更大范围的学生受益。中国概况类课程应形成内容各有侧重的系列课程，既可以作为通识教育课程，也可以作为专业必修或选修课纳入教学计划。课程性质灵活化，方便嵌入各类教学计划。

3. 人才培养体系创新：国际化通识教育体系

按照国际化标准建立的课程体系，突破学院资源分割，本硕教育分立，中外学生分隔的界限。基于系统论将知识进行重组，服务于以能力培养为核心的国际化人才培养体系。

4. 人才成长环境创新：中外融合学习社区的构建

构建一个融中外学生于一体的新型学习社区，将中外学生融和发展从课堂延展到教学实践、课外学习、文化活动甚至课外交往，中外学生相互交流、从国际视角思考中国问题，更有效地保障教学效果。

六、中国概况类课程与新时代高校育人的链接耦合

在我国高等教育持续开放、留学生人数不断攀升的背景下，高校面向留学生实现综合育人是具有现实意义的重要课题。其中，充分挖掘面向留学生的通识类课程育人功能，是对高校现有以中国学生为主的课程思政工作格局的有益补充，也是高校实现综合育人、高等教育内涵式发展的重要方面。

1. 全球治理背景下高校育人目标的拓展

随着中国国际地位持续上升、参与全球治理的广度和深度不断拓展，国际社会对中国承担更多国际责任的期待愈发增强，中国培养的国际化人才面临传播中国经验、贡献中国智慧、讲好中国故事的重要任务和时代责任。这些国际化人才不应仅限于中国学生，也应该是知华、友华的留学生。我们将中国概况类课程定位于通识教育，通识教育是一种“全人教育”，具有鲜明的综合育人功能。中国概况类课程有利于留学生加深对以中华文化、

中国经验、中国制度、中国成就的了解，对于一些长期在西方话语主导的教育文化环境下的来华留学生而言，具有知识维度、思维方式、价值观念上的拓展和提升作用，提升学生全球化背景下对中国社会现象以及国际事务的敏锐洞察能力和基本分析能力。这是实现这些学生在思维价值等方面全面发展、避免狭隘的重要平台，更是培养愿意与中国开展全方位合作、愿意倾听中国对外话语、愿意与中国推进人类命运共同体的国际化人才的育人途径。

2. 中国概况类课程育人内涵的构建

当代中国不断开放的高等教育应该把正确认识中国特色与国际比较的态度立场、善于参与国际竞争与合作的思维品格、构建人类命运共同体的价值追求融入到所有专业中外学生的育人维度中。在中国概况类课程，各高校应充分发挥特色与专长，共同拓展、充实中国概况类课程中的中国智慧与中国经验的知识维度与育人内涵。例如，可以考虑开设以下课程：公共卫生体系、全球健康及中医诊治，讲述中国文化哲学与中医智慧，助推中医走向世界；中国工程实践与工匠精神，通过中国发展成就与大工程建设，介绍中国现代化过程中国的工匠精神，让学生理解中国发展进程中的自我奋斗与民族精神；全球治理与中国文化及政治智慧，可以介绍中国传统政治思想内涵的政治理性与智慧，以及对于全球治理的积极作用等。简而言之，要充分挖掘中国知识体系中有利于世界文明进步、人类命运共同体构建、国际有序竞争与全面合作的知识、价值与理论内容，拓展综合育人的内涵。

3. 教育立场、教学方法与育人实践的创新

首先，从教育立场上说，开设中国概况类课程旨在介绍中国知识体系，让留学生、中国学生对中华历史文化、中国发展道路与智慧经验进行合理认知，促进对中华民族整体思维行为方式的理解，并对中国的发展与崛起、中国理念、现象与事件等方面形成合理观点。在这一目标下，该类课程中介绍中国知识体系时的教育立场问题尤为重要，在教育实践中要合理解析中国知识体系构建与传播的“他者”与“自我”视角，即充分协调讲好中国故事的“自我”立场与对外话语传播中的“他者”视角，形成符合面向留学生教育、教育国际化背景下高校的中国知识体系教育立场，并衍生相应的教学内容、方

法与手段。

同时，该类课程面向来自不同文化背景、具有不同思维方式的留学生，因此要站在世界话语体系中、在国际传播视野下介绍中国知识体系及相关问题，把中国发展过程中经验、成就与问题与全球化发展中人们共同关心、探讨和思索的问题联系起来，把中华文明发展与人类文明进程、世界整体发展联系起来，才能把对于留学生而言新的知识（中国知识体系）与其原有的知识联系起来，逐步获得知识理解和价值认同；同时，要引导留学生、中国学生对中国知识体系中的知识、价值等维度进行拓展思考，促进对中华民族整体思维行为方式的理解，从辩证、历史的角度对中国的发展与崛起、中国理念、现象与事件等方面形成合理观点[1]。

从具体教学手段上说，要通过中外学生同堂学习讨论、以问题为导向的超学科的研究学习、调用多种资源的多栖课堂、具体案例探究式学习等教学手段，增强学生的学习参与感；同时，要探索中国概况类课程社会实践的多维路径，充分利用现场教学、课外实践、网络资源等多种渠道，拓展课程教学与实践认知相结合，将课内讲授、研讨、分析的理论知识、价值观念与中外学生社会实践、观摩感悟、比较思索的亲历体悟结合起来，把中国知识体系教育办在中国大地上，引导中外学生在，切实加强和巩固该类课程的育人成效。

本文在对同济大学全英语授课“当代中国”系列课程进行分析的基础上，提出中国概况类课程建设教学理念创新、课程设置创新、人才培养体系创新以及人才成长环境创新的建议，同时探讨了如何充分挖掘中国概况类课程的育人功能，实现对现有以中国学生为主的课程思政工作格局的有益补充，促进高等教育内涵式发展。当然，如何进行课程体系完善、教学质量提升，如何吸收最新研究成果、视野拓展至中华文化圈、紧扣重大时代课题，如何提升教师知识、能力及价值教育的水平，如何进行示范性教材开放、网络课程建设等，都是今后需要进一步思考解决的问题。

---

[1] 黄立鹤：《来华留学生中华历史文化通识课程建设之思考：教什么与如何教》，《通识教育学刊》2014年第13期，第59—73页。

总之，新时代的中国概况类课程反映着中国知识体系，具有知识体系与学科学术发展、人才培养与价值导向等多重意义，是高校教育国际化、“双一流”建设与中国全面参与全球治理等多种背景下的现实课题，需要高校教育者多方位的用心思考、持续实践。

汉语教学的本土意识与国际眼光[1]

——以现代汉语动补结构为例

潘海峰*

一、问题的提出

先来看下面几个句子：

(1) a. *今天热很。

b. 今天很热。/今天热得很。

(2) a. *他不小心破了一个花瓶。

b. 他不小心打破了一个花瓶。

(3) a. *他太忙甚至不能吃饭。

b. 他忙得忘了吃饭。

(4) a. *我忘记带钥匙了，不能进去办公室。

b. 我忘记带钥匙了，进不去办公室。

上述例(1)—例(4)中，a 句均为非母语汉语学习者在学习汉语时常出现的偏误，b 句为准确表达。造成上述偏误的原因主要是学习者的母语负迁移。

首先，谓词修饰成分，在汉语中按照位置的前后分列为状语和补语；而实际上，状语是一个在各种语言的句法描写中普遍采用的概念，并且许多语言中的状语都是后置的，而"补语"并非普遍性概念，[2]特别是像例(1)a 这类由副

---

[1] 本研究受"上海市哲学社会科学规划一般课题"(项目编号：2018BYY018)和"同济大学研究生教育研究与改革项目"(项目编号：2018GH30007)资助。

* 潘海峰，同济大学国际文化交流学院汉教系主任、副教授。

[2] 刘丹青：《小句内句法结构：〈语法调查研究手册〉节选》，《世界汉语教学》2005 年第 3 期，第 37 页。

词充当的修饰性成分，基本上都是状语性的。故学习者很容易出现偏误。[1]

其次，在一些语言中，单个谓词既可以表示动作行为本身，又可以表示动作的结果，如英语中“break”一词，在“He broke the vase.”中表示“破”这一动作，而在“The vase broke.”中则表示“破”的结果或状态。故学习者容易出现例(2)a这样的偏误。

出现例(3)a的偏误是受母语标句词影响。现代汉语状态补语的语义在其他语言种通常都是用主从复合句来体现，比如泰语会用意义相当于“甚至”的标记词จน或เสียจน引导的复合结构来表达。

例(4)a偏误的原因在于没有掌握汉语可能补语的语义与语用，可能补语虽属情态范畴，但其与情态助动词的语法意义和语用环境并不完全相同，而很多语言的情态语义都是由情态助动词单独承担的。

上述偏误涵盖的语法形式依次为状语与补语、词汇使动与结果补语、状语从句与状态补语、能愿动词与可能补语。现代汉语中的显赫范畴。补语是对现代汉语中谓语动词后那些非宾语性成分的统称。一方面“补语”这个概念本身不具有跨语言普遍性，另一方面补语内部语义不均质，各类补语语义属性很不相同，这些具有不同语义属性的成分在不同语言中语法化的程度和方式并不一致，也即不同语言表达该类语义时所采用的语法手段和表达方式并不完全相同。但同时“动补结构”又是现代汉语中的显赫范畴，与现代汉语中一些重要语法手段如处置式、动词拷贝式、受事主语句等关系密切；考察不同类型补语的语义在其他语言中的表达手段，建立起范畴意义的表达与语法手段的使用之间的桥梁能有效提高国际汉语课堂教学效率。

二、广义动结式[2]

现代汉语通常用VR结构来表达事件框架，单个动词V常常仅表示“动

[1] 严格来说，例(1)b中两个句子的语义重点和语义程度是有区别的。

[2] 因性质接近，且语法化来源基本相同，本文将动结式和动趋式合称为“广义动结式”。王力先生称这类结构为“使成式”。见王力：《中国现代语法》，商务印书馆，1985年，第76—81页。

作的起点”即“动作本身”，要表示“动作的结果”，需要将 R 编码，从而形成动结式（动趋式）的语言表达形式。句法上，V 与 R 之间结合紧密，中间不能插入其他成分。语义上，V 表示行为动作，R 表示行为动作的结果。而有的语言在表达事件框架时，只需将 V 或 R 之一概念化。例如：

(5) a. 我们今天将学完第五课。

b. Today we will finish lesson 5.

(6) a. 请睁开眼睛。

b. Please open your eyes.

(7) a. 我终于买到那本书了。

b. I bought that book finally.

上述例(5)—例(7)三例，a 句中的“学完”“睁开”“买到”都是由 V+R 构成的动补结构；b 句则直接分别用了“finish”“open”“bought”三个谓词构成的单一谓词结构来表达事件框架。

由“V+R”构成的动补结构中，R 有两类：一类由（单音节）不及物动词充当，其结构形式为 $V+V_i$，如上述例(5)—例(7)；另一类由形容词充当，其结构形式为 V+A，如“洗干净、听清楚”。V 和 R 之间既存在时间上的先后关系，又含有逻辑上的因果关系，V 是起因，R 是结果。

为了更清楚地说明这一现象，此处选取 Givón 的录像电影《小鸡的故事》[1]中两个片段的中英对译为例，如下：

(8) a. The man quits his chopping, collects his tools and walk off toward a grove.

b. 男人停止砍柴，收拾好工具，走向一片树林。

(9) a. She unloads her wood, lights a fire, fetches water from a barrel and sets a pots of water toboil.

b. 她卸下木柴，生起火，从桶里取出一些水，装满一壶烧开。

[1] T. Givón, “Serial verbs and the mental reality of ‘event’: Grammatical vs. Cognitive packaging”, E. C. Traugott & B. Heine eds., *Approaches to Grammaticalization* V.1, Amsterdam: John Benjamins Publishing Company, 1991, p81.

上述例(8)—例(9)两例中,英语用单一动词编码的事件,汉语则都用了动补结构。“收拾好”“卸下”“生起”“取出”“装满”“烧开”这些动补结构中的补语性成分“好”“下”“起”“出”“满”“开”从性质、状态等方面为其前的中心动词表示的动作设立了一个边界。因为现代汉语中的动词常常仅表示动作的起点,因此进入句子层面后,这些谓语动词要求一个量性成分使其有界化,才能表达完整的序列事件,而结果补语就是使句中谓语动词有界化的重要语法手段,否则句子就会听起来不完整,甚至不合乎语法。[1] 而非母语学习者在表达一个事件时,可能会受母语负迁移的影响而只将 V 或 R 之一呈现出来从而形成类似下列偏误。

(10) *今天完第五课。(今天学完第五课。)

(11) *请开你的眼睛。(请睁开你的眼睛。)

(12) *店里没有,所以我没买。(店里没有,所以我没买到。)

作为现代汉语语法中的显赫范畴,动补结构对现代汉语中许多特色句法结构都具有深刻影响。以处置式为例,处置式是国际汉语课堂教学的重点与难点之一,非母语学习者在使用该句式时偏误主要出现在谓语部分。处置式在句法上要求其谓语必须是复杂动词,最典型的就是动补结构,究其原因是通过某种语法手段使谓语动词有界化,整个句式才能表达处置含义。

三、状态补语[2]

状态补语属于组合性补语,现代汉语普通话中通过结构助词“得”与谓词组合,其结构形式为“V+得+C”,从构成成分来看,C 有两类:一类由形容词性短语充当,一类由动词性小句充当。

---

[1] 参见石毓智、李讷:《汉语语法化的历程》,北京大学出版社,2001 年,第 94—95 页。

[2] 北大版《现代汉语》没有列情态/状态补语一类,而是把所有表情态的和表程度的补语统称为“程度补语”;胡裕树版《现代汉语》(重订本)有情态补语而未提及程度补语;黄伯荣、廖旭东版《现代汉语》(增订本)将程度补语限定于由“很、慌、多”等少数程度词充当补语的情况;张斌版《现代汉语》对情态补语也作“宽式”理解,将“走得累死了”“洗得满头大汗”等都归入情态补语,而带“得”的程度补语只提到了“很”。本研究对情态补语采取宽式理解,只要补语 C 表示实在的意义,都将其界定为情态类。

当C由形容词性短语充当时，其功能是对中心谓词所呈现出的行为事件进行描写与评价。

例如：

(13) 他说得很流利。

(14) 弟弟跑得非常快。

上述例(13)—例(14)两例中，状态补语“很流利”“非常快”是全句的焦点所在。而在没有补语这个语言描写概念的语言中，上述两例中状态补语C通常会以后置状语的形式出现。以英语为例：

(15) He speaks very fluently.

(16) The younger brother runs very fast.

上述例(15)中的“speak fluently”，既可以理解为“说得很流利”，又可以理解为“很流利地说”，而现代汉语中“说得很流利”和“流利地说”，一个是“动＋补”结构，一个是“状＋中”结构，两者意义差别很明显。前者以“很流利”为语义焦点，突显的是对“说”这个行为所呈现出状态的评价；后者的表义重点是“说”这个动作本身，“流利地”是修饰说的。同样，例中(16)的“runs very fast”，既可以理解为“跑得很快”，也可以理解为“很快地跑”。

这样，以英语为母语的学习者因为受母语负迁移影响，一方面会混淆补语与后置性状语的差异；另一方面在使用状态补语时，经常性遗漏结构助词“得”。

当C由动词性小句充当时，其功能是对中心谓词所达到的结果状态进行补充说明。例如：

(17) 他急得忘了拿书包。

(18) 他忙得没时间吃饭。

(19) 他们冻得脸发紫。

该类状态补语，英语都倾向用状语从句或状语性小句来表达。

(20) He was so anxious that he forgot to take his schoolbag.

(21) He is too busy to eat.

(22) Their faces turned/was purple with cold.

上述例(20)—例(22)三例分别用了“so ... that ...”结构引导的状语从句,“too ... to ...”结构和“with”结构引导的状语性小句来表达,值得注意的是例(19)中补语“脸发紫”在例(22)中以核心谓语方式呈现,而谓语动词“冻”在例(22)中则呈现为“with”引导的状语性小句。

因为母语里没有设立“补语”这种语言描写范畴,受母语负迁移影响,英语母语者在表达对谓词的结果状态进行说明时,会回避使用可能补语,而倾向于使用类似“他太忙不能吃饭”“他太着急忘了书包”“他们脸红因为冷”等语句表达,这些表达是否符合语法规范暂且不论,首先,语用功能方面就不准确,现代汉语中状态补语是“焦点居后的话语语用规则的句法化”[1],是整个表达式的语义焦点。

四、可能补语[2]

严格来说,可能补语并不是一类独立的补语,最适合看作动结/动趋的可能形态,基本结构形式是“V+得/不+C”,其中C是语义焦点,整个结构表达V的动作结果或状态变化能否实现。

可能补语属于情态范畴,而世界语言中“时、体、情态”三个范畴在表征形式上难以撇清,三个范畴在历时上可能存在演化关系,在共时层面倾向于共享表征手段。因此,为了更明晰反映不同语言对可能补语情态语义表达手段的差异,本节选用“时”范畴和“体”范畴都相对显赫的法语为对比语言。

全面掌握可能补语这一语言点,至少需要弄清如下三个问题:第一,现代汉语中动结式(动趋式)的编码方式;第二,可能补语的情态语义在法语中

[1] 刘丹青:《小句内句法结构:〈语法调查研究手册〉节选》,《世界汉语教学》2005年第3期,第38页。

[2] 语法学界一般将表达可能义的“V+得/不+C”形式的述补结构称为“可能补语”(刘月华、朱德熙等),也有学者将其称为“补语的可能式”(张旺熹、黄晓琴等)、“能性述补结构”(吴福祥、李剑影等)、“能性补语”(李晓琪等)等。在现有的大部分语法材料和对外汉语教材中都将该结构称为可能补语(如黄伯荣、廖序东主编的《现代汉语》,杨寄洲主编的《汉语教程》等),本文在研究中统一将表达可能义的述补结构称为可能补语。

的表达手段;第三,表达情态语义的相关语言形式之间的差异。

第二节中提到,现代汉语经常用 VR 结构来表达事件框架,单个动词 V 常常仅表示“动作的起点”,要表示“动作的结果”需要将 R 编码,从而形成动结式(动趋式)的语言表达形式。而法语中单一核心动词就能完成事件表达。法语的动词分为“完成体”和“未完成体”两类。完成体动词本身就表示“动作结束并实现结果”,如现代汉语中动趋式“站起来”和“坐下去”,在法语中可直接由动词“se lever(站)”和“s'assoir”(坐)表达。另外,法语中有一部分动词既可以呈现“未完成体”,表示一个具有延续性的动作,也可以呈现出“完成体”,表示动作完成或结果实现。在这种情况下,法语中是通过动词的时态或动词是否带宾语来判断动词在句中是呈“未完成体”还是“完成体”。例如:

(23) Devinez qui est venu aujourd'hui ?

猜　　谁　来　今天?

猜猜今天谁来了?

(24) Il a bien devinez mes pensées.

他 好　猜到　我的心思。

他猜中了我的心思。

上述例(23)—例(24)两例中,法语动词“deviner”(猜、猜到)呈现出不同的“体”。例(23)中,deviner 是一个未完成体的动词,表示猜这个动作,没有强调动作结果是否实现。例(24)中,deviner 使用的是复合过去时态,表示动作已结束,与副词 bien 搭配,表示出“猜到/中”这一结果。从以上比较中可以看出,法语的同一个动词在汉语中可能表现为不同的形式,法语母语者在使用可能补语的过程中,很容易出现遗漏补语、遗漏述语或述补搭配不当等偏误。

其次,可能补语所表示的情态语义包括“可能[能力]”和“可能[条件]”两个次类,法语没有可能补语这一语法范畴,法语中表达上述两种语义有词汇和语法两种手段。常用的词汇手段如半助动词 pouvoir(相当于汉语中能愿动词“能”),可能义形容词短语或形容词词缀 être capable de(有能力的、有资格的)，词缀-able/ible，表示成功与否的动词短语 réussir *à*，parvenir *à*，arriver *à* 等。受母语中表达可能补语情态语义的词汇手段影响，法语母语学习者常采用“能、会、可/可以”等表达可能补语的语义；而采用“无法”“不能”“不会”等形式表达可能补语的否定形式“愿而不能”的语义时。另外，动词短语 arriver *à* 和 parvenir *à* 表现的是“可能义”还是“结果义”，与其所处的时态和语态背景有着密切的关系，若动作处于已然的状态，则该短语表达的是“结果义”，类似于汉语中的动结式或动趋式；若动作处于未然状态，则此类短语表现为“可能义”。

除了词缀形式以外，法语的表达形式体现出的是焦点信息优先的语言表达逻辑，在可能义结构中，总是优先表达“可能”/“不可能”，之后才表达可能义指向的动作。例如：

(25) Je n'arrive pas *à* me mettre debout.

我　无法　让我 处于　站立。

我站不起来。

从例(25)中可以看出法语可能义结构的语序与汉语可能补语的差异。法语可能义结构优先体现的是句子的焦点，即“结果是否有可能实现”，然后用动词来表现动作结果，即“让自己处于某种状态”，最后才用形容词“debout”来描述具体是哪一种状态。汉语可能补语则是按照动作的先后来描述，先实施动作“站”，但由于主客观条件限制，无法实现动作结果“起来”。

法语中表达可能[能力]、可能[条件]的语法形式主要是通过句中谓语动词的时态和语态变化来体现的。如采用动词的直陈式简单将来时和最近将来时，例如：

(26) Il le devinera.

他将会猜出。

他猜得出来。

(27) On va vraiment se battre ?

我们 会 真的 打起来。

打得起来吗?

上述例(26)句子是简单将来时，devenira(将会猜出)为动词 deviner(猜，猜出)的简单将来时变位形式，表示动作尚未发生，是说话者的主观推测，但与宾语代词 le 搭配，表示说话者推测的是动作结果能够实现，在汉语中表现为“猜得出来”。例(27)中用的是动词 se battre(打起来)的最近将来时，但肯定的语气非常弱，因此可以和可能补语“打得起来”形成对应关系。可以看出，法语中的简单将来时和最近将来时的语法功能在于表现“主观推测的可能性”，由于时态是通过谓语动词的变位体现出来的，所以可能义的焦点在于谓语动词能否实现。

可能补语在法语中还可以表现为动词的条件式。

(28) Rien ne l' empêcherait *à* résaliser ses rêves.
没有什么 他　阻拦　　　　实现　梦想。
没有什么阻拦得住他实现梦想。

例(28)中，“阻拦得住”动词 empêcher(阻拦，阻碍)的条件式 empêcherait 直接表现。

再次，“可能[能力]和可能[条件]这两个可能补语的次语义同时也是现代汉语中最常用能愿动词“能”所蕴含的情态语义。[1] 但在表达[能力]和[条件]这两个“可能”义类时，“能 V(C)”与“V＋得/不＋C”是有区别的，很多语境下并不通用。比如“能”具有致能取向而“V 得 C”则为结果取向，[2] 在表示不具有实现某种结果/位移的可能时，“V 不 C”是唯一的表达方式[3]，汉语中“不能 VC”多表示情理上不允许或规则上不准许，而法语中 pouvoir 的否定形式则不含这样的语义，因而法语中 pouvoir 的否定形式＋动词可表达“结果不可能实现”的语义。例如：

[1] 吴福祥：《汉语能性述补结构“V 得/不 C”的语法化》，《中国语文》2002 年第 1 期，第 29—40 页。
[2] 李剑影：《以“V 得/不 C”为特点的汉语能性结构研究》，《科技信息(科学教研)》2007 年第 18 期，第 410 页，第 396 页。
[3] 杉村博文：《可能补语的语义分析——从汉日语对比的角度》，《世界汉语教学》2010 年第 2 期，第 23—33 页。

(29) Je ne peux pas soulever cette caisse.

我 不能　　抬起　这个 箱子。

我抬不动这个箱子。

(30) Mes lunettes ne peuvent plus être retrouvés.

我的眼镜　不再　能　　被找到。

我的眼镜找不到了。

上述例(29)—例(30)中,可能补语的否定形式"抬不动""找不到"法语都是用 pouvoir 的否定形式+动词来表达的。不同的是例(29)是 pouvoir 的否定形式+动词 soulever(抬起)来表达"动作结果不可能实现"这一语义;而例(30)pouvoir 后用的是动词 retrouver(找到)的被动语态 être retrouvé。

从上述汉语可能补语与法语可能义表征形式的差异,可以预测法语母语者学习该语法可能出现如下偏误:①混淆可能补语与助动词"能";②混淆可能补语与能愿动词"会""要"等具有将来时标记意义的助动词;③混淆可能补语与汉语缀词"可/不可";④混淆可能补语与结果补语;⑤遗漏述语或补语,述语和补语搭配不当;⑥回避可能补语。

五、结　　语

补语是对现代汉语中谓语动词后那些非宾语性成分的统称,是对谓语动词所表示动作行为的结果(方向)的补充说明,所达到或呈现的状态(程度)的描写与评价以及对动作结果或状态变化能否实现的判断,是句子表达的焦点所在。人类语言的形式和意义并非直接对应,交际范畴等同,各语言的语法手段或有区别,而动补结构又是汉语中一种语种特异结构,因此,考察动补结构的语义在其他语言中采用何种语法手段或表达方式表征的,对汉语国际教学具有重要意义,相关结论可以用以预测国际汉语课堂中不同母语学习者补语学习的难点,把握教学重点,更好地帮助学习者在其要表达的范畴意义和所依托的语法形式之间建立起联系,从而提高国际汉语课堂教学效率。

总之，汉语既有与其他语言的共性，更有其个性特征，“后方法”时代的汉语国际教学首先要立足汉语特点，同时兼具类型学眼光，通过跨语言比较，抓住具体语言点对不同母语学习者的教学重点与难点；具体教学过程中以交际为导向，建立范畴意义的表达与语法手段的使用之间的桥梁，并适时进行形式聚焦。

新汉语水平考试(HSK)四级词汇用字的部首调查及认知研究[1]

李海燕*　杨晶晶**

一、前　言

新汉语水平考试(HSK)是中国国家汉办组织中外汉语教学、语言学、心理学和教育测量学等领域的专家,在充分调查、了解海外实际汉语教学情况的基础上,吸收原HSK的优点,借鉴近年来国际语言测试研究最新成果,于2009年推出的一项国际汉语能力标准化考试。新HSK包括新HSK(一级)、新HSK(二级)、新HSK(三级)、新HSK(四级)、新HSK(五级)和新HSK(六级)。其中,通过HSK(四级)的考生可以用汉语就较广泛领域的话题进行谈论,比较流利地与汉语为母语者进行交流。[2] 而这一标准正是CSC[3]规定的外国留学生进入中国大学学习专业的基本要求。新HSK(四级)考试要求掌握1 200个词语。根据我们的统计,这1 200个词语共享不重复汉字1 060个。

汉字难学几乎已经成为对外汉语教学界的共识,在整个教学过程中,我们必须把汉字训练放在重中之重的位置。如何让留学生在最短的时间内掌握1 060个汉字成为对外汉语教师关注的焦点。与其他语言文字不同,汉字

---

[1] 本项目为同济大学2018研究生教改项目:非全日制汉语国际教育专业硕士培养模式改革与创新研究,项目编号:2750106004。

* 李海燕,同济大学国际文化交流学院副教授。

** 杨晶晶,同济大学国际文化交流学院2015级硕士。

[2] 引自国家汉办网站。

[3] CSC,指China Scholarship Council,即中国国家留学基金管理委员会。

属于表意文字体系[1],根据汉字的形体结构,将其相同的表意部分归类,每类即为一部,相同的表意部分形体即为汉字的部首,因此,大部分汉字的部首均具有表意功能,这些部首对于汉字教学和习得均具有重要的意义。本研究将以新 HSK 四级考试词汇用字的部首作为调查对象,对其与 1 200 个词汇用字的多重关系进行详尽地资料统计和分析。并以此为基础,借助于认知心理学和第二语言习得的理论,总结和归纳出留学生学习汉语的汉字部首认知策略,对留学生汉字教学和汉字习得提供帮助。

二、新 HSK 四级词汇用字的部首统计

(一) 部首及其发展

部首最早叫"部",首先是由东汉许慎在《说文解字》[2]中提出并使用的。许慎根据小篆的形体和意义把含有相同结构成分且意义有关联的汉字归为一类,每类称为一部,每部的第一个字,即为这组汉字的部首。许慎把 9 353个汉字分别归到 540 个部首下,并通过《说文解字》的内容和体例显示了汉字部首的作用和意义。

自《说文解字》540 部首产生以后,历代字典、辞书部首的数目和内容均有变化。选其代表,略述如下:南朝(梁)顾野王的《玉篇》542 部,明代梅膺祚的《字汇》214 部,清代张玉书、陈廷敬主编的《康熙字典》沿袭 214 部,1979 年修订新版《辞源》217 部,1979 年修订重排版《新华字典》189 部。从数量上看,汉字的部首大致经历了从《说文解字》的 540 部到《康熙字典》的 214 部,再到《新华字典》的 189 部的发展过程,其整体趋势是由多到少,由繁到简,由分散到统一。正因为部首的分类和数量存在着不一致性,1983 年,中国文字改革委员会和国家出版局颁布了《汉字统一部首表(草案)》,规定了 201 个部首。在 1998 年时,《汉语统一部首表》标准研制组在《语文建设》1998 年第 11 期上发表了《〈汉字统一部首表(草案)〉修订说明》,按照《现代汉语通用字

[1] 周有光:《文字演进的一般规律》,《中国语文》,1957 年第 7 期。
[2] 许慎:《说文解字》,中华书局,2004 年。

笔顺规范》对部首的位置进行了一些调整，并对其中的一些变形部首进行了增加和修改。调整后的部首表成为当今许多辞书对汉字进行部首编排的基本依据。

《汉语统一部首表》规定了 201 个部首，本文以此标准为参照，先统计出 1 060 个大纲用字共享的部首数量，再研究部首与汉字之间的复杂对应关系，并进一步探讨汉字部首的认知规律和策略。

（二）新 HSK 四级词汇用字部首的统计

新 HSK 四级词汇共有 1 200 个，这 1 200 个词语共享不重复汉字 1 060 个，包含独体字 152 个，合体字 908 个。其中合体字按照结构类型分为：左右结构 513 个，上下结构 257 个，上中下结构 7 个，半包围结构 106 个，全包围结构 8 个，穿插结构 13 个，品字型结构 4 个；按照构形模式分为：意音组合字 585 个，表义构件组合字 169 个，表义与记号构件组合字 80 个，表音与记号构件组合字 15 个，记号构件组合字 59 个。

在 152 个独体字中，共有 67 个独体字可以作为部首[1]参与构成合体字，我们称之为部首字。分别是：八、白、长、车、大、刀、儿、而、耳、方、飞、非、父、干、工、瓜、广、户、火、几、己、巾、斤、金、口、里、力、马、毛、门、米、面、目、鸟、牛、女、皮、片、气、人、日、肉、山、身、生、十、示、手、首、水、文、无、小、心、牙、羊、业、页、一、衣、又、鱼、雨、月、止、子、自。

对 908 个合体字进行构件拆分，共得到表义构件 1032 个，其中部首 128 个。每个部首参与构字从 1 个到 55 不等，最多的是人（亻）部，共参与构成 55 字；最少的参与构字 1 个，共有 30 个部首，分别为：卜、幺、冖、革、鱼、自、身、疋、釆、缶、支、廾、瓦、西、片、爪、山、豸、冖、辛、青、角、廴、旡、几、风、户、癶、丷、食（详见附表 1）。

1. 部首的结构类型统计

128 个部首基本上从《说文解字》延续过来的，对这 128 个部首做统计发现，只有“亠”《说文解字》没有，其他 127 个均能在其中找到说解，根据许慎的解说，我们对这 128 个部首的结构类型作了归类，其中象形字有 92 个，指事

[1] 文中的部首以《汉字部首表》为准，共包括 201 部，教育部、国家语委发布，2009 年 5 月 1 日。

字有 9 个，会意字有 20 个，形声字有 6 个，我们把"亠"归为记号类。

2. 部首组字量统计

汉字的部首自产生之日起，便一直存在着以字义为主兼顾字形的"文字学分类原则"和以字形为主兼顾字义的"检字法分类原则"，因此，汉字部首的归类并没有统一的规定。针对这种情况，本次调查的部首依据的是 2014 年商务印书馆出版的《新华字典》的部首表，其中对于一字多部的情况进行了取舍，取舍以部首的功能为基本原则，因为本文的调研不是为了检索，而是方便汉字的教学。依据这一原则对大纲 1 060 汉字逐个归类，得出了每个部首组成汉字的数量(详见附表 1)。

附表是按照部首组字量从少到多的顺序排列的，从中可以看出组字量居于前十位的有：亻、口、扌、氵、木、忄、讠、辶、日、土。它们均为象形字，笔画少，简单易写，且均可以通过溯源找到古文字字形，并确定基本意义范畴，所参与构成的汉字也均与部首意义相近或相关，方便意义记忆。总之，汉字的部首基本上是比较简单且易于组字的。

3. 部首的位置调查

我们对 908 个合体字做了统计调查，其中有 872 个合体字含有部首。文中部首位置居左、右、上、下、中是针对左右结构、上下结构、左中右结构、上中下结构而言的，比较宽泛。部首位置半包围、全包围是针对那些存在包围关系的字而言的，如：辶、广、厂、门、穴等一些部首下辖的字多是半包围；部首位置全包围是针对"囗"部字的，所以数量不多。部首位置穿插结构是比较特殊的一种，具体指一个汉字中部首与其他构件某种笔画之间存在交叉相连的地方，如：内(冂部)。具体统计结果如下：

部首位置居左：共 440 个字，占合体字的 50.46%。

部首位置居右：共 68 个字，占合体字的 7.80%。

部首位置居上：共 152 个字，占合体字的 17.43%。

部首位置居下：共 99 个字，占合体字的 11.35%。

部首位置半包围：共 97 个字，占合体字的 11.12%。

部首位置全包围：共 8 个字，占合体字的 0.92%。

部首位置穿插：共 8 个字，占合体字的 0.92%。

通过以上可以得出，在 872 个含有部首的合体字中部首居左的最多，其次是居上的。正是由于部首位置的相对固定，才使得部首可以集中归类概括，总结规律。

4. 部首的成字模式

(1) 部首单独成字

在部首统计中，共有 67 个部首单独成字，我们称之为部首字。分别是：八、白、长、车、大、刀、儿、而、耳、方、飞、非、父、干、工、瓜、广、户、火、几、己、巾、斤、金、口、里、力、马、毛、门、米、面、目、鸟、牛、女、皮、片、气、人、日、肉、山、身、生、十、示、手、首、水、文、无、小、心、牙、羊、业、页、一、衣、又、鱼、雨、月、止、子、自。

(2) 部首和笔画的组合

这一部分字多为表义构件与记号构件组合字，即在象形部首基础上，用笔画提示某一客观事物和表示某一概念。如“刀”是一个象形部首，本身像刀之形，而刀有刀柄、刀背、刀刃，如果再给它们分别造字，既困难又不现实，古人就在“刀”字上添加指示符号的办法造出和刀有联系而意义不同的字。“刃”即刀的锋利部位所在。共 7 个，分别是：太、本、末、世、上、下、七。

(3) 部首加表意符号组合

这部分字多是表义构件组合字。部首本身就是被我们看成是意符，从《说文解字》的 540 部分类开始，部首就具有区分意义类别的作用，后来虽然部首做了一些合并，一些部首隶定后并不能很明确的指示意义类别，但是根据前面的结论可知：部首还是以表意为主的。所以部首添加意符组合的多为表义构件组合字，共计 169 个，具体如下：做、坐、左、尊、最、族、真、祝、周、重、众、知、则、悉、原、印、引、阴、因、医、省、阳、须、羞、休、行、拿、信、名、向、冒、相、咸、鲜、紧、坚、我、位、外、图、同、甜、讨、合、光、孙、各、告、死、负、顺、睡、双、帅、束、否、师、社、森、如、足、取、着、支、正、章、占、早、元、耐、内、雪、命、明、秀、幸、些、没、香、麻、喜、林、料、突、联、连、俩、利、天、礼、困、受、是、室、实、科、色、康、容、泉、全、居、就、奇、弄、解、教、男、建、件、美、间、加、计、或、回、划、化、厚、后、好、国、规、看、鼓、竟、竞、今、介、改、付、家、封、肥、反、烦、号、队、寒、公、哥、奋、分、二、多、冬、从、此、定、等、登、穿、冰、别、便、步、必、比、笔、鼻、北、报、包、般、班、拜、败、半、安。

(4) 部首加声符组合

这部分多是意音组合字,部首表示该字的意义类属,声符提示该字的读音,共585个:桌、资、租、嘴、昨、作、座、志、仔、照、准、赚、转、怎、注、助、住、洲、种、钟、终、责、暂、指、纸、址、植、职、值、汁、允、证、愿、整、针、这、勇、招、意、张、站、增、熊、择、澡、想、脏、咱、在、运、越、阅、钥、约、院、远、园、息、遇、预、忘、语、愉、右、有、游、油、邮、幽、优、泳、影、赢、迎、银、态、岁、谊、译、议、塑、忆、椅、疑、姨、熟、售、邀、样、赛、洋、扬、验、演、眼、颜、研、热、烟、然、呀、选、续、序、许、普、修、努、性、您、姓、醒、新、谢、密、校、效、消、像、橡、响、详、留、哭、线、现、险、恐、觉、细、警、洗、惜、禁、奖、吸、误、物、季、污、问、闻、温、喂、味、围、微、急、望、基、碗、晚、玩、货、袜、脱、腿、推、桶、通、厅、挺、停、听、铁、跳、贺、填、盒、题、提、踢、梯、疼、特、趟、躺、糖、汤、弹、谈、抬、她、他、所、随、感、酸、速、诉、松、嗽、硕、说、谁、刷、数、树、费、输、舒、叔、瘦、授、收、释、适、柿、点、试、视、式、始、使、什、识、拾、匙、剩、袋、深、绍、稍、烧、常、衫、沙、仍、扔、任、认、帮、扰、让、染、案、裙、却、缺、趣、球、秋、字、请、情、晴、清、敲、桥、巧、切、轻、着、歉、戚、期、骑、起、汽、铅、钱、破、泼、瓶、判、胖、跑、陪、批、啤、脾、骗、漂、聘、评、艺、牌、排、暖、偶、爬、怕、药、你、呢、闹、脑、恼、奶、默、哪、那、需、秒、迷、星、们、妹、笑、貌、帽、箱、猫、忙、楼、路、律、虑、绿、论、妈、码、吗、羡、满、慢、漫、舞、流、危、龄、完、邻、列、聊、辆、谅、励、例、怜、脸、练、炼、凉、历、理、萄、懒、浪、冷、算、拉、垃、矿、况、暑、快、块、裤、酒、句、拒、剧、据、距、决、绝、咖、棵、咳、可、渴、刻、课、镜、静、境、签、净、葡、精、睛、惊、经、苹、进、近、篇、借、盘、姐、结、街、接、郊、较、叫、脚、饺、慕、骄、降、进、江、键、健、检、减、每、假、价、继、济、既、际、技、纪、记、落、极、即、级、激、绩、积、机、圾、零、活、婚、悔、李、换、环、还、坏、怀、话、护、呼、候、红、很、蓝、篮、筷、河、和、何、苦、喝、空、航、汗、客、海、孩、过、逛、考、惯、馆、怪、挂、刮、顾、故、估、够、购、狗、聚、供、功、跟、根、给、究、格、歌、景、糕、界、钢、刚、赶、概、该、节、傅、附、蕉、福、简、服、肤、寄、份、籍、获、啡、放、房、饭、翻、法、饿、花、锻、短、度、肚、堵、读、都、懂、管、掉、调、店、膏、地、底、低、富、灯、得、道、倒、到、符、但、担、戴、打、错、存、粗、聪、次、词、床、船、传、础、厨、抽、持、迟、吃、程、城、诚、成、衬、吵、超、唱、场、答、窗、厕、楚、察、彩、材、猜、擦、部、博、播、病、饼、草、遍、菜、宾、被、倍、杯、抱、饱、棒、扮、板、搬、百、把、吧、傲、爸、按、矮、啊、阿。

三、汉字部首的认知策略及对教学的启示

(一) 汉字部首的认知策略

1. 部首的来源清晰

汉字认知的特殊性使得汉字与拼音文字在认知处理与流程上存在着很大的不同。汉字属于表意文字体系，形体具有表意功能，因此，汉字的认知一般是由图像(古文字象形字)识别开始，以图像的感觉与知觉为基础。同理，部首所代表的意义即是从汉字的原始字形中提取的。学习汉字部首时，首先可以通过追溯汉字部首的字源，运用形象记忆的方法，留学生看到古文字字形即能明白汉字部首的意义，进而领悟含有这个部首的汉字的大致意义范畴。例如，“山”的形体演变过程大致如下图：

(甲骨文)→(金文)→(小篆)→山(隶书)→山(楷书)

2. 部首的意义集中

汉字的部首作为整体被认知记忆后，要经历从形象到逻辑、从具体思维到抽象思维的过程。在这个过程中，学习者要完成汉字部首从本义到引申义的记忆。这是因为部首不仅为一个字的组成部分，而且它体现着这个字的义类。根据前文的调查，新 HSK 四级词汇用字中，汉字的部首大致可分为以下几类。人体类：人、心、手、目、足、齿等；与人体相关类：儿、又、爪、疒、立、言等；动物类：马、牛、虫、羊、豸、鱼等；与动物相关类：皮、羽、釆、革等；动作行为类：彳、夂、辶、无、支、殳等；植物类：艹、木、禾、竹、米、食等；服饰类：衣、巾、糸、彡等；器物类：刀、斤、皿、戈、舟、西等；居处类：广、门、宀、穴、里、邑等；自然类：日、水、月、火、山、土等；其他：一、丨、丿、十、亠、卩、示等。

3. 部首的组合功能

部首是组成汉字的基础，在完成汉字的整体认知记忆以后，再通过部首去认知整个汉字，而不是按照笔画去记忆。例如：“湖”字，我们应该是按照它由“氵、十、口、月”等部分构成并进行记忆，而不是按照点、横、竖、撇、捺的笔画方式去记忆。根据前文调查，新 HSK 四级词汇用字中，部首与汉字的关系大致有如下五种情况：一是部首与汉字对等，即一个部首是一个汉字。例如：人、水。二是部首加笔画组成一个汉字。例如：本、天。三是相同的部首组成一个汉字。例如：从、林。四是不同的部首组成一个汉字。例如：信、取。五是部首与其他部件组成一个汉字。例如：锻、遇。可见，汉字的部首在汉字组合中占有极为重要的地位。如果留学生首先通过图像整体记忆的方式把汉字的常用部首记住，再以此为基础，通过添加笔画、部首组合等方式去串联记忆汉字，这不仅能提高汉字识读的速度，而且对于正确地理解汉字的字义、正确使用汉字也是至关重要的。

4. 部首的位置固定

在所有的汉字中，部首在一个字中的位置虽然是相当复杂的，但是在新 HSK 四级词汇用字中，部首位置居左居上的占了大约 70%，显示出部首位置的相对稳定性。根据部首位置的特点，留学生在学习形声字时，可以按照“左形右声、上形下声”的规律进行认读和记忆，可以提高记忆的速度和准确性，甚至可以帮助他们猜测字义和读音。

(二) 对教学的启示

根据部首结构类型和部首组字量统计分析可知，新 HSK(四级)考试要求下的这 1 060 个不重复汉字共含有 149 个部首[1](其为 67 个部首字和 128 个合体字部首合并而成)，这 149 个部首可以统摄其大部分汉字的意义范畴；其中 128 个合体字部首中有 92 个象形字，由此我们可以充分借助古文字字形恢复汉字字形演变轨迹，从而更方便留学生记忆。具体可以从两方

[1] 149 个部首为 67 个独体字部首和 128 个合体字部首合并而成，除表 1 中所示的 128 个部首外，还有 21 个部首字，它们分别为：长、而、飞、非、干、瓜、己、金、毛、面、鸟、皮、气、肉、生、首、文、无、牙、羊、业。

面入手：

(1) 汉字认知的关键是符合认知实际的分类问题，其基本做法是：首先筛选出符合历史汉字发展实际的最基本的形体结构单位，然后逐级进行组合构件的结构单位认知。在这个过程中，始终强调结构成分之间的关系。当然这里的“最基本的形体结构单位”即不能再进行分解的汉字构件，叫基本构件。基本构件多与部首重合，它们的选择必须建立对汉字进行历时考察的基础上。王平教授曾经从甲骨文、金文、小篆、隶书、楷书等几种不同的汉字形体中总结出古今汉字常用部首 100 个，并以此为纲，编写了针对留学生教学的汉字教材[1]。这一理念就是从汉字构件的表意功能角度进行汉字的教学，同样也非常适合于留学生的汉字强化教学。具体做法是：在学习者建立汉字的“笔画观”以后，再有重点地、系统地教授汉字的基本构件，并在整字教学阶段继续强调构件的教学。

(2) 溯源识字与现状识字相结合，即从历时和共时角度结合进行汉字教学。象形字，指事字、会意字要以形义联系为主，形声字要突出形声结构的特点。其中，象形字的古文字字形带有“读图”的性质，所以较容易引起留学生的学习兴趣。会意字中蕴含着丰富的文化内容，对于这类字的溯源讲解不仅可以有效地帮助学生识记，而且还对学生进行了很好的文化教学。形声字的形声结构是有规律的、成系统的，最容易进行系统的识字教学。当然，无论是象形字的古文字字形，会意字的表义构件，还是形声字的表义构件，基本上都属于常用部首。因此，汉字教学中最重要的还是部首的总结与教学。但是，随着汉字的发展演变，很多象形字已经不在“画成其物，随体诘屈”；指事字不再“视而可识，察而见义”；会意字不再“比类合谊，以见指㧑”；形声字不再“以事为名，取譬相成”。很多汉字已经变得无理据可言，无法进行溯源识字教学。因此，在进行溯源识字教学的同时，一定要注意结合汉字的现状进行教学。

根据部首的位置调查和部首的成字模式统计分析，872 个含有部首的合体字中，大部分部首居左居上，而除了 67 个部首字，部首加声符或意符组合

[1] 沈禾玲、王平、蔡真慧：《汉字部首教程》，北京大学出版社，2009 年。

占了绝大部分，为了更好地帮助留学生学习汉字，我们还应该从以下两方面注意汉字教学：

（1）汉字在结构上是有层次的。处于最底层的是笔画，笔画按照一定的组合方式组成构件，构件又按照一定的组合方式组成整字。因此，笔画、构件、整字是现代汉字结构层面上三个可以单独进行教授和比较分析的层级。同时，现代心理学的研究表明汉字的识别具有整体识别先于局部识别的倾向。基于上述两点，我们认为在不同的学习阶段，汉字结构层面上的学习重点也不相同。开学之初重点为汉字笔画的教学，基本与汉语拼音教学同步完成；然后转到独体字的教学，重点为常用的表义和表音构件教学，也就是部首的教学；最后在进行合体字的教学，主要是形声字和会意字的教学。

（2）系统教学与结构分析相结合。系统教学法是以表义构件或者表音构件为基点，将包含某一构件的所有常用字进行总结性教学的方法。其中，最主要的是归纳表义构件，进行集中识字教学。这里的表义构件基本上都是部首。结构分析法主要是针对合体字的教学，将一些形体结构复杂的汉字按照构形模式进行分解教学。在教学过程中，学生不仅能了解汉字各个构件之间的组合关系，而且能使学生在掌握汉字形体的基础上了解汉字的本义。当然，在具体的操作过程中，二者是紧密结合在一起的。

附表 1

部首	构字数	部首	构字数	部首	构字数	部首	构字数
亻(人)	55	匕	8	欠	4	矢	2
口	54	王	8	舟	4	殳	2
扌(手)	41	八	7	见	4	卜	1
氵(水)	38	立	7	方	4	幺	1
木	36	囗	7	工	3	冖	1
忄(心)	35	饣	7	彡	3	革	1
讠(言)	33	石	7	卩	3	鱼	1

（续表）

部首	构字数	部首	构字数	部首	构字数	部首	构字数
辶	22	彳	7	皿	3	自	1
土	20	衤(衣)	7	雨	3	身	1
日	19	礻(示)	7	斤	3	疋	1
纟	18	走	6	幺	3	釆	1
阝	18	⺌(小)	6	士	3	缶	1
艹	17	夂	6	疒	3	支	1
月	17	寸	6	丿	3	廾	1
⺮	16	夕	6	弓	3	瓦	1
宀	16	巾	6	止	3	覀	1
刂(刀)	16	穴	6	里	2	片	1
贝	15	足	6	耂	2	爪	1
女	13	十	6	朩	2	山	1
禾	12	车	5	儿	2	豸	1
钅	12	田	5	羽	2	冖	1
灬(火)	12	目	5	匚	2	辛	1
一	11	子	5	父	2	青	1
又	11	米	5	酉	2	角	1
攵	10	𦍌(⺷)	5	牛	2	廴	1
冫	9	犬(犬)	5	舌	2	旡	1
力	9	尸	4	虫	2	几	1
厂	9	门	4	厶	2	风	1
广	8	马	4	罒	2	户	1
亠	8	戈	4	勹	2	癶	1
耳	8	⺈	4	白	2	丷	1
页	8	大	4	丶	2	食	1

附表 2

结构模式	象形字	指事字	会意字	形声字	记号字
单字	立广禾户几角卩巾斤口力革马门米冖纟宀皿木目耂车八白勹贝匕釆灬冫弓厂工彳大刂儿耳匚方缶戈牛艹罒疒忄幺礻西又鱼羽雨月夕夂止豸舟爪子自⺈⺮身⺷女丿朩攵欠犬亻日小彡尸矢扌氵厶纟田瓦冖囗山西广	丶一王土士十丷寸片	青辶阝(邑阜)父廾见虫里足舌石衤辛页走钅疋旡癶食	讠穴殳饣支风	亠
数量	92	9	20	6	1

参考文献

1. 苏培成.现代汉字学纲要(增订本)[M].北京:北京大学出版社,2001.
2. 许慎.说文解字[M].北京:中华书局,2004.
3. 李香平.汉字教学中的文字学[M].北京:语文出版社,2006.
4. 孙德金.对外汉字教学研究[M].北京:商务印书馆,2006.
5. 王甦,汪安圣.认知心理学[M].北京:北京大学出版社,2006.
6. 张灵芝.对外汉语教学心理学引论[M].厦门:厦门大学出版社,2006.
7. 周健.汉字教学理论与方法[M].北京:北京大学出版社,2007.
8. 胡文华.汉字与对外汉字教学[M].上海:学林出版社,2008.
9. (美)沈禾玲,王平,蔡真慧.汉字部首教程[M].北京:北京大学出版社,2009.
10. 黄伟嘉,敖群.汉字部首例解[M].北京:商务印书馆,2013.
11. 中国社科院语言研究所.新华字典[M].北京:商务印书馆,2014.
12. 王汉卫,苏印霞.基于定量分析的对外汉字学[M].北京:清华大学出版社,2015.
13. 李运富.汉字的特点与对外汉字教学[J].世界汉语教学,2014(3):356-367.
14. 陈春雷.现代汉语教材中偏旁、部首和部件的定义问题——兼及三个概念的教学处理[J].汉字文化,2015(5).
15. 刘靖年.汉字结构研究[D].长春:吉林大学,2011.
16. 郭玲.汉字构形阐释与对外汉字教学策略探讨——基于《汉字等级大纲》汉字的动态演变研究[D].合肥:安徽大学,2012.

基于非全日制 MTCSOL 学生视角的全案例教学模式及教法探究

——以“国际汉语教学案例分析”为例

李　萍*

一、问题的提出

“国际汉语教学案例分析”是一门案例导向课程，被称为“全案例教学”，具有全过程性、复杂性、多元化等独特性。汉语国际教育硕士专业的案例教学研究起步晚，前人对教学对象自身与全案例课教学模式的探讨零珠碎玉，仅有包学菊(2017)结合全日制 MTCSOL“课堂教学案例分析”的实践经验，着重探讨了案例的选取、覆盖角度、问题导向和媒介形式及顺序编排，提出合作学习方式最为有效[1]，针对非全日制 MTCSOL 学生的全案例教学模式及教法的研究更是凤毛麟角。本文以同济大学非全日 MTCSOL 学生的全案例教学为研究对象，综合运用语料分析法、教学实验法、对比法及问卷调查方法。首先梳理分析了 2015—2018 级 72 名研究生六大类语料(包括课堂观察记录和心得；课堂讨论录像；教案及试课 PPT；海外孔院及国内教学实习总结；课堂教学实践录像；期末案例分析答卷及卷面总结共 432 份)，调研非全日 MTCSOL 学生的学术背景、课堂汉语教学能力的现状及存在问题，结合 2015—2018 学年“国际汉语教学案例分析”持续教改试验及反馈结果，融合国外案例教学理念，探求针对非全日 MTCSOL 学生的全案例教学模式。

---

* 李萍，同济大学国际文化交流学院副教授。

[1] 包学菊:《全案例教学模式在汉语国际教育专业中的应用——以 MTCSOL“课堂案例分析”为例》,《国际汉语学报》2017 年第 8 期，第 105—111 页。

二、非全日制 MTCSOL 学生对全案例教学的影响

(一) 不利因素

同济大学自 2015 年设点至 2018 年已招收了四届非全日制 MTCSOL 学生 72 人。非全日制 MTCSOL 学生不同于“哈佛模式”的 MBA 精英学员，也不同于全日制 MTCSOL 学生。问卷调查结果图 1 表明非全日制 MTCSOL 学生由于以下五方面的先天不足和客观原因,带给全案例教学诸多困境。

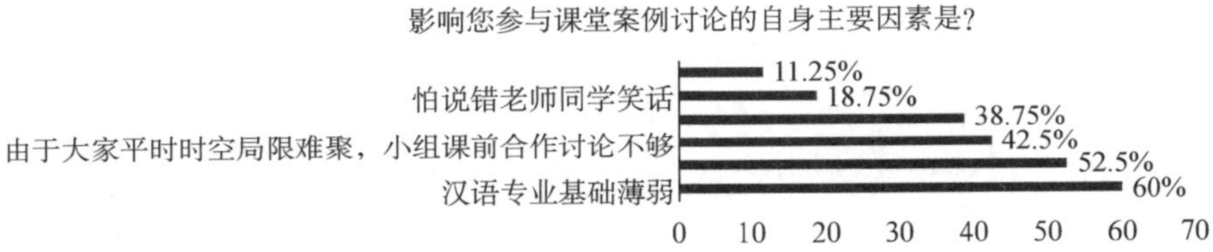

图 1　关于影响课堂讨论学生因素的问卷调查结果

1. 现代汉语基础薄弱

国际汉语教学能力的培养需要学生具备扎实的现代汉语基础知识,汉语要素基本功及第二语言教学理论作为基石和支撑(央青,2009)。问卷调查显示,仅有 8.75%的学生对案例分析“没有困难,很容易找到知识点和理论依据”,高达 86.25%学生在拿到一个案例时能理解,但不知道联系哪些汉语知识点和理论来分析。本文对 2015—2018 级的 432 份六类语料分析研究,结果如下:一是最突出问题是现代汉语基础薄弱,表现在语言点的展示大多犯知识性错误,或专业知识一知半解,混淆不清,讲解不全;语言点展示不知语义、语用,常常从结构入手。二是汉语要素知识残缺不全。90%的学生热衷语法教学,语音、词汇、汉字教学缺位。语音、词汇、汉字的基础知识更是缺乏,如分析语音教学案例时,学生对清浊音、26 个声母的发音部位、发音方法概念不清,对案例中出现的语音偏误的辨音、听音、正音能力缺乏。

2. 缺乏对外汉语教学理论与实践

问卷调查结果图2显示缺乏汉语作为第二语言教学理论和教学法、要素教学、对外汉语教学经验是影响案例分析三大因素，究其原因在于非全日制MTCSOL学生生源复杂化：教育背景多样化，跨专业占比大，毕业院校层次差异大。

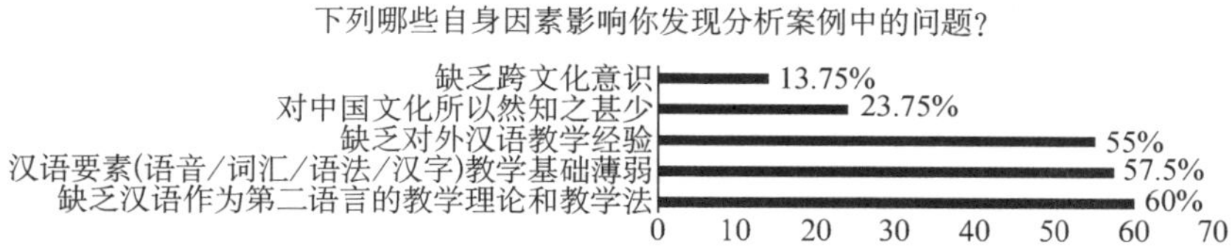

图2　关于影响学生分析案例因素的问卷调查结果

调查结果显示，72名非全日制MTCSOL学生本科就读国际汉语教育及中文专业仅占35.1%，且48.8%毕业于二本师范院校，一些院校由于师资缺乏，开设大量的文学类课程，有的毕业论文撰写的文学类论文。外语专业占33.3%，24.4%为理工类专业，7.2%文科，涉及纺织工程、工商管理、旅游管理、国际经济与贸易、行政管理、会计、税务、机械设计制造及其自动化、计算机、教育经济与管理、经济学、林学、法学、教育学、历史学、新闻学、法学、人类学、艺术设计等19个专业。高达64.9%跨专业的学生缺乏对外汉语教学实践，有的首次触电这个专业，汉语本体专业基础知识薄弱就不言而喻了。

语料分析也印证了这些。课堂观察暴露的最大问题是盲目性：学生或看热闹，记流水账，或浮于表面，唱赞歌；难于带着问题去听，缺少发现教学问题的敏感性和教学反思；试课所写教案及试课教学目标空泛；拿到一篇课文无从下手，或教学难点重点抓偏，更不了解教学语法的层次和阶梯；语法教学从导入、展示、操练、小结问题多多：导入情景不合情理或不典型；例句随意，不严谨，多讲少练，操练多采用照猫画虎式的替换练习，方法单一，师生生生互动缺乏。不熟悉常用汉语教材，对第二语言教学理论似是而非，囫囵吞枣，理论结合实际的能力较差。

3. 学习的投入度难以保障

全案例课的成败和质量的高低，学生的投入度是决定因素之一。要提高全案例教学课中学生的参与度，首先确保学生课前的充分准备，课前准备对案例教学影响显著，它是构建知识框架和提高课堂讨论效果的重要因素[1]。问卷调查显示，57.5%的学生认为提前准备和专业背景制约全案例教学的效果，可是现实情况是仅6.25%的学生非常同意，30%学生同意“课前我有时间精力认真阅读案例材料”；5%的学生完全做到“课前能将老师布置的案例讨论问题弄清楚，并完成案例任务，充分准备”，43.75%的学生表示对此完全做不到，究其原因有二：其一，限于在职，能够脱产学习者仅占总数31.3%，且每届情况不同，其中一届23名学生中三分之一者脱产学习，他们平日都忙于各自的工作，只有周五飞来或周六一早地铁来、周一飞回或周日晚地铁回，无暇课前准备，小组课前合作讨论不够。这种先天不足和西方脱产学生在案例训练中的高强度高密度的投入形成鲜明对比。其二，男女比例失衡，女生占80.6%，个别学生年龄超过30岁，家庭拖累大。

4. 课堂学习与教学实践的平台错位

非全日制MTCSOL学生在职无法充分利用学院提供的周一至周五的多层次、多课型的汉语教学实践平台。这首先无法确保课堂观察的质量，学生只能居家观摩教学录像，自听自学，盲目揣摩认知。课堂观察是研究课堂汉语教学的基本方法，是提升准教师专业水平的重要途径，也是案例教学的一个重要组成部分，它可从知识点的讲解、教学方法、课堂组织管理、备课方法诸方面均给予学生零距离的体验。其次难以保障导师的随堂带教及耳提面命式指导。

5. 课时少而密集化

非全日制MTCSOL学生所学每门课程多36学时，实行周六周日集中9次授课模式，“国际汉语教学案例分析”的教学内容包括五大主题[2]或八大主题[3]，涵盖了国际汉语教学的各个方面，与其他四大核心课程紧密相关，在这样局促的课量中完成如此丰富的教学内容的确捉襟见肘，这对教师、授

[1] 柴迅：《案例教学法在法学教学中的应用研究》，《黑龙江高教研究》2015年第12期，第174—175页。

[2] 叶军：《国际汉语教学案例分析与点评》，外语教学与研究出版社，2015年，第10页。

[3] 朱勇：《国际汉语教学案例与分析》，高等教育出版社，2014年，第2—383页。

课对象都是巨大的挑战。每届 23 人的大班教学要满足课堂讨论人人机会均等也是不小的挑战。由于学生专业基础十分薄弱,教师有时不得不对案例出现的语言点的基础知识、语言点的教学层次进行补充,这样也挤占了案例讨论分析的课堂时间。

综上种种导致课堂讨论的学生参与性必倍受掣肘,课堂讨论即便热烈也只能浮光掠影、浅尝辄止。前人研究(央青,2011;李海鸥、周琼莎,2011;郭敏,2014;亓海峰,2015;原新梅,李昕升,2018)也认为制约 MTCSOL 案例法实施有五大因素,除了教师、案例以外就是学生的学习水平和准备的充分度及其讨论的参与度。“案例教学有很多互动和讨论环节,耗费时间和精力多,不仅对教师要求高,而且学生也需要下较多工夫去准备和设计,此外案例教学法属于一种高级学习,如果学生水平偏低,实施起来就很难。”(叶青,2009)。因此,如何克服诸多不利因素,提高全案例教学的“互动性”“双向性”,使全案例教学达到高层次、高效果,这是本文要解决的根本问题。

(二)有利因素

我们也发现在全案例教学中非全日制 MTCSOL 学生也有全日制 MTCSOL 学生所不具有的有利因素。

1. 具备一定的教师素养

有 40.3%的在职学生就读前为教师身份,其中对外汉语教师 15 人,之中 6 人外派泰国、美国孔子学院担任志愿者教师,有的在海外教授汉语 3～4 年,积累了丰富的海外汉语教学经验;另外 9 人则长期在国内国际中学、汉语培训机构担任对外汉语教师,教龄 5～15 年不等。外语教师 9 人,主要在大学外语系、中学担任外语教学。中小学语文教师 4 人,有的教龄达到 11 年,因此他们具备教师的基本素养,角色转变更快。

2. 融入型的学习动机

非全日制专硕生具有高龄化的特点,26—29 岁占 41.7%,30—39 岁占 37.5%,40 岁以上占 6.9%。高龄化是把双刃剑,一方面拖家带口,学习精力有限;另一方面他们到了三十而立、四十不惑的年龄,知道自己要什么不要什么,学习有目标计划,学习动机表现为融入型,求知欲强。调查显示

67.5%学生就读汉语国际教育硕士的原因是认为对外汉语专业有好的就业前景,想提高。35.5%学生毕业后打算公派或志愿者到海外进行汉语教学,13.75%转行对外汉语教学,就连一些在职学生中途克服困难转为脱产学习,在学院担任实际教学工作,因此无论是在听课还是课堂学习都有计划有方向,且有的放矢,如一名中学历史教师,脱产学习,转型很快,学习目的性强:“本学年我在进行听课学习时所涉及的课程都能有的放矢,结合我自己上课带班和志愿者考试志向(外派日本孔院和西班牙孔院),我选择了初级综合课、中级综合课、口语课、听力课、汉字课为主的听课类别,辅以报刊阅读、语法专题讲座和 HSK 考试辅导。”他不断积累课堂经验,夯实专业基础知识,积极参加汉语技能大赛,教学能力提高很快,现外派日本樱美林孔院。此外在职专硕生工作年限 3～6 年的占 45.8%,10～20 年的占 26.3%,工作经验和社会阅历丰富,他们思想成熟,思维活跃,如果教师引导好的话,可使得案例教学充分发挥其互动性。

总之,对非全日制 MTCSOL 学生开展的全案例教学既要充分发挥学生自身优势,又要解决学生工作忙、周末上课、课时量少、专业基础薄弱、教学经验少等短板,只有取长补短,采用针对性教学模式和教法,才能极大提升学生课堂参与度,取得良好教学效果。

四、多维立体化案例教学模式

本课程连续四届全案例教学实验首先基于非全日制 MTCSOL 学生的特点及其对全案例教学的影响因素,不是邯郸学步式地照搬西方优质生源、优质师资下的 MBA 全案例教学模式,而是借鉴西方案例教学法理论的精髓:如认知结构学习理论主张学生不是被动的知识的接受者,而是积极的信息加工者;建构主义理论重视学生在知识内化过程中自主作用的发挥,重视教学过程中有关问题情境的创设,重视知识结构的更新[1];发现学习法则

[1] 王青、梅赵革:《国内外案例教学法研究综述》,《宁波大学学报》(教育科学版)2009 年第 6 期,第 9 页。

强调创设问题情境，注重学生的自我发现，探寻常规案例教学法——课堂观摩、任务法、模诊断法的利弊，边实验，边探得失及疑难，不断修正完善，由此创立了有针对性的符合国际汉语教师培养内在要求的本土化教学模式——“多维立体型网络结构”，即由教师、案例、学生、教法、评估五系统协调作用组成的，其内涵就是教师作为导演，在提升案例质量的前提下，将学生作为能动性、主动性的学习主体，其精髓在于以提高学生参与度为核心，采用综合联动教学方法来催化学生亲力亲为完成知识初步构建(自主学习、查缺补漏、整合知识)—知识深度构建(运用知识，理论解析，讨论提升)—知识延伸构建(演绎情境、反思教学，拓展能力)的三重构建，并融合动态多元评估机制加以激励监督。

(一) 教师是总绳支架，学生是主体

由具有 30 年丰富教学经验的高级职称的优质教师承担教学，调查结果显示，95%学生认为“任课教师的专业能力及丰富的汉语教学经验有助于案例教学效果”，86.25%的学生肯定“教师课堂上有效发挥了导演角色，这有助于案例教学效果”。教师作为学习的组织者、指导者、启发者、推动者和监控者，精心挑选基于真实情境和真实任务的丰富教学案例，创设鼓励学生积极建构、相互合作的情境，充分发挥学生的主动性、互动性和创新性，最终促使学生有效地完成对知识多层构建。

(二) 案例讲求质、量、形

案例作为“水之源，木之本”，我们突破教材囿于教学日志、案例问题点评不分册、针对性弱的局限，从案例的质、量、形三方面突破，使之与教学目标匹配。具体表现在：在内容上，首先将案例主题模块化，突出重点模块。形成由教学资源、教学评估、语素教学、教学方法、课堂教学管理、文化与跨文化交际构成的六大模块，每个模块兼顾不同国家、不同课型、不同教学对象。其二讲求针对性，针对非全日制 MTCSOL 学生汉语基础薄弱，教学理论与经验匮乏、教学时量少的短板，精选案例，加大语素教学、教学资源及评估案例的比重。其三注重与时俱进的鲜活性。选取案例及时反映当下国际汉语教学实践中的热点、难点的新问题，如引入中意、中韩的教师合作教学，

国内来华预科汉语教学等。在来源上，案例的选取与学生的课堂教学实践难点、外派需求、实习目标及职业规划契合。海外教学案例聚焦定向，以同济大学开设的日、韩、德、意孔院孔子课堂及学生志愿选派孔院为依托，辐射全球，亚洲以日本、韩国、泰国、印尼为主；欧洲以德国、意大利、英国、法国为主；美洲以美国、墨西哥为主。增大国内对外汉语教学案例，选取汉语国际教育专硕生、志愿者、公派教师的课堂教学案例。调查结果见图 3。在形式上，注重案例媒介的多样化，见图 4。特别重视身临其境的"实录"类案例录像，并扩展到教案及试卷等。调查显示，90%的学生对全案例课堂上教师所选用的案例质量满意。

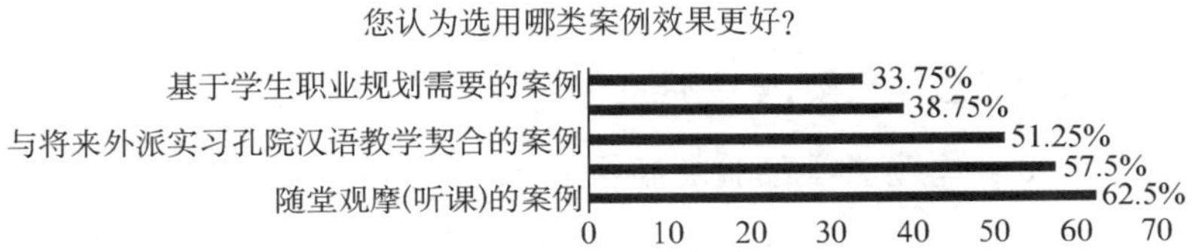

图 3　关于案例来源的问卷调查结果

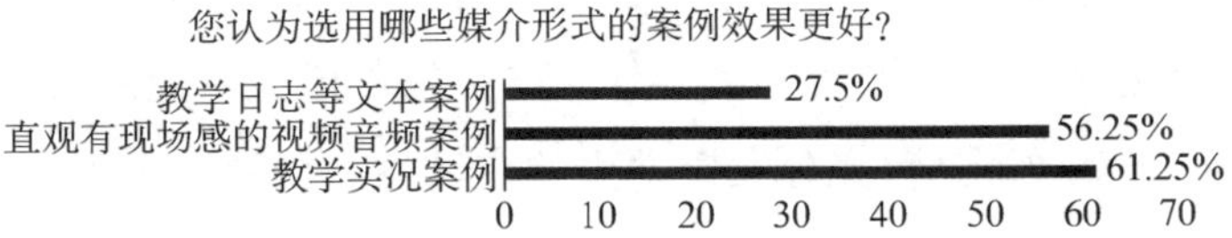

图 4　关于案例媒介的问卷调查结果

(三) 教学方法综合联动

就是在吸取全日制 MTCSOL 学生案例教学模式——观摩、计划、模拟和诊断[1]的优势，在四届非全日制 MTCSOL 学生"国际汉语教学案例分析"课堂上不断探索改进而形成的，将手段、实训、分层三位一体，其实验反馈结果见图 5。

1. 融合多种教学手段

由教学实验反馈结果我们发现：以问题为导向（Problem-based

[1] 叶军：《国际汉语教学案例分析与点评》，外语教学与研究出版社，2015 年，第 64—73 页。

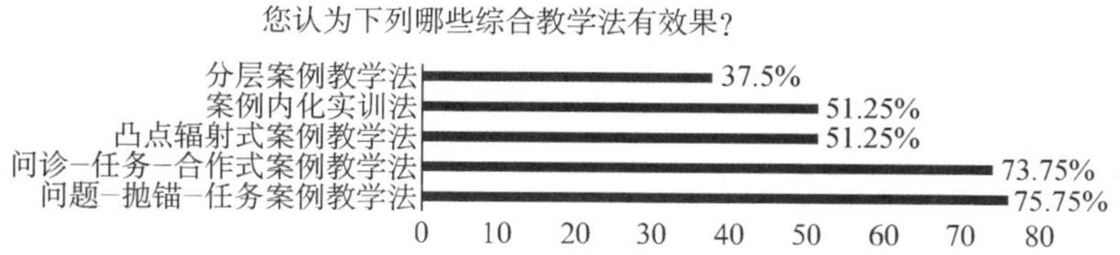

图 5　关于案例教学模式的问卷调查结果

Learning，PBL)、问诊式教学法、任务型教学(Task-based teaching)、合作性学习(Cooperative Learning)、中外互补式教学法、模拟式案例教学法六种案例教学法颇受欢迎。本文将这些教学法融合成四大类，综合运用在非全日制 MTCSOL 学生全案例教学中，极大地调动了学生学习的主动性，并压缩饼干式地充实了 36 学时教学内涵，调查结果(图 6)也印证了这一点。

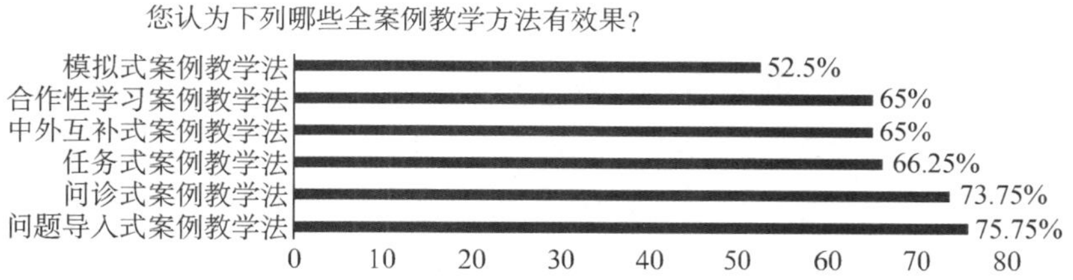

图 6　关于案例教学模式的问卷调查结果

(1) 问诊-抛锚-任务式案例教学法。非全日制 MTCSO 培养为三年制，“国际汉语教学案例分析”在第二学年最后一个学期开设，这时全体学生在第一学年已经完成 40 个课时的课堂观察，那些拥有对外汉语教学经验学生也在第一学年进入预科、进修班和短期班课堂进行汉语教学，他们积累了很多教学中的现实问题或需要立即去解决的现实问题，对此，我们将问诊法、抛锚式(Anchored Instruction)教学与任务式案教学法三合一。教学进程即：课前收集问题—选择与之相关的成功案例或问题案例—从案例中抽出锚点和任务，让学生制定实施方案；学生自主学习，查阅相关资料完成任务。课中学生报告其任务成果—接受其他同学质询—教师提问—阅读案例—比较方案与案例—分析评价—总结—反思改进—提交任务最终成果。对教师来说问题的收集极为关键。任课教师第一学年就参与学生的教学实践活动，在听课、录课、指导、带教中把脉、问诊切入，汇集问题，同时在开课前建课程微信群，集中学生的现实问题；将这些问题作为“锚点”。选择的案例要具有启发性典型性，能够对症下药，解决学生的切身问题，避免教学隔靴搔痒；对学生来说能够“做中学—学后做”，在质询、比较中激发批判思维，开启自主式、互动式、协作式学习，培养了他们独立思考能力，尤其是解决实际问题的能力，故而学生参与度非常高。

（2）问题-任务-合作式案例教学法。教学过程分为课前课中课后。

师生课前准备。第一，成立学习小组。分组方式取决于案例主题，主要有三种分组方式。一是异质案例讨论小组。教师遵循“组间同质，组内异质”分组原则将全班19～23人按照年龄、专业背景、教学实践经历分成5组，不同小组间的总体情况基本相同，引进公平竞争机制。二是国别化汉语教学小组。按照学生外语能力兴趣点（英语、法语、德语、韩语、日语、意大利语、阿拉伯语等）及外派志愿或职业规划分组。三是诊所小组，根据学生提出的急需解决的问题，分类按照问题主题或类型分组。后两种小组一个是满足学生职业发展需求，一个是解决学生自身的迫切需求和问题，都最大限度地激起学生的学习兴趣。组内成员分工明确具体，彼此协同，合作活动，并保持与教师沟通。调查显示，96.25%学生认为：“合作性学习有助于从多角度多视角增加对案例问题的理解。”93.75%学生认为：“案例合作学习可促进互动讨论，取长补短，发挥积极性主动性和创造性。”第二，精选案例。教师根据案例教学主题精选案例，案例要切合学生难点及近期、长期职业发展需求。如语音教学板块除了选取教材提供的教学日志案例《我的第一堂课》《我在捷克教语音》外，同时选取同济大学合作孔院（日本樱美林大学孔院、德国汉诺威孔院、意大利佛罗伦萨大学孔院、韩国庆熙大学孔院）的海外汉语教学案例及校内预科教学实践平台的典型教学录像。第三，问题导向。教师围绕案例设置“问题清单”，这些问题往往构成“糖葫芦串”，由中心问题和诸多子问题构成，抛给学生预习，并提供相关参考书单，以避免有限时间内讨论的无序、肤浅和低效。如：朱老师第一堂课遇到的问题及挑战是什么？她是怎么解决的？第一节课应该怎么教比较好？谈谈如何确立语音教学重点？难点？语音教学方法一味跟读模仿可以吗？教师怎样才具有听音能力、辨音能力，尤其是正音能力？语音教学如何激发学生学习热情？第四，以案例及导向问题为引子，布置延伸任务。这个任务往往是案例“糖葫芦串”导向问题的那根棍子，如确立语音教学的重点和难点，于是给出的任务就是：“如果你被外派日本、韩国、德国、意大利或英国，你教授《汉语教程》第一册第一课或者《新实用汉语课本》第一课时，你将如何教语音？”每个小组都要在课前一周内完成教师据案例所预设的若干问题，并合作完成布置的任务。

课堂师生和生生互动。教师呈现案例（文本、图片或视频），围绕预设问题全班展开讨论分析，在老师的点拨、引导和提问下，学生筛选、比较、归纳出解决方案。然后各小组展示任务初步成果，组内成员分工汇报，小组间互评，小组交叉讨论。教师则投入极大热情，倾听时站在教室最后，引导、提问和点评时穿梭在黑板和同学之间，将归纳和结论写在黑板上，并布置相关理论及专业参考书目。

课后反思改进教学。各小组根据讨论结果进行教学反思，阅读理论书籍，将理论与教学实践结合，修改教案或案例分析报告，将最终的任务成果发送老师评估。

我们发现问题-任务-合作式案例教学法富有实效。一是师生间双向、小组间生生多向交流，在辩论中疑惑、似是而非的问题清晰化了，还镜子般照出不足；二是学生通过任务法“做中学”主动学习、探索隐藏在问题背后的专业知识，锻炼了学生独立思考能力，发现问题、分析问题、解决问题的能力；三是案例讨论与案例实训结合，教学技能得到大大的提高；四是教学内容丰富，而又纲举目张；五是提高了学员团队协作意识，互相进步，营造了良好的班级学习氛围。

（3）凸点辐射式案例教学法。所谓“凸点”就是聚焦学生汉语教学中某个难教的语言点，所谓“辐射式”就是选择展示同一个语言点的不同层面的典型教学案例，这些案例授课者辐射面广，有中外学生自身，准教师与优秀教师；类型有成功失败案例；教学目标将理论与实践结合，引领学生对知识深入构建和延展构建，将任务法、问题导入法、中外对比法起来。教学步骤为：①任务驱动法，中外学生课前同时完成老师布置的任务，这个任务切合学生最想解决的实际教学问题，如请学生撰写《汉语教程》第二册下“可以试试吗”一课的教案和“一点儿、有点儿”教学课件。②中外学生同堂分别试课—相互评价—比较讨论，在分析、评价、对比中查缺补漏。③教师点评总结—板书汇集学生出现的教学问题。④观摩多层面的典型案例视频—讨论评价。⑤学生反思，检视自己教学的问题所在，改进教学技能，修改完善教案课件。⑥知识延伸及深度构建—教师通过同一语言点不同层面教学法比较，引领学生探讨如何才能做到教学得法，教师应具备的教学基本功和基本素养。这种案例教学模式的好处：其一中外学生交融互补式案例教学可促使学生换位思考，取长补短，加大教学反思力度深度。其二既有反思案例，又有示范案例；既有自我诊断又有全面会诊，多层面的教学技能展示扩展了学生的视野，开拓了学生的思维。其三，以点带面，让学生举一反三。其四，将离散的知识碎片——准教师语言基本知识和技能、教学能力、教师综合素质三者关系给衔接、统摄、整合起来，并给予动态、正反启发，将第二语言习得理论和学习策略、教学原则等理论通过这个语言难点的案例教学融会贯通起来，取得事半功倍、一箭三雕的教学效果，同时解决课时少容量小的问题。

2. 案例内化实训法

学生从案例教学获得的多为拟态化教学经验，有纸上谈兵之嫌，因此我们不拘于案例讨论，不囿于课堂，而是课内案例讨论与课外案例实训结合，主要展开基于课堂观察的认知训练，基于课堂教学实践的行动训练，基于汉语技能大赛的实力演练。调查显示，93.75%学生认为：“将案例分析与教学实践有效结合有助于案例教学效果的取得。”90%学生认为全案例教学对教学技能大赛、志愿者考试、国际教师证书考试有促进作用。86.25%学生认为：“老师让我们在课堂上试课能有效内化案例教学内容。”同济全案例教学课程教学为每年的3—6月，与国家汉办孔子学院总部的汉语教学大赛、江浙沪汉语教学大赛、志愿者选拔、国际汉语教师面试同步，因此我们将它们融为一体，并与前期的学生课堂教学实践和课堂观察相结合。

3. 分层式案例教学法

由于生源背景多元化、差异化的现实情况，全案例教学就不能一刀切，我们讲求针对性,因生施教。

(1) 临堂带教法。针对有教学经验脱产的学习者。这类学生入校后经过课前短期集中培训和考核后进入学院预科基地、进修班、短期班担任一学期或一学年或几周的初级班汉语教学。学生进入全真情境中教学实战,任课教师作为导师,根据教学拟定学习计划,并常常走进课堂观摩,近距离指导。第二学年进入全案例教学环节,任课教师对这批学生"另眼相待",问题导向及分配的任务高难,并引导学生将实战教学与案例教学拟态经验贯通起来,将实战零碎化知识与案例教学的系统化知识衔接起来,构建起以教师职业能力训练为核心要素的教学体系,培养高水平的汉语国际教师。

(2) 全程诊疗带教法。这种模式针对跨专业的理工类非全日制学生,由于这类学生汉语专业基础十分薄弱,没有对外汉语教学经验,因此单凭课堂的案例教学显然不够,我们首先联合其导师协助,通过汉语要素教学案例的分析和案例实训,补习其专业知识,一点点教授汉语教学基本技能,此外听她们的课堂教学实践,临堂带教,并将这种做法贯穿 1—2 学年,称之为"个案全程带教诊疗法"。这种模式颇有成效,一个机械专业、林业专业的学生通过志愿者考试,外派意大利孔子学院,考取国际汉语教学教师证,读研期间发表专业论文,毕业论文选题与其教学实践结合,如"中意教师合作教学实证研究""意大利孔子学院初级汉语学生汉字偏误研究"。

4. 全程参与式案例教学

将学生置于教学活动的中心,从案例的准备、案例教学的组织、案例教学效果的评价到案例实训的整个过程,学生始终是案例教学的中心,避免讨论流于形式,理解不深入,偏离主题,效果隔靴。

(四) 建立动态多元评估机制

为了提高学生案例准备及讨论的主动性、自觉性、参与的深度性,"国际汉语教学案例分析"这门课的学生总成绩的评定采用综合评估机制,由平时成绩和考试成绩两部分组成,各占一半,总成绩 100 分=考勤 10%+课堂参与表现 30%+课后作业占 10%+期末案例分析笔试 50%。期末考试、课堂表现都有严格的评分标准,课堂表现根据学生发言次数,案例分析能力,是否参与课堂讨论等标准来评定。通过这种激励监督机制，对学生实际能力和综合能力及专业素养进行动态评估。调查显示，87.5%学生认为：“这种评估模式能促使我积极参与案例的准备和课堂讨论。”这种考核是学生主动积极参与案例教学的催化剂和动因，学生如果事先不认真阅读案例，不进行分析和思考，在课堂上就会“露馅”的，可规避沉默者、搭便车者、浑水摸鱼及滥竽充数者，促使学生主动反思、改进及探索。

五、亟待解决的问题

全案例教学不单纯是一种教学模式，而是自上而下的一项系统工程，它的有效性涵盖教学内容的实用性、案例素材的广度深度，案例教学理念和课程体系、师生条件等多维度的系统性改革，以下是亟待解决的问题。

(一) 建立动态、多维、共享案例中心。

由全国 MTCSOL 教育指导委员会牵头，成立案例组织——中国汉语国际教育专业教学案例共享中心，实行会员制，不但致力于国内对外汉语教学案例的研究和开发，还要大力征集挖掘海外国际汉语教学案例，汇集案例成库，会员教师共享，从中选择适用的高质量的案例，保障全案例教学的有效高质。此外，可定期从各校抽调从事案例教学的教师到教师培训基地接受国内外案例方面的专业培训，提高案例授课技巧。

(二) 建立全案例课程配套体系

全案例课程具有综合性，交叉性的特点，它的开展首先需要众多前期课程的支撑，如“汉语要素教学”“汉语技能教学”“第二语言习得”“跨文化交际”“汉语教材与教学资源的利用”等，非全日制 MTCSO 由于总课时及周末授课模式的限制，造成一些支撑课程与案例课在教学顺序安排上及相互衔接不够合理，调查显示 47.5%的学生也认为衔接合理性不够。因此需要成立全案例教学课程组，全案例教学课与其支撑课程的任课教师应合作教学，相互协调、互为呼应、互为补充，避免教学内容的重叠。此外针对非全日制 MTCSO 学生汉语要素（语音、词汇、语法、汉字）基础先天不足的问题，应在一年级增设“现代汉语”等必修课，因此全案例教学课程需要纳入整体课程体系中做合理化安排。

（三）加大案例教学与案例实训的结合力度

增大案例教学与人才培养各环节的粘合度，突显案例实训在各个培养环节的作用，如同济大学提供了非常好的 CSC 预科实践平台，其汉语教学始于每年的九月，可将汉语要素案例教学和预科课堂观察、教学实践同步进行，知识学习和实际结合起来，夯实专业基础。这样学生进入第二学年的全案例教学就有的放矢，学习效果就会大大提高。加大课堂案例教学和课后教学实践的结合度，提高解决学生教学技能，教学问题分析的科学性、敏感性，解决问题的主动性、创新性。此外可定期从各校抽调从事案例教学的教师到教师培训基地接受国内外案例方面的专业培训，提高案例授课技巧。

“一带一路”背景下非汉语专业来华研究生初级公共汉语课程改革初探

姚伟嘉*

一、问题的提出

自 2013 年“一带一路”倡议提出以来，来华留学硕博士研究生的人数稳步增长(表 1)，在全部来华留学生中的占比从 2013 年的 11.39%上升至 2018 年的 17.28%。选择工科、管理、经济、法学等非汉语言专业的国际研究生逐年增多(程伟华等，2020；孙雪飞等，2019)。得益于近年来中国高校对全英文课程的建设，不少专业的研究生可以直接用英语展开学习、实践、科研以及论文写作。因此在招生时，大学对他们的汉语水平并没有做严格要

表 1　2013—2018 年来华留学生、学历生、硕博士研究生数据对比[1]

年份	来华留学生总数	学历生			硕博士研究生		
		人数	占比	增长率	人数	占比	增长率
2013	356 499	147 885	41.48%	10.77%	40 600	11.39%	12.59%
2014	377 054	164 394	43.60%	11.16%	47 990	12.73%	18.20%
2015	397 635	184 799	46.47%	12.41%	53 572	13.47%	11.63%
2016	442 773	209 966	47.42%	13.62%	63 867	14.42%	19.22%
2017	489 200	241 543	49.38%	15.04%	75 759	15.49%	18.62%
2018	492 185	258 122	52.44%	6.86%	85 062	17.28%	12.28%

* 姚伟嘉，同济大学国际文化交流学院助理教授。

[1] 数据来源：根据中华人民共和国教育部政府门户网站(http://www.moe.gov.cn/)资料整理。

求。但当这批学生正式入学，则往往会因语言不通产生诸多不便，出现跨文化交际障碍，影响他们对中国的正确理解与认知。

语言是“民心相通”的关键。对汉语初级水平的来华研究生来说，公共汉语课程能帮助他们融入校园、感知中国，对他们在华科研工作以及未来的职业发展都有重要意义。但目前针对非汉语专业来华研究生初级公共汉语课的研究却非常少。[1] 除了“课程学时不足”“班级规模过大”“师资力量短缺”“教材内容滞后”“教学方法单一”“学生动能不强”等高校公汉课所普遍存在的问题外（雷妤，2016；曹贤文，2017；董天时，2017；刘红，2019），相比本科生，非汉语专业的来华研究生汉语基础更弱、年龄更长、在华时间更短、专业学习及科研压力更强，这都给公共汉语教学带来更大挑战。

2018 年 10 月，教育部印发《来华留学生高等教育质量规范（试行）》（下文简称“50 号令”），明确要求：“以外语为专业教学语言的来华硕博士研究生，在毕业时中文能力应至少达到《国际汉语能力标准》三级水平。”[2]这一要求为高校研究生公共汉语课程的教学指明了方向与目标。

然而，要达到这个目标对初级水平的来华研究生来说绝非易事。第一，由于专业学习都用英语，学生在达到汉语二级水平[3]，满足日常交际需求后，往往安于现状，缺乏继续提升汉语能力的动能。第二，硕士研究生学制一般为 2 年，博士研究生为 3 年，在完成繁重科研任务的同时要确保 1—1.5 个学年的连续系统汉语学习十分困难。[4] 第三，通过 HSK3 级考试是

[1] 现有的公共汉语课程相关研究，主要聚焦于来华进修生、本科生、以及汉语授课的研究生。

[2] 《国际汉语能力标准》的三级对应新汉语水平考试（HSK）的三级、《欧洲语言共同参考框架（CEF）》的 B1，要求学生能理解与日常生活和工作相关的以及在一般交际场合中遇到的基本的语言材料，能就熟悉的话题与他人进行沟通和交流，能对与这些话题相关的基本情况作简单描述。

[3] 《国际汉语能力标准》对二级的能力描述为：能基本理解与个人或日常生活密切相关的熟悉而简单的语言材料。能就常见话题以较简单的方式与他人沟通，介绍自己或他人的基本情况，有时需借助肢体语言或其他手段的帮助。

[4] 根据新 HSK 的介绍，HSK3 级的考试对象为“按每周 2—3 课时进度学习汉语三个学期（一个半学年），掌握 600 个最常用词语和相关语法知识的考生”。同济大学的研究生公共汉语课时安排为硕士每周 4 课时、博士每周 2 课时。若要达到“50 号令”的要求，零起点的硕士研究生需至少 1 学年，博士需至少 1.5 学年。但由于部分专业的学生在华学习时间有限（本次调研中，有 18 名学生在华时间仅有半年，146 名学生在华时间为 1 年），所以培养方案中只要求研究生完成一学期的公共汉语学习即可。

“达到《国际汉语能力标准》三级水平”的量化指标，然而 HSK3 级试卷上的汉字没有拼音注音，[1]这就要求应试者必须掌握汉字。在动能不足、学时不足的情况下，非汉语专业、汉语初级水平的来华研究生很难在 2—3 年内攻克“汉字关”，也就无法在毕业前通过 HSK3 级考试，达到“50 号令”的要求。

为帮助学生达标，高校势必针对上述问题，对现行公共汉语课程，特别是“初级班”的内容与教学模式进行改革、优化。本文将通过对 2017—2020 学年在同济大学修读公共汉语的硕博士研究生的抽样调研，对“一带一路”背景下非汉语言专业来华研究生初级公共汉语的课程改革提出若干建议。

二、公共汉语课前汉语学习情况的抽样调查与分析

1. 基本数据

本研究对 2017—2020 年在同济大学修读公共汉语的 215 名(男：131 人，女：84 人)非汉语言专业全英文授课研究生进行了抽样调研(表 2)。

表 2　抽样调查基本情况[2]

学年	秋季学期		春季学期		总计
	男	女	男	女	
2017—2018			5	10	15
2018—2019	34	18	26	14	92
2019—2020	49	40	17	2	108
总计	83	58	48	26	215

受调研者来自欧洲(94 人)、亚洲(66 人)、非洲(47 人)、北美洲(4 人)、南美洲(4 人)的 53 个国家，有 154 名学生来自“一带一路”沿线国家，占 71.63%。

其中，硕士 164 人(平均年龄 25 岁)，博士 51 人(平均年龄 30 岁)，分别

[1] HSK1 级、2 级试卷上的汉字都有拼音注音。

[2] 笔者从 2017 年春季学期开始本项研究，因此未获得 2017 年秋季学期的修读学生信息，特此说明。

来自23个学院的31个专业。修读人数超过10人的学院有上海国际知识产权学院(39人)、环境科学与工程学院(28人)、建筑与城市规划学院(27人)、土木工程学院(16人)、设计创意学院(15人)、中德学院(15人)、政治与国际关系学院(12人)、交通运输与工程学院(12人)。修读人数超过10人的专业有法学(45人)、环境科学(20人)、设计学(17人)、土木工程(16人)、建筑学(13人)、交通运输工程(12人)、国际关系(12人)。

有46.75%的“一带一路”沿线国家学生选择了同济大学的“双一流”建设学科,[1]这一数字远高于非“一带一路”国家学生的26.63%。可见,同济大学的优势学科对“一带一路”沿线国家的学生有着较强吸引力。这些学生在完成学业后,也都会回到自己祖国参与到“一带一路”的各项建设中。所以,在华期间公共汉语的学习将可能助力他们未来与中国合作者的交流,意义重大。

同济大学的公共汉语有零起点的“初级”和相当于HSK3级水平的“中级”两个级别。对于已有一年以上汉语学习经历的学生,任课教师通常会建议其进入“中级班”学习,但也有学生试听后发现“中级班”教学内容过难,最终选择零起点的“初级班”。[2] 在本次调查中,有一年以上汉语学习经历的学生有59人(27.44%),学汉语不足一年的学生有156人(72.56%)。但最终进入中级班的学生仅38人(17.67%),初级班学生177人(82.33%)。

实践证明,从拼音开始的“初级班”经过一学期的学习,多数学生可通过HSK2级,[3]但由于汉字认读能力不足,学生无法完成3级试卷。可见,初级公共汉语课程的改革迫在眉睫。

---

[1] 根据2017年9月教育部、财政部、国家发展改革委发布的《“双一流”建设学科名单》,同济大学的建筑学、土木工程、测绘科学与技术、环境科学与工程、城乡规划学、风景园林学、艺术与设计等7个学科成为“双一流”建设学科。

[2] 同济大学允许学生试听2周、了解课程内容后完成选课。如果学生认为已掌握所在班级的授课内容,可提交免考勤申请,任课教师将对其进行测试,给出免考勤建议。经学生所在学院审核通过,该生即可不用次次出勤,最后参加考试。本次调研的215名学生中有26人(初级班17人,中级班9人)获得免考勤资格,但所有学生都参加了课程的后半段学习(尤其是考试前的复习课),以确保自己获得更好的成绩。

[3] 2019—2020学年秋季学期末,48名入学时汉语学习时间少于一年的硕士研究生中,有45名自愿参加了一次HSK2级模拟考,42人达到180分,其中13人的成绩超过220分(包括两名入学时零起点的学生)。博士研究生公共汉语课每周仅有2课时,经过一学期的学习要通过HSK2级,难度极大,未安排模拟考。

表 3 “一带一路”沿线国家学生与非“一带一路”沿线国家学生课前汉语学习情况对比

课前学生汉语学习情况	“一带一路”沿线国家学生人数(占比)	非“一带一路”沿线国家学生人数(占比)	总计(占比)
从未学过汉语	84(54.54%)	3(4.92%)	87(40.47%)
有 6 个月以下汉语学习经历	21(13.64%)	20(32.79%)	41(19.06%)
有 6—12 个月汉语学习经历	16(10.39%)	12(19.67%)	28(13.02%)
有 1—2 年汉语学习经历	18(11.69%)	19(31.15%)	37(17.21%)
有 2 年以上汉语学习经历	14(9.09%)	4(6.56%)	18(8.37%)
华裔且汉语为第一语言	1(0.65%)	3(4.92%)	4(1.86%)
总计	154(100%)	61(100%)	215(100%)

2. “课前学生汉语学习情况”与生源国孔子学院建设情况之间的关系

通过表 3,我们可以看到来自“一带一路”沿线国家的研究生在修读公共汉语前有 54.54%从未学过汉语,而非“一带一路”国家的学生绝大多数在修读前都有汉语学习经历,[1]呈现出明显的差异。

在调研中,我们了解到,除 4 名华裔学生外,124 位有汉语学习经历的研究生是通过“孔子学院”(58 人)、“来华留学”(49 人)、“本国大学选修课程”(6 人)、“本国高中选修课程”(6 人)、“自学、家教或其他教育机构”(5 人)等方式学习汉语的。可见,“孔子学院”作为海外汉语国际教育的重要平台,对来华研究生汉语能力的培养起了非常关键的作用。

为进一步探明生源国“孔子学院”建设情况与来华研究生“课前汉语学习情况”之间的关系,我们考察了各生源国孔子学院的数量(表 4),根据各国开设孔子学院数量设置多项分类变量:“无孔子学院按(0)”“仅有 1 家孔子学院(1)”“有 2—10 家孔子学院(2)”“有大于 10 家孔子学院(3)”,进行方差分析,结果如下:[2]

[1] 这 3 名学生中 2 人来自印度,1 人来自厄立特里亚。

[2] 经正态性检验得:自变量“生源国开设孔子学院情况”偏度=−0.794,峰度=−0.245,是可接受的正态分布;因变量“课前学生汉语学习情况”偏度=0.647,峰度=−0.831,是可接受的正态分布。符合方差检验条件。

	生源国开设孔子学院数量				F・	p・
	0(n=12)	1(n=35)	2(n=75)	3(n=93)		
课前学生汉语学习情况(平均值±标准差)	1.00±1.60	1.03±1.48	1.15±1.55	1.78±1.28	4.144	0.007**

* $p<0.05$ ** $p<0.01$

表4　各生源国孔子学院数量一览[1]

"一带一路"沿线国家(45所)						非"一带一路"沿线国家(8所)	
生源国(学生人数)	孔子学院数	生源国(学生人数)	孔子学院数	生源国(学生人数)	孔子学院数	生源国(学生人数)	孔子学院数
俄罗斯(6)	19	斯里兰卡(1)	2	加蓬(1)	1	美国(2)	81
意大利(39)	12	马达加斯加(1)	2	委内瑞拉(2)	1	德国(34)	19
印度尼西亚(1)	8	埃及(7)	2	阿富汗(1)	1	法国(11)	18
巴基斯坦(4)	5	加纳(1)	2	古巴(1)	1	日本(1)	15
马来西亚(3)	5	埃塞俄比亚(13)	2	津巴布韦(3)	1	印度(10)	4
哈萨克斯坦(4)	5	沙特阿拉伯(4)	1	越南(3)	1	厄立特里亚(1)	1
土耳其(2)	4	赞比亚(2)	1	喀麦隆(2)	1	刚果(金)(1)	1
蒙古(9)	3	苏丹(2)	1	拉脱维亚(1)	1	朝鲜(1)	1
希腊(1)	3	卢旺达(1)	1	也门(5)	0		
尼泊尔(5)	2	乌干达(1)	1	格林纳达(1)	0		
柬埔寨(5)	2	巴布亚新几内亚(1)	1	缅甸(1)	0		
坦桑尼亚(3)	2	厄瓜多尔(1)	1	阿尔及利亚(2)	0		
奥地利(1)	2	多哥(3)	1	莱索托(1)	0		
孟加拉国(1)	2	北马其顿(1)	1	土库曼斯坦(1)	0		
老挝(3)	2	冈比亚(1)	1	叙利亚(1)	0		

[1] 数据来源:孔子学院总部、国家汉办官网[EB/OL].[2020-02-18].http://www.hanban.org/confuciousinstitutes/node_10961.htm。

统计结果表明，“生源国开设孔子学院数量”与“课前学生汉语学习情况”显著相关（p=0.007），生源国拥有的孔子学院数量越多，学生在公共汉语开课前平均汉语学习的时间越长。

在本次调查的“一带一路”沿线生源国中，孔子学院数超过10家的只有俄罗斯与意大利，这两国研究生在入学前有汉语学习经验者的比例为66.67%，除此两国外的“一带一路”沿线国家学生入学前学过汉语的人仅占36.70%。而生源国孔子学院数量超过10家的非“一带一路”沿线国家的学生在来华前100%学过汉语。

王建勤（2016）、刘宝存（2019）等都曾指出孔子学院的分布与国家“一带一路”的战略布局不相匹配。对于人口较多、国土面积较大的发展中国家，如果高校汉语教学力量薄弱，依靠仅有的一两所孔子学院显然无法满足本土商贸人士、技术人才以及准备来华留学的高学历者汉语学习的迫切需求。本次调查中，生源国孔子学院数量少于三所的85名学生中，仅有5人是通过孔子学院学习汉语的，由此可见一斑。[1]

3. “课前学生汉语学习情况”与公共汉语初级班期末成绩的关系

重点考察“课前学生汉语学习情况”，是因为通过方差分析，我们确定这一变量与公共汉语初级班学生的成绩显著相关，[2]修读前汉语学习的时间越长，期末成绩越好。

	(初级班)课前学生汉语学习情况						F·	p·
	0 (n=82)	1 (n=35)	2 (n=26)	3 (n=19)	4 (n=1)	5 (n=1)		
成绩(平均值±标准差)	88.27±8.75	91.71±5.34	94.85±4.32	95.53±4.13	99.00	100.00	6.163	0.000**

* p<0.05 ** p<0.01

由于初级班的学习内容和考试内容须“就低不就高”，在标准统一的期

[1] 85人中有24人通过来华留学学习汉语，其中22人来自“一带一路”沿线国家。

[2] 由于2019—2020第二学期修读“公共汉语”的19名初级班学生尚未完成课程，本节只考察已完成课程的164人。初级班学生成绩正态性检验，偏度=−1.445，峰度=2.575，基本可接受为正态分布。“课程开始前学生汉语学习情况”对中级班学生成绩未呈现显示度（p=0.175）。

末考试中，有汉语基础的学生理应能获得更好的成绩。不过从期末成绩散点图，我们也可以看出，即使是零起点的学生，只要努力学习，也能获得优异的成绩。

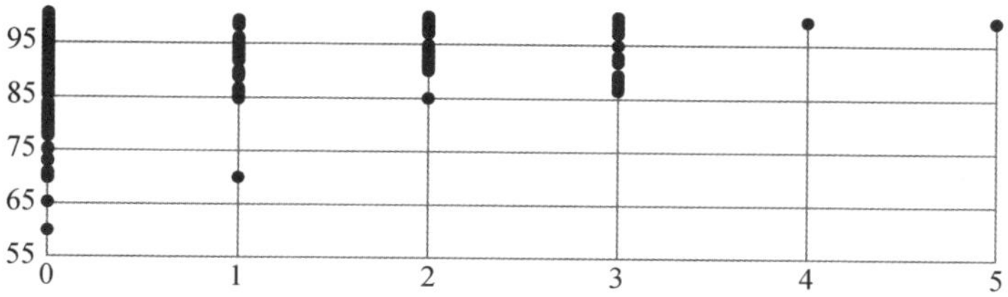

图 1　初级班不同基础学生期末成绩散点

在课后访谈中，零起点的学生普遍对课程非常满意。他们表示，虽然专业课都用英语授课，但如果不懂汉语，就无法很好地使用各种学校设施（如：宿舍、图书馆、实验室、体育馆等），与中国老师、同学以及工作人员的交流也存在很大的障碍。公共汉语课程给了他们巨大的帮助，增强了他们开口说汉语的信心。不过有学生指出，最开始的部分教学进度略快，让他们感到紧张，但差不多一个月左右便逐渐适应了这样的“中国速度”。

而有汉语基础的同学则表示，最开始的语音学习和基本问答单元内容过于简单，出勤收获不大，不出勤又担心影响平时成绩，好在开学一个月后，课堂上出现越来越多与日常生活关系密切的新鲜内容，吸引他们留在了课堂，深入浅出的语法讲解及有针对性的操练更为他们夯实了汉语基础，让他们在各种社交场合与中国人的交流时更加顺畅、得体。

所有学生都表示如果全班在入学前都能具备一定的汉语基础，那么公共汉语课的效果会更好。此外，他们也希望学校能为公共汉语安排更多课时，帮助他们在留学期间达到更高的汉语水平。

三、对公共汉语课程改革的建议

1. 要求汉语零起点的拟录取研究生在入学前完成线上汉语“先修课程”

基于调研，我们认为，即使是全英文授课的非汉语专业来华研究生，入学前也应该具备一定的汉语能力。最好的方式是要求汉语零起点的拟录取研究生在入学前完成汉语"先修课程"。

"先修课程"的教学目标是帮助未系统学习过汉语的零起点学习者达到HSK1 级水平，能大体理解与个人或日常生活密切相关的基础语言材料。在招生公告中就应写明：如果被录取考生的报考申请材料中没有两年内的新HSK 考试合格成绩报告，则报到时必须提交汉语"先修课程"的课程证书。"先修课程"的相关学习指南可随录取通知书一同寄送，并再次强调对于没有 HSK 成绩报告的研究生，汉语"先修课程"的课程证书将作为报到的必要条件，且在入学后会以"听力＋阅读＋口试"的形式测试学习结果，测试不合格者将无法在秋季学期修读公共汉语。以此要求学生严肃对待，认真完成。

由于各国孔子学院建设情况不同，我们可利用"网络孔子学院"已建设好的线上优质资源，确保所有国家的学生都能完成"先修课程"。目前，"全球孔子学院慕课平台"免费提供的《HSK 标准课程 1 级(自主学习模式)》[(*HSK Standard Course Level 1* (*autonomous learning mode*)]便非常合适作为"先修课程"使用。该课程针对零起点学习者，采用英文授课，以《HSK 标准教程 1》为蓝本，共 60 课时，每课时 10 分钟左右，包含生词、语言点、课文的讲解与操练，授课视频可反复观看、自由学习，且每课都配有即时评分的测验。学习记录达标后，即可申请领取网络孔子学院权威认证的实名制课程证书(电子本 + 纸本)。

零起点学生带着"课程证书"前来报到，然后参加由公共汉语任课教师实施的测试。听力、阅读部分难度对标 HSK1 级，口试部分的难度对标HSKK 初级。若有学生测试不合格，教师须了解其在线上学习中遇到的问题，介绍更好的汉语学习方法，助其春季学期前达到 HSK1 级，顺利选课。

相比本科生，研究生通常有更强的学习能力，设置"先修课程"或可缩小零起点学生和有一定汉语学习经历者之间的水平差异，从而解决"初级班"开学第一个月的尴尬，省下课时为学生传授让他们更有获得感的内容。

2. 将公共汉语课程扩容至两个学期或增加周课时数

目前同济大学硕士研究生的公共汉语课每周 4 课时，博士研究生每周仅 2 课时。因为留学生初来乍到，很难马上适应中国的学习、生活，研究生院安排公共汉语从第二周开始正式上课，至第16周结束授课，第17周考试。所以，公共汉语一学期的授课总课时为硕士60课时，博士30课时。即使学生入学时全部已达到HSK1级，一学期以后也不可能达到HSK3级水平。

若要达到"50号令"的要求，势必要增加课时。如保持目前的周课时数不变，则应将公共汉语扩容至两个学期。如受学生在华时间所限，无法在培养方案中要求所有来华研究生完成两学期公共汉语学习，则必须将硕博士公共汉语的周课时数都增至6课时，保证一学期有90课时的授课总课时。如此，辅以系列微课，采用"混合式教学"模式，或有可能在一学期内帮学生攻克HSK3级。

3. 建设"汉字系列微课"提升学生汉字认读、书写能力

李宇明(2013)指出："不掌握汉字的学生，最终可能会放弃汉语。"汉字，也正是目前汉语初级水平来华研究生攻克HSK3级征程中最大的"拦路虎"。然而，在有限的学时里，要兼顾学生的听、说、读、写，几乎是不可能完成的任务。所幸"互联网＋"时代，我们可以利用微课进行"混合式教学"，从而延展课堂。

"先修课程"(《HSK标准课程1级(自主学习模式)》)其实已完成了17个笔画、6个笔顺、7种汉字结构、52个独体字和18个偏旁的学习，每一课的测验中也设计了汉字相关的练习。所以在开学后，可专用一堂课，系统梳理已学内容，加深学生对汉字笔画、笔顺、结构的认识。然后利用微课逐一介绍常用且构字能力强的独体字、偏旁、部件，提高学生根据形旁猜字义，根据声符猜字音的能力。同时，制作已学汉字的笔顺动画，一日一字，推送给学生，让其临写、记忆。如此可避免在课堂上重复操练，还能让学生时时复习，温故知新。

有了这些微课的支持，教师在课堂上将有时间进行更多有意义的操练，并逐步实现"全汉字"板书，促使学生摆脱对拼音的依赖，习惯阅读汉字。此外，在电子设备汉字输入日益便利的当下，教师也应该指导学生学会用拼音法输入汉字，鼓励他们在班级微信群打字"聊天"，为将来的HSK网考，以及科研、工作所需的汉语写作做好准备。

四、结　　语

《中国教育现代化 2035》中提出"开创教育对外开放新格局"的战略任务。在此任务的引领下,高校会加快建设以英语为教学语言的一流专业课程体系,[1]提升国际竞争力。这将吸引更多无法用汉语进行专业学习的硕博士研究生,尤其是"一带一路"沿线国家的优质生源入学。

本文所提出的设置"先修课程"、扩容学时、建设汉字微课等建议,或能缓解高校初级公共汉语课程的教学压力,提高课堂教学效率,帮助汉语初级水平的研究生在毕业前达到《国际汉语能力标准》三级水平,帮助他们更好地感知中国、理解中国。

参考文献

1. 曹贤文.试论大学公共汉语教学的目标、内容和方法[J].对外汉语教学与研究,2017(0):10-16.
2. 陈曦.日本高等教育国际化策略——以"留学生 30 万人计划"为例[J].比较教育研究,2010,32(10):35-39.
3. 程伟华,张海滨,董维春."双一流"战略引领下的来华留学研究生教育发展探析[J].研究生教育研究,2018(3):70-76.
4. 程伟华,张海滨.新时代来华留学研究生教育发展机遇、挑战与思考[J/OL].研究生教育研究:1-7[2020-04-10].https://doi.org/10.19834/j.cnki.yjsjy2011.2020.02.05.
5. 董天时.来华研究生公共汉语课程调查与分析[D].哈尔滨:哈尔滨师范大学,2017.
6. 国家汉语国际推广领导小组办公室.《国际汉语能力标准》[M].北京:外语教学与研究出版社,2007.
7. 雷好.农林院校来华学历留学生公共汉语课教学模式研究[J].河北农业大学学报(农林教育版),2016,18(5):76-80.
8. 李宇明.重视汉字教学——序《汉语国际传播研究理论与方法》[J].汉语国际传播研

[1] 德国、法国、瑞典、日本等本土语言非英语国家的高校也都是通过英文课程吸引全球留学生。参见孙进等(2015)、王婷婷(2019)、陈曦(2010)、王立良等(2006)。

究,2013(1):213-214.

9. 刘宝存,张永军.“一带一路”沿线国家孔子学院发展现状、问题与改革路径[J].西南大学学报(社会科学版),2019,45(2):74-80,196-197.

10. 刘红.浅析来华学历留学生公共汉语课程的教学策略[J].潍坊学院学报,2019,19(3):91-94.

11. 孙进,宁海芹.德国作为留学目的地国之魅力溯源——兼析德国吸引留学生的国际化政策[J].比较教育研究,2015,37(12):1-8.

12. 孙雪飞,苏海红.“一带一路”沿线国家来华留学研究生教育的现状及发展策略研究[J].学位与研究生教育,2019(4):72-77.

13. 王建勤.“一带一路”与汉语传播:历史思考、现实机遇与战略规划[J].语言战略研究,2016,1(2):33-38.

14. 王立良,崔晓敏.北欧五国高等教育国际化探析[J].理工高教研究,2006(6):26-28.

15. 王婷婷.法国高等教育吸引留学生的新战略探析[J].世界教育信息,2019,32(3):17-20, 35.

论句子信息结构的切分与编码

许歆媛*

一、引　言

“信息结构(information structure)”这一概念源于国外。最初把信息理论运用到语言学研究领域的是布拉格学派。1967年，Halliday在《论英语的及物性和主位》一文中正式提出“信息结构”这一术语，即指信息单位(information units)的组织结构。Lambrecht(1994)是Halliday(1967)的扩展和深化，奠定了信息结构的理论基础。他认为语言信息结构跟会话含义无关，它是话语中命题的语用结构的形式表达，其目的在于帮助说话人将其话语的命题意义更有效地传达给听话人。

近年来，有关“信息结构”的研究日益成为语言研究的一个重要领域。目前为止，关于信息结构的研究呈现一个鲜明的特色，就是将信息结构与其他结构进行接口研究，尤其是信息结构和句法结构的接口研究；有的学者还从多个维度对句子信息结构进行考察。虽然信息结构理论构建有了较大进展，但还有很多地方不够完善，因此，本文将尝试在生成语法框架下探讨有关句子信息结构分析的若干问题，并在前人研究的基础上提出一些新的看法。本文主要探讨四方面的内容：话题和焦点的分类问题、话题和焦点的结构位置、句子信息结构的切分方式、句子信息结构的编码原则等。

---

* 许歆媛，同济大学国际文化交流学院助理教授。

二、话题和焦点的分类问题

(一) 焦点的分类

关于焦点的类型,国外学者提到的焦点分类主要有以下几种:从信息的新旧角度把焦点分为介引焦点(presentational focus)和对比焦点(contrastive focus)(Rochemont, 1986; Krifka, 1992);从焦点所实现的句法单位的大小把焦点分为句子焦点、谓语焦点和论元焦点(Lambrecht, 1994);从焦点的语义角度把焦点分为认定焦点(identificational focus)和信息焦点(informational focus)(É. Kiss, 1998; Vallduví & Vilkuna, 1998; Roberts, 1998);从焦点的功能角度把焦点分为心理焦点(psychological focus)、语义焦点(semantics focus)和对比焦点(Gundel, 1999)等。

而国内学者提到的焦点分类主要有以下几种:根据焦点实现的重音形式把焦点分为自然焦点(natural focus)和对比焦点(张黎,1987;方经民,1994);根据焦点所在句子的预设内容以及疑问词在句中的位置把焦点分为常规焦点和对比焦点(方梅,1995;张伯江、方梅,1996);根据背景和焦点的位置关系,以[±突出]和[±对比]两对功能特征为参项把焦点分为自然焦点、对比焦点和话题焦点(刘丹青、徐烈炯,1998);(徐烈炯 2001)进一步提出与句子中焦点敏感算子(focus-sensitive operator)关联的语义焦点;根据听话者对信息的预期程度把焦点分为绝对信息焦点和相对信息焦点(刘鑫民,1995);根据焦点成分是否带标记把焦点分为有标记焦点和无标记焦点(刘鑫民,1995;张斌,1998;陈昌来,2000);根据焦点实现在不同层面把焦点分为结构性焦点、语气性焦点和口气性焦点(范开泰、张亚军,2000);根据焦点所在句子是否脱离语境把焦点分为静态焦点和动态焦点(张豫峰,2002;范晓,2006)等。

此外,还有少数学者主张零焦点分类,认为只有一种焦点。

国外学者代表有 Erteschik-shir、Casielles-Suárez 等。Erteschik-shir (1997) 提出了元语焦点(metalinguistic);Casielles-Suárez(2004) 采纳了

Gundel 的语义焦点，不承认还有其他下位类别。

国内学者代表有潘建华、徐杰等。潘建华(2000)认为，不存在所谓的自然焦点和话题焦点，句子的焦点只有一种，即对比焦点。对比焦点通过语音和标记词两种手段来表现。当句子的话语意义超越字面意义时，句子的焦点不存在。即使句子的话语意义和字面意义相一致，如果句子传达的信息没有特别强调突出的部分，就没有焦点。

徐杰(2001)也认为，焦点只有一类，即说话人基于对语境的判断，有意通过语法手段强调的成分，信息的新旧(针对话题焦点)和背景呈现的不同方式都难以造成焦点性质上的类型对立。

总之，认为焦点只有一种的，强调的是共性；认为焦点有两种或多种的，强调的是共性中的差别，这只是着眼点的不同。认为只有一种焦点的其实也会将焦点分类，如 Casielles-Suárez(2004)提出无标记的最右的焦点和非最右的焦点，这其实就是分类，只是分类角度不同而已(钟小勇 2008)。

在前人对焦点分类的基础上，本文以[±对比]和[±新信息]两对特征为参项把焦点分为两类，信息焦点：[+新信息，−对比]；对比焦点：[±新信息，+对比]。信息焦点又可以细分为自然焦点和离位焦点[1]。本文中的信息焦点，类似于前人文献中的常规焦点；自然焦点、句末焦点、常规焦点、介引焦点、静态焦点等都可归入信息焦点；语义焦点、算子焦点、分裂焦点、否定焦点、疑问焦点、动态焦点等都可归入对比焦点；还有心理焦点，实际上指的是话题。

(二) 话题的分类

鉴于焦点的分类，我们也将给话题(特别是汉语话题)进行重新分类。本文以[±对比]和[±新信息]两对特征为参项把话题分为两类，常规话题：[−新信息，−对比]；对比话题：[−新信息，+对比]。常规话题再细分为悬垂话题(dangling topic，即基础生成的话题)和离位话题(即移位生成的话题)两个次类。

---

[1] 关于这一分类的具体分析，我们将在后文详细阐述。

(1) a. 水果,我最喜欢苹果。

b. 张老师,我认识(他)。

如例(1),a 句中的“水果”是悬垂话题,因为话题后的句子没有论元空位;b 句中的谓词“认识”后面有一个论元空位,很明显,“张老师”是从宾语位置移到主语前面做话题,我们把它叫作“离位话题”。

(2) a. 老潘搞句法学研究,老马搞音系学研究。

b. 在警民论坛区域,台上坐着企业主、群众代表和派出所所长,下面坐着企业代表、辖区群众和派出所民警。

如例(2),a 句中的“老潘”和“老马”是对比话题,“句法学研究”与“音系学研究”是对比焦点;b 句中的“台上”和“下面”是对比话题,“企业主、群众代表和派出所所长”和“企业代表、辖区群众和派出所民警”是对比焦点。一提到对比话题,自然会想到“话题焦点”,本文视它为特例,将在下文详述。

(三) 话题焦点

对于“contrastive topic”这一术语,学界通常将其译为“对比性话题”。在此基础上,刘丹青、徐烈炯(1998)进一步提出了“话题焦点”的概念。接下来,我们就来探讨一下“对比性话题”的含义与特征。

Ward(1988)认为,焦点前置(FP)和话题化是两种相似的方式,具有相同的话语功能,因而可将前置的焦点看作话题焦点(钟小勇 2008)。

Lambrecht(1994)专门将对比焦点和对比话题做了区分,认为可以从韵律表现和形态句法表现两个方面去判断。以下分别是意大利语和法语的例子:

(10) a. IO PAGO. — MOI je PAYE.

b. Pago IO. — C'est MOI qui paye.

如例(10),a 句中带重音的代词 IO 和 MOI 是对比话题,不仅位于动词前,而且必须后跟第二个带重音的成分(即焦点)。b 句中带重音的代词 IO 和 MOI 是对比焦点,不仅位于动词后,而且句中也不再出现其他韵律峰,也就是说,没有第二个带重音的成分(即焦点)。

这两类对比成分同样体现在日语中。Kuno(1972)在谈到日语中的对比性时，指出"contrastive wa"和"exhaustive-listing ga"，就是说，标记词 wa 前成分是对比话题，标记词 ga 前成分是对比焦点。如例(11)，句中的对比话题"oryori-wa"后面跟一个对比焦点"watashi-ga"。

(11) M： Ie，oryori-wa　　watashi-ga　shimasu kara.
　　No　cooking-TOP　　I-NOM　　do　CONJ
　　No， the COOKING，I'll do.

刘丹青、徐烈炯(1998)首次提出"话题焦点"这一概念，认为它在句中不比其他成分突出，但在跟句外成分的对比上，话题焦点有强调作用。并指出，带话题焦点的句子整个表达重心仍在话题后的成分上，这是由话题和述题的信息关系所决定的。还提出，话题焦点同时具有话题性和焦点性，并且常用前置话题焦点标记(如"连")或后置焦点标记(提顿词)来凸显。

话题的性质决定话题焦点的特性：话题焦点不会影响小句的自然焦点和对比焦点的功能；当话题和述题同时构成对比，信息重点在述题上；一般不能省略信息强度更高的述题部分。

(12) a.(老王当过空军个，)老张么，当过海军个。
　　b.(老王当过海军个，)ˋ老张当过海军个。

如例(12)，a 句的预设是老王当过空军，现在谈论另一个人"老张"。与老王不同的是，老张当过海军；并且必须有述题的对比，才能形成对比性的话题焦点。如果述题相同，不构成对比，所形成的就是对比焦点，带对比重音。

因此，a 句中的"老张"是话题焦点，"海军"是对比焦点，因为前后的述题"当过空军个"和"当过海军个"构成对比。b 句中的"老张"只是对比焦点，因为前后的述题"当过海军个"是相同的，不构成对比。

文中还着重区分了话题焦点与对比焦点：

① 话题焦点既不是自然焦点，也不是一般意义上的对比焦点，含有[－突出]和[＋对比]的特征；而一般意义上的对比焦点含有[＋突出]和[＋对比]的特征。

② 话题焦点只能以句外的某个话语成分或认知成分为背景;而对比焦点可以本句中的其他成分为背景。

③ 对比焦点,包括做主语的对比焦点,一般都可以在语境或背景知识的支持下省去句子的其余部分;而话题焦点无论怎样对比也不能省略它后面的部分,因为话题焦点句的句内表达重点就在话题后的某个成分上。

针对"话题焦点",我们有一些疑问,比如"话题焦点"到底是不是焦点?如果是焦点,为什么是[一突出]特征?语义重心为什么只限于话题后面的成分?如果以句外的某个话语成分为背景就能成为焦点,那么任何句子成分似乎都能成为话题焦点。

对于话题能否成为焦点,不同学者有不同的看法。从信息传递的角度来看,话题、述题常常跟已知信息、新信息联系在一起,焦点被看作是述题的一部分,甚至是整个述题,而话题在很大程度上处于与焦点对立的状态。也就是说,话题是句首成分,与述题相对,焦点常在述题部分。但范开泰(1985)指出,信息结构与话语结构并不完全对应。如例(13),尽管"他"在话题位置上,但带了对比重音,就实现为焦点,表示一种对比性的新信息。

(13) 他来了,他的弟弟没有来。

动词前的名词性成分究竟是焦点还是话题?按徐烈炯、刘丹青(1998)的说法,如例(14),a 的"烈性酒"在主话题位置,b 的"烈性酒"在次话题位置;于是采用一个折中办法,把对比性话题称为话题焦点。Molnár (1998)、Gundel (1999) 将它归入对比性焦点。Kiss (1987)、Lambrecht (1994)把它称之为对比性话题。

(14) a. 烈性酒老张不喝。

b. 老张烈性酒不喝。

许多学者对话题焦点提出异议。潘建华(2000)和顾刚(2001)认为,话题和焦点是从不同角度看待句子的,话题是一个(话题的或信息的)出发点,是句子的基本参考点;焦点是与句子所传达最高强度的信息对应的在句法层面的投射。句子的话题和焦点在一定语境中有重合的可能,但不能混淆。徐杰(2001)也指出,"话题焦点"的[一突出]特征已从根本上否定其焦点属性。

面对以上种种疑问，本文将提出一些自己的想法。首先我们赞同 Lambrecht 的做法，把 contrastive topic 译为"对比话题"，仍归入话题的范畴，兼有对比特征。先从字面义上看，"话题焦点"既是话题又是焦点。现在我们尝试用[±焦点]、[±话题]和[±对比]三个特征来分别刻画对比焦点、对比话题和话题焦点，如表 1 所示。

表 1　对比焦点/对比话题/话题焦点的细微差别

	焦点	话题	对比
对比焦点	+	−	+
对比话题	−	+	+
话题焦点	+	+	+

因此，本文认为，"话题焦点"并不能成为一个独立的类，只是一个特例而已；它有[+话题]、[+焦点]、[+对比]的特征，建议取消这一概念，因为它既可以看作"话题中的对比焦点"，也可以看作"带焦点的对比话题"。

我们先看例(15)，a 句"老王、老张"位于句首，充当话题；"北京、上海"是述题部分，充当焦点；由于整个句子是对举形式，述题中的"北京"和"上海"只做对比焦点，"老王"和"老张"只做对比话题。b 句的"张三"和"李四"同样位于句首，因为述题部分"去北京"相同，所以"张三"和"李四"是带焦点的对比话题。c 句是"连……都"句，其中的"王五"是话题中的对比焦点。

(15) a. [老王]去北京，[老张]去上海。

b. 是[张三]去北京，不是[李四]去北京。

c. 他连[王五]都不认识。

根据我们的观点，再重新分析例(16)。比如，a 句的预设是已知老王当过空军，现在谈论另一个人"老张"，他与"老王"不同，他当过海军。其中述题部分不同，因此"海军"是对比焦点，而"老张"只做对比话题。而 b 句的预设是已知老王当过海军，现在谈论另一个人"老张"，其中述题部分相同，"海军"不再是对比焦点。此时"老王"和"老张"就是"话题中的对比焦点"。

(16) a.(老王当过空军个,)老张么,当过海军个。

b.(老王当过海军个,)`老张当过海军个。

三、话题和焦点的结构位置

(一) 话题的结构位置

关于汉语话题在句法结构中的地位,徐烈炯、刘丹青(1998)的基本观点是,汉语作为一种话题优先型语言,话题与主语、宾语有着同等重要的句法地位。从层次分析的角度来看,话题在句子结构层次中占据了一个特定的位置。也就是说,话题既不跟主语合用一个位置,也不跟宾语合用一个位置。同时,他们还给话题下了一个形式化的定义。第一个问题是,话题在句法树上的结构位置是怎样的呢?

话题在句法结构上有主话题(main topic)和次话题(subtopic)之分。主话题是指位于句首的话题,即全句的话题;而次话题则位于主语和动词短语之间。徐烈炯、刘丹青(1998)不仅界定了主话题与次话题在句法树上的具体位置,还界定了话题与话题标记的句法位置。接下来,我们将分别举例说明之。

如例(17),a 句中的"烈性酒"是主话题,即位于 TP 以外的话题;b 句中的"烈性酒"是次话题,即位于 TP 以内的话题。又如例(18),"这种人"是话题,占据话题标志语(Spec)位置;"啊"是话题标记(marker),占据话题中心语(Topic)位置[1]。

(17) a. 烈性酒,我从来不喝。

b. 我烈性酒从来不喝。

(18) 这种人啊,我可不喜欢。

第二个问题是,话题这些具体的结构位置又是如何形成的?是不是由充当话题的成分通过移位形成的?

20 世纪 80 年代初,汉语话题结构的移位问题曾在生成语法领域内引起

[1] 关于话题与话题标记的句法位置的详细讨论,可参阅徐烈炯、刘丹青(1998)。

较大分歧。一方以 Huang(1982)为代表,认为话题结构由移位产生,汉语话题结构和英语疑问结构一样遵守孤岛条件;另一方以 Xu & Langendoen (1985)为代表,认为话题结构在语法的基础部分产生,而非移位以后派生。他们认为,汉语的话题结构并不服从孤岛条件,并找到了一些反例,例如:

(19) a. <u>这本书</u>,读过[ ]的人不多。

b. <u>这么顽皮的孩子</u>,我找不到愿意收养[ ]的人。

潘海华(2013)主张,汉语不仅有英语式话题(English-style topic);也有不与述题中空语类或代词共指(co-reference)的汉语式话题(Chinese-style topic),还可称作悬垂话题,或者基础生成话题(basic-generated topic)。本文认可并采纳这一做法。也就意味着,汉语话题的生成方式大致包括两种,一种是由移位生成,一种是基础生成;它们都应该落在[Spec, TopP]位置上,并且都位于 TP 短语之上。

(二) 焦点的结构位置

Kiss(1995)把语言分成话语概念结构化语言和非话语概念结构化语言,再把话语概念结构化语言分为 A 型话题概念结构化语言、B 型焦点概念结构化语言以及 AB 型话题和焦点概念均结构化的语言。徐烈炯(2002)认为,汉语属于 A 型话题概念结构化语言;因为汉语主要用焦点标记“是”和语音手段来标示对比焦点,并没有把对比焦点结构化,所以不是 B 型焦点概念结构化语言;但汉语在一定程度上把信息焦点结构化了。也就是说,汉语中对比焦点的结构位置[1]比较灵活,而信息焦点的结构位置则相对固定,因此,本文就从形式角度来重点探讨信息焦点的结构位置。

早先没有焦点的概念,吕叔湘(1985)在谈到汉语句法的灵活性时指出,“一头一尾是句子里的重点位置”,起强调作用,吕先生只提表达重点。

Vallduví(1992)认为,焦点成分总是留在原位(即 VP 之内),非焦点成分全都移位到右置结构,不影响句子的真值条件。这个分析只适用于分裂句焦点的解释,如果把信息焦点留在原位,非焦点成分都移位到右置结构,

[1] 匈牙利语中的对比焦点有固定的结构位置,必须移入动词之前特定的焦点位置。(É. Kiss, 1998)

其后果将无法想象。另外,从技术层面来说,也是有问题的,根本无法满足移位的限制,因为只有构成成分(constituent)才有资格发生移位。

Cinque(1993)主张用语言中嵌套的方向性来说明重音的位置,认为调核重音落在一个语言中递归的分枝方向内嵌最深的成分上,即对于英语这样的中心语居先的语言来说,落在最右边的成分上。进一步指出常规的焦点位置是递归方向内嵌最深的位置(most deeply embedded position on the recursive side of branching)。

方经民(1994)认为,焦点实际上是整个信息结构中语义重心的重心,焦点通常由全句的语调核心显示。在正常语调中,全句的语调核心落在句尾,因此信息结构的焦点也在句尾。尾焦点是人类语言的共性之一。

徐烈炯(2001)已提到,信息焦点后置规律的重要性似乎没有引起充分注意。由此看来,徐先生已注意到信息焦点的后置规律,但并未明确指出它的句法位置。徐烈炯(2002)通过考察句首的名词性成分、主语和动词之间的名词性成分和动词之后的名词性成分,他指出句首位置是话题位置,主语和动词之间的位置也是话题位置,而非对比焦点的位置,动词之后的位置则是信息焦点的位置。Xu(2004)又提出汉语中的信息焦点有一个默认的固定的句法位置,并吸收 Cinque 的观点,认为这个具体位置就是在递归方向上内嵌最深的那个句法位置;一旦焦点成分落在该位置上,就不需要重音来帮助实现,这也遵循了语用的经济原则。与此同时,他还提出汉语中的对比焦点就没有一个特定的结构位置。

潘海华、韩景泉(2008)在生成语法框架下探讨汉语保留宾语结构的生成机制时,提出两个基本观点:①动词前的非论元名词组是句子中基础生成的话题;②动词后的论元名词组是嫁接在 TP 之上的外置成分,也就是说,客体论元名词组是通过右向移位从常规主语位置移到了右边的句末位置,这种把一个成分向右移离它的常规位置的句法操作称为“外置”。并指出,外置移位是受到信息结构的驱动,因为右向移位可以帮助句子生成一个句末焦点(end focus)。

Xu(2004)、钟小勇(2008)等国内学者都接纳了 Cinque(1993)的观点,认为句子重音的位置往往就是焦点,即信息焦点是在句法树递归方向内嵌最深的位置上实现的。Yao(2012)也认为,无定 NP 只有在 VP 之下内嵌最深的位置时,才被解读为非预设成分。而潘海华、韩景泉(2008)则有不同的看法,认为右向(rightward)移位可以帮助句子生成一个句末焦点。我们可以将其进一步理解为,信息焦点的结构位置并非是句法树递归方向上内嵌最深的位置,而是嫁接在 TP 之上的一个右向外置结构。

综观前人研究,目前学界关于焦点的结构位置,主要持两种观点:一种是非移位说,认为焦点留在原位就能自动实现,以徐烈炯为代表;一种是移位说,认为焦点必须通过移位实现,以潘海华为代表。我们认为两种观点都有一定的合理性,能有效地解释一部分句式。本文将在继承和吸收两种观点的基础上,进一步就汉语中信息焦点的结构位置提出新的看法:

第一,我们根据构成成分在句法树上占据的位置来划分,可以分为两种,一种成分是在句法树递归方向内嵌最深的位置(如[Compl, VP]位置)上,被叫作自然成分;另一种成分是在除内嵌最深的位置以外的其他句法位置上,被叫作离位成分。

第二,信息焦点实际上有两个可供选择的结构位置。一个结构位置是在句法树递归方向内嵌最深的那个位置(Cinque, 1993; Xu, 2004);另一个结构位置是嫁接在 TP 之上的右向外置结构,即[Spec, FocP]位置。

第三,如果离位成分要实现为信息焦点,就必须右向移位到 TP 之上的[Spec, FocP]位置,成为离位焦点。而自然成分要实现为信息焦点,则不需要发生移位,直接在原位被默认为自然焦点。由此可知,信息焦点的生成方式跟话题一致,也可以划分为两类:一类是基础生成的“自然焦点”,一类是移位生成的“离位焦点”。二者的主要区别在于,自然成分在原位默认为信息焦点之后,它在线性结构序列上仍是一个句末成分;而离位成分右向上移到[Spec, FocP]位置之后,它在线性结构序列上是由一个非句末成分变为一个句末成分。

四、句子信息结构的切分方式

一个句子的信息结构该如何切分呢?综观前人研究,目前学界主要有五种切分方式，比如“主位-述位”结构（Theme-Rheme）（Ammann，1928；Mathesius，1929）、“话题-说明”结构（Topic-Comment）（Gabelenz，1869；Reinhart，1982）、“焦点-预设/背景”结构（Focus-Presupposition/Background）（Chomsky，1971；Jackendoff，1972）、“话题-焦点”结构（Topic-Focus）（Hajičová，1983；Erteschik-shir，1997）、“算子-限定词-核心域”结构（Operator-Restrictor-Nuclear scope）（Partee，1999），等等。接下来，我们就具体来谈这几种句子信息结构的切分方式。

（一）“主位-述位”结构

Ammann(1928)认为，一个句子就是一条信息，同时引入了一对新术语：主位-述位，用来描述由句子所传递的信息的结构。还指出话语的心理结构和句子的语法结构并不总是一致的，倒是句子信息的“主位-述位”结构决定了语法结构中的“主语-谓语”结构（Heusinger 1999）。

Mathesius(1929)提出“功能句子观”，更详细地阐述了信息论的观点，描写捷克语和其他斯拉夫语言的词序现象时所使用的框架是“主位-述位”结构，并指出主位“是话语的出发点”，“是所谈论的对象”，“是已知信息”，述位“是话语的核心”，“是说话人对主位要讲的话，或与主位有关的话”。从此，“主位结构”取代“思想运动”和“心理结构”，成为语言信息结构研究的主流。

Mathesius 采用句首性（sentence-initialness）、相关性（aboutness）以及信息状态（informational status，即信息量）三种标准界定主位，他更强调后两种标准。选择不同的标准就会对主位有不同的认识，如 Firbas 主位和 Halliday 主位。

Firbas 主位采用的是信息量标准。Firbas(1964)提出，因为句中各成分的“交际动力”（communicative dynamism）大小各不相同，所以形成一个连续统，主位是“由句中负载最小交际力的句子成分充当”，即句中信息量最小的部分。Halliday(1967)提出，主位是“谈论的对象”“小句信息的出发点”“出现在小句句首的成分”，如例(20)，主位应该是“John，Yesterday，The play”。

Halliday 主位首先采用句首性标准，其次是相关性标准，基本忽略信息量标准,他的主位思想后来成为"主位-述位"切分的代表。

(20) a. John ‖ saw the play yesterday.

b. Yesterday ‖ John saw the play.

c. The play ‖ John saw yesterday.

(二)"话题-说明"结构

"话题"(topic)最早是由 Mathesius(1915)在论述相关性的概念时提出的。根据相关性标准把句子分为两个部分:话题(即说话人的谈论对象)与就此话题所谈论的内容。Hajičová(1983)根据 Mathesius 对主位的界定,认为话题只是主位的特例,可称为"话题主位"。Hockett(1958)在相关性概念的基础上,进一步把句子结构切分为话题和说明(TC),即说话人先宣布一个话题,然后对它做出陈述说明;反映一段言语在一定语境中以一确定对象为基础进行信息传输的心理模式;说话人从语境中选取一确定事物作为评述的中心或出发点,展开评述,完成言语交际。

有些学者把"话题-说明"结构简单等同于"主位-述位"结构,其实不然,"主位-述位"结构只是从语句的线性排列和韵律特征出发,反映语句各成分信息分布的一般格局;说话人根据话语结构、语气和交际需要选定说话的起点成分,再展开剩余部分,最后构成一个完整的信息单位。例如:(摘自尹丕安,2004)

(21) Q:What about the Dayan Pagoda?(T:话题,Th:主位)

A1:The Dayan Pagoda is really unique.

T,Th

A2:I prefer the Dayan Pagoda very much.

Th T

(三)"焦点-预设/背景"结构

预设(presupposition)是由语用学和语义学从逻辑学中引入的术语,这一概念的源头仍然是 Halliday(1967)。

Halliday 关于焦点的论述被生成语法所吸收,Chomsky(1971)在讨论深层结构和表层结构与句子语义解释的关系时认为,句子的语义表达应该分为预设与焦点两个部分。Jackendoff(1972)在 Chomsky 的基础上提出,句子的信息结构按照预设-焦点进行切分。预设指的是“说话人假定句子中他和听话人共享的那部分信息”,那些非共享信息就是焦点,即提供新信息的部分,在意义上构成话语的“断言”,在语音上重读。Jackendoff 还进一步用形式化语言来刻画句子的焦点结构,预设就是用语义变量 x 替换焦点成分所得到的命题,用函数表示为 Presupps(x),那么预设集的莱姆答抽象式则为 λx. Presupps(x);而且,句子的焦点是相应预设集的成员,即 Focus∈λx Presupps(x),如例(22)。

(22) 猪八戒喜欢[嫦娥姐姐]$_F$。

预设:猪八戒喜欢某个人(x)

焦点:x=嫦娥姐姐 & 嫦娥姐姐∈λx.猪八戒喜欢某个人(x)

从此,“预设-焦点”二分结构大大地推动了语言信息结构的形式化研究。但是并非所有句子都有预设,没有新信息或者全句是新信息的句子就没有预设。如例(23),A 中全句是新信息,无预设,显然无法切分成“预设-焦点”结构。

(23) Q:发生了什么事?

A:张三打了李四。

还有一些学者认为,与焦点相对的成分是“背景”。沈家煊(1999)提出,“注意的焦点不同会得到不同的认知结果”,这种差别有时属于“图形与背景的差别”。例如“他没有被谋杀,只是自杀”,其中“被谋杀”有两个衍推义,一是“被杀死了”,二是“杀害是非法的”;该例句表明了说话人是以“被杀死了”为“背景”,否定的焦点为“杀害是非法的”这一“图形”。

刘丹青、徐烈炯(1998)更明确地指出,跟焦点相对的内容在语言学上叫“背景”。背景可以分为两类:一类是本小句中焦点以外的部分,另一类是在上下文或共享知识中的某个对象或某项内容。以前者为背景时,焦点的性质表现为“突出”;以后者为背景时,焦点的性质表现为“对比”。再根据这两对功能特征,将焦点分为自然焦点、对比焦点和话题焦点三大类。

(四)“话题-焦点”结构

Mathesius(1915)根据相关性标准将句子切分为两部分:话题(即说话人谈论的对象)与就该话题所谈论的内容。Hockett(1958)在此基础上加入了句首性要求,进一步提出了“话题-说明”的切分方式。

20世纪50年代以后,新布拉格学派在Mathesius的话题概念和Halliday的焦点概念基础上,就信息结构提出了“话题-焦点”二分结构,把句子分为话题和焦点两部分,受语境约束的是话题,不受语境约束的则是焦点,如例(24)。

(24) [面包]$_T$ 我喜欢[85 ℃这个牌子]$_F$。

Erteschik-shir则采用并完善了Reinhart(1981)“档案卡更新语义学”(file card update semantics)中的档案卡隐喻说,认为交际双方的共知语境(common ground)是一个档案系统,这个档案系统里有一套带索引标题的档案卡,代表已经存在的话语所指对象。按照档案卡隐喻说,话题是处在档案上层的卡片,焦点则是说话人通过话语要引导听话人开出并且放到档案的上层的新卡片。任何句子都有话题。如果整个句子做焦点,就由特定的时-空成分做话题,因而所有句子都可切分为“话题-焦点”结构。

(五)“算子-限定词-核心域”结构

这一切分方法来自形式学派的研究。焦点三分结构(tripartite structure)最早见于Kamp(1981)和Heim(1982),主要是为了处理量化和回指词的问题,其中量化现象包括限定词量化(determiner quantification)和修饰语量化(adverbial quantification),Heim(1982)认为二者都属于量化现象,语义层面上有共同点,可用统一的语义表达式,就提出了三分结构,即算子(operator)、限定部分(restrictor)和核心部分(nuclear scope)。例如:(摘自李宝伦、潘海华,2005)

(25) a. Mary always took [John]$_F$ to the movies.

b. Mary always took John to [the movies]$_F$.

(26) a. ALWAYS (Mary took x to the movies) (x=John)

算子 限定部分 核心部分

b. ALWAYS (Mary took John to x) (x=the movies)

算子 限定部分 核心部分

Partee(1999)把这一理念应用到焦点话题上,认为话题(或背景)会被映射到限定部分上,而焦点会被映射到核心部分上。如果句内存在焦点敏感算子的话,语义焦点[1]在焦点敏感算子的激发下,会引出一个三分结构。该句子便会被划分成焦点敏感算子(focus sensitive operator)、焦点(focus)和背景(background)三部分,例如(27)。他还提出,焦点位置是决定三分结构的一个重要因素,焦点位置的不同,会影响这个三分结构的组成,并形成不同的语义解释。

(27) a. ALWAYS (Mary took x to the movies) (x = John)

焦点敏感算子 背景 焦点

b. ALWAYS (Mary took John to x) (x = the movies)

焦点敏感算子 背景 焦点

综观前人研究,本文尝试提出一个新的句子信息结构的切分模式,其实,句子的信息结构是有层次的,并不是通过一步切分到位的。也就是说,如果要切分一个句子的信息结构,首先应遵循"先切出话题,再切出焦点"的顺序,需要两刀才能完成。如下表所示,第一刀,先分析句子的话题结构,将整个句子切分为"话题-说明"(topic-comment)二分结构,提取出话题;第二刀,分析句子的焦点结构,分别将话题部分、说明部分切分为"焦点-背景"(focus-background)二分结构,提取出焦点;但为了便于分析,我们认为,可以把句子的说明部分的背景和整个话题部分统统合并为句子的预设部分(presupposition)。

[1] Gundel(1999)的语义焦点,与焦点敏感算子或焦点副词相关联,会影响句子语义的真值条件。也就是 Jackendoff (1972)的"焦点关联"(association with focus),即指像"even、only"之类的词语将表层结构上的一组节点确定为一个辖域,这组节点与该词语之间有着特定的结构关系,从而构成焦点关联。

<table>
<tr><td>第一刀</td><td colspan="2">话题 topic</td><td colspan="2">说明 comment</td></tr>
<tr><td rowspan="2">第二刀[1]</td><td>(背景)</td><td>(焦点)</td><td>背景
background</td><td rowspan="2">焦点
focus</td></tr>
<tr><td colspan="3">预设 presupposition</td></tr>
</table>

五、句子信息结构的编码原则

一个句子的信息结构又该如何编码呢?综观前人研究,我们大致总结了六个信息编码原则,比如句末焦点原则(Quirk, et al., 1985)、轻主语限制(Chafe, 1994;方梅,2005)、线性增量原则(Bolinger, 1977;沈家煊,1999;方梅,2005)、单一新信息限制(Chafe, 1987)、单一常规焦点原则(曹道根,2014)、VP主语移位条件与信息和谐条件(胡建华,2008;孙天琦、潘海华,2012)等;我们在此基础上,又补充了TP主语移位原则、离位焦点优先实现原则等。

(一) 句末焦点原则

句末焦点原则(the principle of end-focus)是由语言学家R. Quirk等人提出来的,他们认为,制约句子内部安排的因素之一就是句末焦点原则,即把要传达的最重要的信息放在句末,帮助听话人克服人类有限的记忆空间(Miller.的7+2理论)。由于句子的信息编码往往遵循从旧到新的原则,越靠近句末的信息内容就越新。

语言中有句末焦点原则,并不是说任何句尾成分都是焦点,也不是说只要是焦点都必须搁在句末,因为除了语序之外语言里还有其他突出焦点的手段,例如逻辑重音、对比重音、词汇手段(如“只”“是”)和强调句型(it is ... that)等。此外,句末焦点原则还常常因为受到句法结构的限制而无法实现。比如英语中,带不定冠词或零冠词的主语,尽管表示新信息却常放在句首。有时候,句末焦点原则还跟尾重原则(the principle of end-weight)发生冲突。

[1] 在进行句子信息结构的第二刀切分时,主要是将句子的说明部分切分成“焦点-背景”结构;如果句子的话题部分以短语或小句形式出现,也可以将其做同样地切分。

尾重原则是指把长而复杂的句子成分放在句尾的原则。有些成分之所以后移，并不是因为它们代表新信息，而是因为太长太复杂，如果不后移，句子就显得头重脚轻。再比如，说话人由于情绪激动或时间紧迫，选择先说主要信息，然后再补上次要信息。尽管如此，句末焦点原则总体上还是书面语的一个基本规律。

（二）轻主语限制

轻主语限制，是指句子的主语通常倾向于一个轻形式。就名词性成分来说，轻形式也是一个连续的概念，代词相对较轻，关系从句则相对较重。以下就是一个由轻到重的等级序列：代词＞光杆名词＞代词/指示词＋名词＞限制性定语＋名词＞修饰性定语＋名词＞关系从句。其实，这与英语的尾重原则异曲同工，即为了避免产生头重脚轻、结构不平衡的句子，所以就会把句中最复杂的成分放在句尾以保持句子的平衡。

（三）线性增量原则

对一个陈述形式而言，无标记模式是从旧信息流向新信息。从句法上看，主语以旧信息为常，宾语以新信息为常。Bolinger 把这种倾向概括为线性增量原则，是指说话的自然顺序要从旧信息说到新信息。随着句子推进，线性序列中靠后的成分比靠前的成分提供更多的新信息。例如：（摘自沈家煊，1999）

（28）a. *他们一看就懂上面两段古文

　　　b. 上面两段古文他们一看就懂

（29）a. *一个储蓄所走进一个老头

　　　b. 储蓄所走进一个老头

又如例（30），第一句用动词“有”在句末引出新信息“山”，而随着句子的推进，“山”在下一句中逐渐沦为旧信息，同时在句末又引出新信息“庙”，同样随着句子的推进，“庙”在下一句沦为旧信息，同时句末又引出新信息“老和尚”，以此类推。可见，例（30）就是极好的例子，是最能诠释线性增量原则的经典例句。如果换成（31），整个句子就会变得异常拗口，让人难以接受。

(30) 从前有座山，山上有座庙，庙里有个老和尚，老和尚在给小和尚讲故事。老和尚说：“……”

(31) *从前有座山，有座庙在山上，有个老和尚在庙里，小和尚在听老和尚讲故事。老和尚说：“……”

(四) 单一新信息限制

在自然的言谈中，连续的话语不是由一连串不可分割的言语序列构成的，人们的谈话实际上是由一连串在韵律上有规律可循的语言片断构成的。语调单位(intonation unit, IU)就是任何一个自然语调框架内所发出的言语串，是一个相对独立的韵律单位，同时也是一个基本的表达单位。语调单位所承载的信息容量和信息状态，反映了大脑处理信息的过程，是思维过程的外在表现。Chafe(1987)的研究表明，一个语调单位所能传达的新信息通常不超过一个，即“一次一个新信息”，这就是单一新信息限制(one-new-concept constraint)。

单一新信息限制可以用来说明小句内新信息的容量。因为每个语调单位的新信息一般不超过一个，如果说话人要传达两个或更多的新信息，就会另起一个表述单元，而不倾向采用结构复杂的长定语。例如：(摘自方梅，2005)

(32) a. 我刚买了辆车，日本原装进口的，越野，今年最流行的款式。

b. ？我刚买了辆日本原装进口的今年最流行款式的越野车。

Du Bois 认识到，一个小句内部倾向于只出现一个真正的名词形式的题元。这种“一次一个词汇题元”的格局是高频的小句题元结构，Du Bois 将它命名为“偏爱的题元结构”(preferred argument structure)。由于每次所能传达新信息的量都受到一定限制，所以两个或多个词汇题元出现在同一个语调单位内部的情形极为少见。此结论可看作对单一新信息限制的句法诠释。

(五) 单一信息焦点原则

曹道根(2014)在分析汉语含结果性成分小句的基础上，将单一新信息限制发展为单一常规焦点原则。小句中单一常规焦点通常为非预设且接受常规重音的句末成分。句末宾语成分若为话语预设成分，则发生宾语去重读及默认重读现象，普通重音转移至结果性成分之上，结果性成分为唯一常规焦点；若结果性成分也轻读，则普通重音转移至核心动词之上，谓语动词为唯一常规焦点。也就是说，一个句子里有且只有一个常规焦点[1]。为了便于统一理解，本文将该原则重新命名为“单一信息焦点原则”。

（六）信息和谐原则

胡建华(2008)指出，汉语动词句子的信息分拣以动词为基点，动词前的成分具有话题性，呈现旧信息；动词和动词后的成分作为述题，引入新信息。并在此基础上，把句法结构和信息结构接口的条件总结为“一个句法成分被句法结构指派的特征要与信息结构对其作为信息载体进行信息分拣时所指派的解读保持和谐对应”。孙天琦、潘海华(2012)将这一限制条件命名为“信息和谐条件”。为了统一名称，我们将其命名为“信息和谐原则”。

（七）TP 主语移位原则

胡建华(2008)在论及句法和信息结构接口限制时，提出了两个限制条件，一是定指 VP 主语的移位条件，二是句法结构和信息结构的接口条件。第二个限制条件已在前文做了具体地说明。现在来看定指 VP 主语的移位条件，即具有[+D[2]]特征的 VP 主语须向 TP 主语位置移位。

我们深受启发，由此提出进一步的假设，首先假定 VP 主语位置、VP 宾语位置和 TP 主语位置都没有指称的限制，只有[Spec, TopP]位置和[Spec, FocP]位置有指称的限制；如果某成分进入[Spec, TopP]位置，将被指派[+D]特征，成为话题；如果某成分进入[Spec, FocP]位置，将被指派[-D]特征，成为离位焦点。如图 1 所示，如果[Spec, TopP]位置

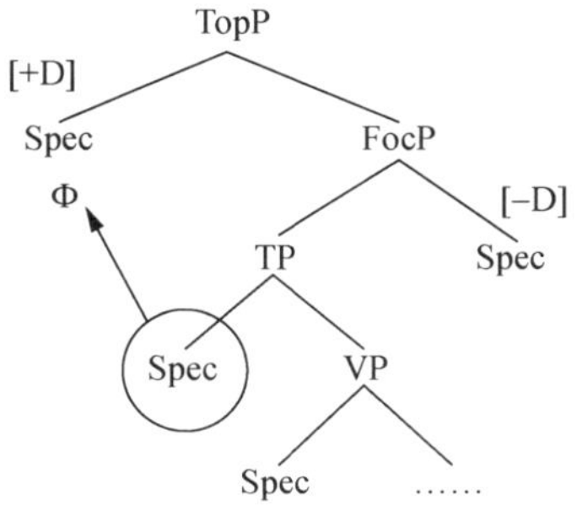

图 1　TP 主语移位原则示意图

[1] 这里的“常规焦点”，相当于本文的“信息焦点”。
[2] D，是 definite 的开头字母，表示定指。

为空，带[+D]特征的TP主语必须向[Spec, TopP]位置移位，实现为话题。我们将这一规则命名为“TP主语移位原则”。

(八) 离位焦点优先实现原则

首先，我们在前文已提到两个术语，一是“自然成分”，即指在句法树递归方向上内嵌最深的句法成分；二是“离位成分”，即指不是句法树递归方向上内嵌最深的句法成分，与自然成分相对。如果离位成分要实现为信息焦点，势必抢先一步，右向上移到TP之上的[Spec, FocP]位置，成为“离位焦点”；此时自然成分被迫沦为背景信息。如果离位成分不实现为焦点(即[Spec, FocP]位置为空)，那么自然成分就在原位被直接默认为信息焦点，成为“自然焦点”。这都是受到“单一信息焦点原则”的影响，自然焦点和离位焦点必须实现其一，但二者不能在同一个句子中共现。我们将此规则命名为“离位焦点优先实现原则”，并举例说明之。

(33) a. 他送给我一朵花。

b. 他送一朵花给我。

如例(33)，a句和b句都是双宾结构，所以基础生成式应处理成VP-Shell结构，即一个小vP短语套叠一个大VP短语。其中主语“他”占据小vP的标志语位置；“一朵花”占据大VP的标志语位置(即离位成分)；而介词短语“给我”占据大VP的补足语位置，是句法树递归方向上内嵌最深的成分(即自然成分)。

如果离位成分“一朵花”要成为信息焦点，就将右向上移到[Spec, FocP]位置，实现为离位焦点；此时，自然成分“给我”沦为相应的背景信息，如a句。如果离位成分“一朵花”不成为焦点(即[Spec, FocP]位置为空)，那么，自然成分“给我”就在原位被直接默认为自然焦点，如b句。

六、结　　语

本文对有关句子信息结构分析的一些问题进行了深入考察，并在前人研究的基础上提出了一些新的看法。首先，我们将焦点和话题进行了重新分类。我们以[±对比]和[±新信息]两对特征为参项把焦点分为两类，信息焦点：[+新信息，-对比]；对比焦点：[±新信息，+对比]；再把信息焦点细分为自然焦点和离位焦点。又以[±对比]和[±新信息]两对特征为参项把话题也分为两类，常规话题：[-新信息，-对比]；对比话题：[-新信息，+对比]；再把常规话题细分为悬垂话题和离位话题。

其次，我们明确了话题和焦点在句法树上的结构位置。本文认为，话题无论是移位生成还是基础生成，最终都要落在TP之上的[Spec，TopP]位置；而信息焦点有两个可供选择的结构位置，一个是句法树上递归方向内嵌最深的位置，另一个是嫁接在TP之上的右向外置结构的[Spec，FocP]位置。此外，我们提出一个新的信息结构切分模式，遵循"先切出话题，再切出焦点"的顺序，由两刀完成。

最后，还总结了句末焦点原则、轻主语限制、线性增量原则、单一新信息限制、单一常规焦点原则、VP主语移位条件、信息和谐条件等六个编码原则，并在此基础上补充了TP主语移位原则、离位焦点优先实现原则等。

此外，汉语是一种缺乏丰富的形态变化的语言，所以通过调整语序获得不同的语义解读是汉语重要的语法手段之一。而信息结构的研究关注的往往就是那些有特殊话语功能的特殊句型(Lambrecht，1994)。其实，信息结构对句子的语序起着不容忽视的影响甚至决定作用。目前国内已有一些学者尝试用信息结构理论去解释部分汉语句式，并取得一定成效，这是非常值得借鉴的。我们将在下一步的研究中，重点关注那些现代汉语中非常规语序的句式，力求从信息结构的角度寻找突破口，以更好地统一诠释汉语特殊句式的生成机制。

参考文献

1. Bolinger D. Meaning and form[M]. London: Longman, 1977.
2. Casielles-Suárez E. The Syntax-information structure interface [M]. London: Routledge, 2004.
3. Chafe W. Cognitive constraints on information flow [A]. R. Tomlin (ed.), Coherence and Grounding in discourse [C]. Amsterdam: John Benjamins, 1987:21-51.

4. Chafe W. Givenness. contrastiveness, definiteness, subjects, topics, and point of view [A]. Li C (eds.). Subject and Topic[C]. New York: Academic Press, 1976: 25-55.

5. Cinque, Guglielmo. A null theory of phrase and compound stress [J]. Linguistic Inquiry, 1993(24): 239-298

6. Enric Vallduví. The Informational Component [D]. The University of Pennsylvania, 1990.

7. Erteschik-shir N. Information Structure: the syntax-discourse interface [M]. New York: Oxford University Press, 2007.

8. Erteschik-shir N. The Dynamics of Focus Structure [M]. Cambridge: Cambridge University Press, 1997.

9. Fibas J. On defining the theme in functional sentence perspective [J]. Travaux Linguistiques de Prague, 1964 (1): 267-280.

10. Gundel JK. On different kinds of focus [J]. Focus: Linguistic, cognitive, and computational perspectives, 1999: 293-305.

11. Halliday M.A.K. Notes on transitivity and theme in English (Part 2) [J]. Journal of Linguistics, 1967(3): 199-244.

12. Heim I. The Semantics of Definite and Indefinite Noun Phrases [D]. University of Massachusetts, 1982.

13. Huang C. T. Logical Relations in Chinese and the Theory of Grammar [D]. MIT, 1982.

14. Jackendoff R. Semantic Interpretation in Generative Grammar [M]. Cambridge: MIT Press, 1972.

15. Kiss K. É. Identificational focus versus information focus [J]. Language, 1998: 245-273.

16. Lambrecht K. Information Structure and Sentence Form: Topic, focus, and the mental representations of discourse referents [M]. Cambridge: Cambridge University Press, 1994.

17. Krifka M. & Musan R. Information structure: Overview and linguistic issues [J]. The expression of information structure, 2012: 1-43.

18. Krifka M. Basic Notions of Information Structure [J]. Acta Linguistica Hungarica,

2008(3): 243-276.

19. Malt Zimmermann & Caroline Féry. Information Structure: Theoretical, Typological, and Experimental Perspectives [M]. Oxford: Oxford University Press, 2010.

20. Chafe W. Discourse, Consciousness, and Time: The Flow and Displacement of Conscious Experience in Speaking and Writing [M]. Chicago: University of Chicago Press, 1994.

21. Xu L.J. Manifestation of informational focus [J]. Lingua, 2004(3): 277-299.

22. Xu L.J. The topic-prominence parameter [J]. Studies in Chinese Linguistics II, 2001: 209-234.

23. Xu L.J & Langendoen D.T. Topic structures in Chinese [J]. Language, 1985(61): 1-27.

24. 曹道根. 汉语含结果性成分小句中的信息重组机制[J]. 中国语文, 2014(3): 195-210.

25. 范开泰,张亚军.现代汉语语法分析[M].上海:华东师范大学出版社,2000.

26. 方经民.有关汉语句子信息结构分析的一些问题[J].语文研究,1994(2):39-44.

27. 方梅.汉语对比焦点的句法表现手段[J].中国语文,1995(4):279-288.

28. 顾刚.话题和焦点的句法分析[J].天津师范大学学报(社会科学版),2001(1):77-81.

29. 胡建华.现代汉语不及物动词的论元和宾语:从抽象动词"有"到句法——信息结构接口[J].中国语文,2008(5):396-409.

30. 黄瓒辉.焦点、焦点结构及焦点的性质研究综述[J].现代外语,2003(4):428-438.

31. 李宝伦,潘海华.焦点关联现象与对焦点敏感的结构[M]//徐烈炯、潘海华主编.焦点结构和意义的研究.北京:外语教学与研究出版社,2005:86-105.

32. 刘丹青,徐烈炯.焦点与背景、话题及汉语"连"字句[J].中国语文,1998(4):243-252.

33. 吕叔湘.疑问·否定·肯定[M]//吕叔湘文集(第3卷).北京:商务印书馆,1992.

34. 潘海华.汉语的话题、焦点和量化理论[M]//王志洁、陈东东.语言学.北京:中国人民大学出版社,2013.

35. 潘海华,韩景泉.汉语保留宾语结构的句法生成机制[J].中国语文,2008(6):511-522.

36. 潘建华.每个句子都有焦点吗?[J].山西师大学报,2000(3):123-126.

37. 孙天琦、潘海华.也谈汉语不及物动词带"宾语"现象[J].当代语言学,2012(4):331-342.

38. 沈家煊.不对称与标记论[M].南昌:江西教育出版社,1999.
39. 徐杰.普遍语法原则与汉语语法现象[M].北京:北京大学出版社,2001.
40. 徐烈炯.焦点的不同概念及其在汉语中的表现形式[J].现代中国语研究,2001(3):10-22.
41. 徐烈炯,刘丹青.话题的结构与功能[M].上海:上海教育出版社,1998.
42. 徐烈炯,潘海华.焦点结构和意义的研究[M].北京:外语教学与研究出版社,2005.
43. 玄玥.焦点问题研究综述[J].汉语学习,2002(4):35-43.
44. 张伯江,方梅.汉语功能语法研究[M].南昌:江西教育出版社,1996.
45. 张豫峰.汉语的焦点和“得”字句[J].汉语学习,2002(3):24-30.
46. 钟小勇.重动句信息结构研究[D].上海:复旦大学,2008.

来华留学生预科教育研究综述(2005—2018)

黄晓静* 胡方芳**

一、引 言

预科即大学前的预备教育,来华留学生预科教育即来华留学生在进入本科学习专业前所进行的大学基础预备课程的学习。新中国成立以来,来华留学生预科教育自20世纪五六十年代中国招收外国留学生开始就已存在,但直到2004年的“中国大学预科教育研讨会”才将其作为一个概念正式提出。大会指出:“大学预科教育对于来华留学生进入专业学习十分必要,不仅要加强语言能力的培养,还应该注重与专业知识的接轨,达到能够接受专业教育的水平,以确保国际生学历教育的顺利进行。”2005年9月,教育部和国家留学基金委员会在天津大学、南京师范大学和山东大学进行中国政府奖学金留学生预科教育试点;2009年,教育部颁发了《教育部关于对中国政府奖学金本科来华留学生开展预科教育的通知》,决定从2010年9月1日起,对中国政府奖学金来华留学生新生在进入专业学习前开展预科教育,指定的来华留学生预科接收院校(以下简称预科院校)为7所。2015年预科院校增至十所。2019年教育部再次新增7所高校担任预科教育工作。至此预科院校共17所,来华留学生预科教育已呈全面展开态势。

来华留学生预科教育发展的这十多年取得了可喜的成绩。各大预科院

---

* 黄晓静,同济大学国际文化交流学院讲师。
** 胡方芳,同济大学国际文化交流学院讲师。

校的教师在教授课业,管理学生之余,也对来华预科生这一特殊的学习群体、来华留学生预科教育这一特殊的领域进行了全方位多角度的考察研究。本文旨在梳理业内专家在本领域所做出的研究成果,使读者对来华留学生预科教育研究现状有一个概括性的认识,同时对本领域的可行性研究课题有一个清楚的预见。

二、研究思路

(一) 研究方法和工具

本文所采用的研究方法是内容分析法,通过定量和定性相结合的方式对来华留学生预科教育的研究现状进行分析。一是借助 CNKI(中国知网)提供的计量可视化分析平台,对发文量、研究机构和单位、期刊来源等进行定量分析,分析结果以图表形式呈现,对研究态势进行整体性客观性的描述。二是建立分析类目表,对文献研究的主题进行归类,深入分析研究内容,并在此基础上进行述评及展望。

(二) 研究对象

本文研究所选取的文献均来自 CNKI,发表时间设置为 2005 年 1 月 1 日至 2018 年 12 月 31 日,输入主题词"来华、预科"或"留学、预科",共计检索文献数量 213 篇,剔除会议发言、考察报告以及内容无关文献(部分题名为"留学、预科"的文献是关于中国出国留学预科生),最终确定研究样本共计 111 篇,其中包括硕士学位论文 34 篇、博士学位论文 2 篇及期刊文献 75 篇。

三、从文献统计看来华留学生预科教育研究的现状

研究样本的基本信息一般包括文章标题、作者姓名、作者单位、期刊名称、发表年度等。以上述考察点为指标,将本研究领域的文献综合进行量化统计研究,能客观呈现本领域的研究现状。

(一) 论文发表年度趋势分析

发文量是反映科研产出的一个重要指标,借助中国知网提供的计量可视化分析平台,可得到2005年至2018年有关来华留学生预科教育研究学术期刊以及学位论文发表年度分布。从图1可以看出,自2005年预科教育试点工作开展以来,科研成果总体呈上升趋势。2005—2006年为空白期,当时试点院校仅三家,且处于经验积累阶段,故鲜少研究成果出现。2007—2011年为萌芽期,有少量文献见刊,但关注度仍相对较低。2009年教育部发文正式开展预科教育,随着预科研究团体日益壮大,自2012年始,发文量显著上升,由个位升至十位,2016年高达21篇。截至2019年9月,预科院校已增至17所,可以预见今后预科教育研究将越来越受到学者关注。

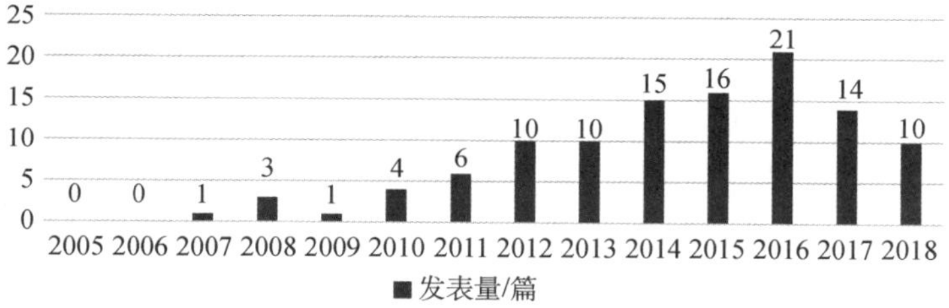

图1　论文发表年度趋势

(二) 文献作者机构及地区分析

通过分析文献作者的工作、学习单位,我们发现,研究者大多来自教育部指定预科院校教职人员或研究生,这与我们的预判一致。将文献来源院校及地区进行量化统计(表1、表2),我们发现:

表1　文献3篇及以上作者机构分布(文献8篇以上)分布

作者机构(第一作者)	文献数量/篇
山东大学	18
华中师范大学	14
东北师范大学	11
天津大学	10

（续表）

作者机构（第一作者）	文献数量/篇
北京语言大学	9
南京师范大学	4
同济大学	4
北京中医药大学	3

表 2　作者机构所在地区（文献 8 篇以上）分布

作者机构所在地区（第一作者）	文献数量/篇
济南	20
北京	18
武汉	15
天津	11
南京	8
长春	8
上海	8

各所预科院校对来华留学生预科教育研究均有涉足，代表了研究的主要力量，其中山东大学、华中师范大学、东北师范大学、天津大学、北京语言大学等院校尤为突出。除此之外，我们发现一些非教育部指定预科院校也在对本课题进行思考，主要有三类：①某些有优势专业或特色学科的具有自主招收来华预科生资格的院校，如北京中医药大学结合自身专业进行预科生培养的思考和尝试；北京大学依托本校优越的教育资源，对来华预科教育已有多年的实践与研究。②某些地方政府奖学金来华预科生培养院校。如在国家政府奖学金预科教育大趋势推动下，上海市教委于 2012 年在上海师范大学设立"上海市外国留学生预科院校"，承担了上海高校本科阶段学习的外国留学生预科培养任务。③本科接收院校。综合预科生进入本校本科阶段的学习情况及本校的培养要求反思预科培养院校应如何进一步完善培养措施。

将作者机构所在地区进行综合,我们发现,来华留学生预科教育研究阵地集中在华东(济南、南京、上海)、华北(北京、天津)、华中(武汉)、东北(长春)等地区,这与预科院校所在地基本一致。

(三)期刊来源分析

在111篇研究样本中,排除硕博学位论文36篇,共计75篇学术期刊,刊载于44类期刊。其中核心(CSSCI)期刊6篇,占比仅为8%,非核心期刊69篇,占比为92%。核心期刊刊名及载文量见表3。

表3 期刊CSSCI来源主要刊物

刊名	载文量	总期刊中占比
语言教学与研究	4	5.3%
世界汉语教学	1	1.3%
华中师范大学学报(人文社会科学版)	1	1.3%

可见学界认可度较高的CSSCI收录来华预科教育类文章比例较小,对此类研究关注度也不高。但值得注意的是,除CSSCI收录的文献外,《云南师范大学学报(对外汉语教学与研究版)》《暨南大学华文学院学报》《国际汉语教学研究》《海外华文教育》《华文教学与研究》《中国考试》等在业内有一定影响力的刊物共收录了25篇来华预科教育类文献,约占总样本的33.3%。其中《国际汉语教学研究》2016年第三期设立了“预科教育”专栏话题,一次性收录了6篇本研究相关文献。可以预见“来华预科教育”作为汉语国际教育的一个发展大趋势,受关注度将日益提升。

(四)标题类目分析

以四类不同群体为视角,我们将学习者、教师、管理者、测评者作为宏观维度,并在每个大类下对样本标题进行中观及微观分类,得出的具体划分见表4。

我们发现,研究热点集中在学生者个体内部的认知因素(如学习策略的分析)、教师教学模式及方法、学科定性与定位、学生管理等方面。而学习者的外部语言环境,如课堂学习环境、教材编写、课程设置、师资管理及测试评估等方面的研究相对较少。

表4 来华留学生预科教育文献标题类目统计分析

文献标题	一级类目	二级类目	三级类目	文献数量	占比
来华预科教育	学生	个体内部因素	认知因素	21篇	18.9%
			情感因素	8篇	7.2%
		外部环境	课堂学习环境	3篇	2.7%
			社会文化环境	5篇	4.5%
	教师	教学模式及方法		27篇	24.3%
		教材编写		4篇	3.6%
	管理者	学科管理	学科定性与定位	16篇	14.4%
			课程设置	2篇	1.8%
		师资管理		4篇	3.6%
		学生管理		16篇	14.4%
	测评者	中国政府奖学金本科来华留学生预科教育结业考试的测试与评估		4篇	3.6%
		新汉语水平考试(新HSK)的测试与评估		1篇	0.9%

四、从文献内容看来华留学生预科教育研究的现状

将表4中的文献标题类目细分后，深入研读文献内容，我们分别从学生、教师、管理者及测评者四类群体出发，搭建研究框架，梳理了以各类群体为视角，在各自类目下已研究的内容和待研究的内容（尚未研究的内容在图表中以楷体加下划线形式表示），具体见表5。

（一）以学生为研究角度

按照Rod Ellis(1999)的二语习得理论框架，二语习得是由学习者和学习环境两方面有关的多种因素产生的。因此对学习者的研究也可从个体内部因素及外部环境因素展开。其中个体内部因素主要包括生理因素、认知因素及情感因素；外部环境因素可分为课堂学习环境及社会文化环境。

表 5　以学生为研究角度的文献内容分析

<table>
<tr><th>一级类目</th><th>二级类目</th><th>三级类目</th><th colspan="3"></th></tr>
<tr><td rowspan="9">学生</td><td rowspan="7">个体内部因素</td><td>生理因素</td><td colspan="3">年龄、性别</td></tr>
<tr><td rowspan="5">认知因素</td><td rowspan="2">学习策略</td><td>语言要素学习策略</td><td>汉字、语音、语法、词汇</td></tr>
<tr><td>言语技能学习策略</td><td>听力、写作、阅读、口语</td></tr>
<tr><td colspan="3">智力</td></tr>
<tr><td colspan="3">学能</td></tr>
<tr><td colspan="3">认知方式</td></tr>
<tr><td>情感因素</td><td colspan="3">动机、态度、性格</td></tr>
<tr><td rowspan="2">外部环境</td><td colspan="4">课堂学习环境</td></tr>
<tr><td colspan="4">社会文化环境</td></tr>
</table>

由于来华预科留学生群体大多为中学毕业生，年龄分布较集中(多为 20 岁左右)，且单纯的性别差异与学习之间关系参照价值并不大，故鲜有学者从年龄、性别等生理因素出发单独进行研究。从认知因素进行研究主要集中在学习策略方面。目前针对语言要素方面学习策略的研究主要涉及汉字，如李佳蓉(2016)对预科生汉字学习进行个案跟踪，总结书写偏误，认为在字词记忆上回忆默写法比重复抄写法更有效，且汉字学习成功者更多使用元认知学习策略。而对于预科留学生语音、语法、词汇方面学习策略的研究尚未涉及。针对言语技能方面的学习策略研究较为成熟，如张晓蕊(2016)以山东大学的来华预科留学生为例，探索出了汉语学习的听力难点和障碍，主要有词汇、语境、文化背景知识、语法等语言内部因素及听力焦虑、听力微技能缺失、教学等语言外部因素；蔡燕、王尧美(2013)利用汉语听力策略调查量表收集了来华预科留学生听力策略使用情况的数据资料，并将策略使用情况与其新 HSK 听力成绩相结合进行推断性统计，发现大部分听力策略与听力成绩之间存在正相关关系。此外，李玲(2015)、高曼(2015)也对预科留学生的听力策略进行了调查研究。鉴于预科生汉语写作水平普遍较低的现状，吴剑(2012)对预科生的写作策略进行了探讨，调查发现预科生在写作前中后阶段分别多采用识别策略、补偿策略和反馈策略。

张晶、王尧美(2012)对来华预科留学生的阅读策略进行了调查,并将策略使用情况与新 HSK 考试中的阅读成绩进行了相关性分析,发现认知策略与学生 HSK 成绩显著相关,元认知策略与学生成绩没有显著相关性。由于新 HSK 考试及中国政府奖学金本科来华留学生预科教育结业考试(以下简称结业考试)均包含了对听力、阅读和书写三方面测评,故对这三部分的关注度较高,而两项考试的考核标准中并未将口语纳入考察项,因此研究者对口语学习策略的关注度较低。但值得注意的是,赵琪凤(2016)对预科留学生的口语水平进行过调查和细致描述,发现预科生群体的汉语口语水平普遍偏低。此外,认知因素中的智力、学能、认知方式等子项尚未受到研究者的关注。个体情感因素的研究主要涉及学习动机方面,李向农、魏敏(2015)通过问卷调查及数据分析得出预科留学生汉语学习的 7 种动机类型,即内—外混合型动机、个人发展动机、教师因素动机、社会因素动机、学习情境动机、移民动机和考试动机。对于学习者学习态度及性格方面的考察尚未发现。

对外部环境的考察主要集中在课堂学习环境及社会文化环境。王宪伟(2012)对预科生发放关于课堂环境感知方面的问卷并进行访谈调查,总结分析后建议教师在课堂上注重学生的差异性及平等性,教学方法的多样性等。朱颖(2014)从学生和教师两方面的角度,对预科汉语课堂环境进行探索研究,探寻影响来华预科留学生汉语习得的因素,研究发现教师对课堂环境的满意度高于学生。对社会文化环境的关注焦点集中在校园及社会的跨文化适应方面。祝婕(2013)、孙洁(2014)等学者对来华预科留学生的跨文化适应状况、影响因素及与汉语水平的相关性等问题进行了分析。

(二) 以教师为研究角度

以教师为视角的研究主要围绕两个方面进行:教学模式与方法、教材编写。对教学模式与方法的探究常以某一门课型为依托,如赵姗姗(2012)将任务型教学法、尹彤迪(2016)将戏剧化教学法引入医学汉语课堂;李其芳(2016)将翻转课堂教学模式应用于科技汉语课程;张义(2015)提出建立 CBI(内容为主导)型课程体系,处理好通用汉语与专业汉语教学之间的衔接。值得注意的是学者李向农、万莹(2013)提出了"留学生预科汉语模块化教学

表 6　以教师为研究角度的文献内容分析

<table>
<tr><th>一级类目</th><th>二级类目</th><th colspan="3">三级类目</th></tr>
<tr><td rowspan="7">教师</td><td rowspan="4">教学模式及方法</td><td colspan="3">模块化教学、翻转课堂、CBI 教学、任务型教学、戏剧化教学</td></tr>
<tr><td rowspan="3">从课型分类</td><td>通用汉语</td><td>综合课、口语课、听力课、阅读课</td></tr>
<tr><td>专业汉语</td><td>科技汉语课、医学汉语课、经贸汉语课、文科汉语课</td></tr>
<tr><td>专业基础知识</td><td>物理课、化学课、数学课</td></tr>
<tr><td rowspan="3">教材编写</td><td rowspan="3">从课型分类</td><td>通用汉语</td><td>综合类、口语类、听力类、阅读类</td></tr>
<tr><td>专业汉语</td><td>科技汉语类、医学汉语类、经贸汉语类、文科汉语类</td></tr>
<tr><td>专业基础知识</td><td>物理类、化学类、数学类</td></tr>
</table>

模式”,并将之运用到华中师范大学的留学生预科汉语教育实践,稳步提升了结业考试的合格率。此外,李春玲(2015)等学者也从实践出发,对预科教学模式进行了论述与研究。(教育管理)上述均为教学方法类的有益尝试。另有学者单独从某类课型出发,思考预科各类课型在教学过程中的问题、对策、探索与创新等。主要涉及通用汉语课程中的综合汉语、专业汉语课程中的科技汉语、医学汉语及经贸汉语,以及专业基础知识课程中的物理和化学课程。但并未涉及通用汉语课程中的口语、听力和阅读,专业汉语中的文科类汉语以及专业基础知识中的数学等课程。

由于预科教学课程可分为通用汉语、专业汉语及专业基础知识三大类,故对教材编写方面的研究分析也可从这三类展开。目前对教材编写方面的探讨主要围绕科技汉语和医学汉语展开。单韵鸣(2008)以“科技汉语阅读教程”系列教材为例,对专门用途汉语教材的编写问题进行了思考,并在教材定位、编写原则、课文及练习设计等方面做了一些有益的探索。程乐乐、朱德君(2008)认为,医学汉语教材的编写应该遵循通用汉语教材编写的一般原则,同时考虑专业汉语的特点,尤其注意教材内容的“交际性”与“针对性”。目前针对来华预科留学生使用的通用汉语、专业汉语中的经贸类、文科类以及专业基础知识方面的汉语教材研究尚未发现。

（三）以管理者为研究角度

表7　以管理者为研究角度的文献内容分析

一级类目	二级类目	三级类目
管理者	学科管理	学科定性与定位
		课程设置
	师资管理	师资队伍的建设
		师资队伍的评估
	学生管理	管理模式的探讨
		回顾与反思
		建议与展望

以管理者为角度，学者们先从顶层设计出发，在把握整个学科发展方向的基础上进行统筹推进。首先学者们对学科进行了定性和定位。目前学界比较一致的看法是，预科教育是中等教育到高等教育之间的过渡衔接阶段，是一个特殊的教育层次（胡红洁、李有强，2013）。此外，韩志刚、董杰（2016）还认为，公费留学生预科教育是为国家对外交流事业服务的一项基础工程，是实现外国中等教育与中国高等教育跨文化衔接的介入环节，是汉语国际教育中介于学历教育与非学历教育之间的兼具综合性和专业性的特殊教育类型。在课程设置方面，来华预科留学生接收院校均根据自身实际情况进行制定，但对这方面的探讨研究并不多见。

教学活动是由教师的教和学生的学所组成的双边活动，故教学管理也可从师资管理及学生的管理与培养两个大方面进行。师资是人才培养最基本的要素和最重要的支撑力量，来华留学生预科教育的特殊性质对从事预科教学的师资提出了特殊的要求。董杰、韩志刚（2012）分析了目前预科教育师资队伍存在的问题，提出通过培训与培养相结合的途径以加强预科教育师资队伍建设的设想。许涓（2014）以三所预科培养院校的师资队伍相关数据为基础，构拟了来华留学生预科教育院校（理工类）师资队伍评估方案。

从学生的管理与培养出发，研究者们以纵向或横向的角度对管理模式进行了探讨，葛青（2012）以德国汉堡大学预科为例对德国预科教育模式进行详细介绍,并得出了一些对我国留学预科教育的启示。田维军(2013)从东北师范大学外国留学生预科部的实践经验出发,介绍了汉语志愿者管理模式,并对管理过程中出现的问题进行了分析。此外还有部分学者或以本院校为观察视角,或细化到某专业方向,对自身的管理经验进行了总结和反思。对于今后的预科教育发展,研究者们也分享了各自的建议与展望。白迪迪、杨洋、刘佳(2017)建议:一增设中医院校作为预科教育承接院校,二来华留学生预科教育的重心由公费奖学金生向自费学生倾斜。胡红洁、李有强(2013)也认为,应更加重视自费来华留学生预科教育,此外,还指出应将来华留学生中的研究生预科教育纳入管理行列,实现全覆盖式的预科教育。部分学者还呼吁教师应更关注学生的内部情感因素,对学生进行思想教育及心理疏导,帮助学习者解决文化冲突,提升文化认同感。

(四)以测试者为研究角度

表 8　以测评者为研究角度的文献内容分析

一级类目	二级类目	三级类目
测评者	中国政府奖学金本科来华留学生预科教育结业考试的测试与评估	综合统一考试(基础汉语+专业汉语)
		数学、物理、化学等专业基础汉语考试
	新汉语水平考试(新 HSK)的测试与评估	
	学期考试的测试与评估	

目前来华留学生预科阶段所参加的测试主要有三类,由权威机构和专业队伍研制的中国政府奖学金本科来华留学生预科教育结业考试(简称“预科结业考试”)、新汉语水平考试(简称“新 HSK”)两类标准化测试,以及由本院教师自行命题的各类非标准化的学期考试(如月考、期中考试、期末考试等)。

自 2005 年至 2013 年,“预科结业考试”还未研发面世,新 HSK 为预科留学生结业的最重要的标准之一。近年虽在预科留学生的结业条件中对新 HSK 成绩未作要求,但大部分本科接收院校仍将通过新 HSK 四级或新 HSK 五级作为入学门槛之一,故一直以来新 HSK 考试受到了预科教师和学生的普遍重视。许歆媛(2013)以同济大学预科留学生为例,从国籍的角度对参加新 HSK 考试(特别是新 HSK4 级考试)的预科留学生得分情况进行了深入分析，并探讨了来自不同国家的留学生在新 HSK 考试中存在的普遍差异。

由于新 HSK 仅考察预科生的语言能力，涵盖面较单一，未能体现学生的专业基础知识和能力，王佶旻(2015)等语言测试方面的研究者提出了建立全国来华留学生预科教育标准体系的构想，并勾勒出了该体系的具体框架。2013 年 6 月以该框架为参照的"预科结业考试"首次在全国七所预科院校进行了试测；2014 年起，该考试在各预科院校推广；2015 年，预科教育结业考试最终被确定作为检验预科教育的唯一考核标准。王佶旻、黄理兵、郭树军(2014、2016)等"预科结业考试"的基础汉语考试设计者对考试设计、考试实施、分数解释、选拔标准的制定等各项工作进行了解释说明，并认为"基础汉语考试"较好地满足了中国政府奖学金本科来华留学预科教育基础汉语教学成果的考核与对学生汉语水平的评测需求。目前对于"预科结业考试"的研究仅限于综合汉语统一考试中的基础汉语部分，对于专业汉语部分以及数理化等专业基础知识汉语测试的研究尚未发现。

学期考试作为非标准化考试，在系统性、科学性和规范性方面有所欠缺，故鲜有学者以学期考试成绩为参照对预科学生进行研究。

五、评述及展望

通过十多年的探索实践，来华留学生预科教育取得了长足的进步。如：对预科教育的性质、定位和目标的认识进一步加深；设置了理工、医学、经贸、文史各大预科教育的专业体系，完善了教学大纲并编写了针对预科教育的专业教材；培养并稳定了预科师资队伍；实施了统一的预科教育结业考试；预科院校由最初的 3 所试点稳步扩充至了目前的 17 所。在对预科教育的研究中概括起来显现出了如下特点：

(1) 从发展趋势看，来华留学生预科教育研究将越来越受重视。随着中国国际影响力日益增强，来华接受学历教育的留学生数量将持续上升。据教育部公布的 2018 来华留学统计，2018 年接受学历教育的来华生占总数的

52.44%,首次超过了接受非学历教育的来华留学生。预科教育是留学生进入本科专业学习前的必经阶段,可以预见,来华接受预科教育的留学生也将同步增长。随着来华预科留学生规模不断扩大,参与预科教育的人员日益增多,来华预科教育研究将迎来更大的发展,在研究成果的数量及质量上将更上一个台阶。

(2) 研究理论与方法多样,但借鉴多,创新少。目前国内大学预科教育可大致分为少数民族预科教育、华侨预科教育和来华留学预科教育三类,其中民族预科教育早在20世纪80年代就已受到学术界的关注。国外尤其欧美等发达国家的预科教育体系已经较为成熟,并已建立了国际性预科教育的规定。来华留学预科教育研究虽起步较晚,但起点高,能横向借鉴民族预科教育及国外发达国家留学预科教育的培养经验。此外,本世纪初,随着“后方法时代”外语教学法的到来,第二语言教师纷纷探求突破传统教学方法思想的教学新理念和新途径。作为预科教师,我们也顺应时代浪潮,根据自身的特点积极将这些教学新理念和新途径运用于预科教学。在教学模式和方法研究方面,我们发现部分学者借鉴了国外的理念,服务于预科教学的需求,但从预科教育自身实际情况出发,自主原始的理论及教学创新仍不多见。

(3) 研究框架较完整,应充实研究内容,拓展研究范围,发掘新的研究点。前文中我们发现,在来华预科教育研究的大框架下,从学生、教师、管理者及测评者四个角度出发的研究内容均有涉及,部分已全面铺开。如以管理者为视角,对整个学科的定性和定位有深刻的讨论,并得出了一致的认识;对学生认知因素,特别是言语技能方面的学习策略研究,也已较为完备,但在另一些方面仍没有学者涉足研究,如以学生为视角,对语言要素(语音、词汇、语法)方面的学习策略研究、以教师为视角,对专业汉语(物理、化学、数学)教材的研究、以测试者为视角,对专业汉语(科技、医学)及专业基础知识(数学、物理、化学)预科教育结业考试的分析及说明等。此外,各预科接收院校均单独作战,很少联动合作,是否可以考虑建立一个来华预科教育资源共享大平台,共同寻找新的研究点,如开发预科留学生专业汉语语料库,全方位探索预科留学生在专业汉语学习方面的特征,进一步促进来华预科教育的学科建设。

(4) 研究特色不鲜明,研究优势未能凸显。来华预科教学与普通的汉语进修最大的不同在于形式上的强化性和内容上的专业性,换言之,"强化"与"专业"是预科教育的特色和优势。纵览 111 篇研究对象,我们发现虽然"强化"一词在部分文献中有所提及,但如何进行强化教学及强化教学的相应管理模式却少有讨论。此外,通用汉语在预科教育研究领域的关注度有所降低,学者们日益聚焦专业汉语及专业基础知识的教学研究,但这一转变的倾向并不明显。原因之一是承担专业汉语及专业基础知识教学的教师背景的复杂性。根据许涓(2014)调查问卷反映的情况,"目前各预科院校专职教师在整个师资队伍中所占的比例在 49%~63%"。且在大部分预科院校通用汉语课程由专职的语言专业背景的教师承担,而承担专业汉语类及专业基础知识类课程教学的部分教师或缺乏理工专业背景或并非预科院校专职教师,任课教师专业背景的局限或工作环境的不稳定性,造成了专业汉语及专业基础知识方面研究的薄弱。今后预科院校在进一步扩充专职教师的基础上,应更注重教师的专业背景,进一步完善和优化师资队伍。

随着来华留学生预科教育工作的推进,预科教育研究也逐渐深入,同时预科教育的研究成果也能反哺实际工作,如有学者提出的增设中医院校作为预科教育承接院校、建立全国来华留学生预科教育标准体系等建议都已由构想付诸现实。我们有理由相信通过一批批"预科人"的奋斗,来华留学生预科教育事业将迎来新的机遇和发展。

(附注:本文检索日期为 2019 年 3 月 18 日。)

参考文献

1. 白迪迪,杨洋,刘佳.关于高校留学生预科教育问题的探讨[J].教育教学论坛,2017(18):50-51.
2. 蔡燕,王尧美.来华预科留学生汉语听力策略实证研究[J].云南师范大学学报,2013(1):29-37.
3. 程乐乐,朱德君.医学汉语教材编写刍议[J].海外华文教育,2008(2):40-46.

4. 董杰,韩志刚.试论面向来华留学生预科教育的专用汉语研究[J].语言教学与研究,2014(4):42-47.

5. 高曼.上海师范大学预科留学生听力学习策略与学习效果的相关性研究[D].上海:上海师范大学,2015.

6. 葛青.对中国留学预科教育模式之探索——德国汉堡大学预科教育模式的启示[J].云南财经大学学报(社会科学版),2012(6):147-149.

7. 胡红洁,李有强.高等学校来华留学生预科教育的回顾与反思[J].黑龙江高教研究,2013(4):136-138.

8. 李春玲.来华留学生预科教育的机制构建与模式创新[J].江苏高教,2015(2):113-115.

9. 李佳蓉.来华预科留学生汉字学习策略个案研究[D].济南:山东大学,2016.

10. 李玲.来华预科留学生汉语听力元认知策略调查研究[D].济南:山东大学,2015.

11. 李向农,万莹.留学生预科汉语模块化教学模式的探索与实践[J].华中师范大学学报(人文社会科学版),2013(6):176-181.

12. 李其芳.预科教育翻转课堂研究——以"科技汉语课程"为例[D].天津:天津大学,2016.

13. 李向农,魏敏.来华留学生预科汉语学习动机类型研究[J].教育研究与实验,2015(4):92-96.

14. 单韵鸣.专门用途汉语教材的编写问题——以《科技汉语阅读教程》系列教材为例[J].暨南大学华文学院学报,2008(2):35-41.

15. 孙洁.来华预科留学生跨文化适应状况实证研究[D].济南:山东大学,2015.

16. 田维军.对外汉语辅助教学中的汉语志愿者管理模式评述[D].长春:东北师范大学,2013.

17. 王佶旻.建立来华留学生预科教育标准体系的构想[J].国际汉语教学研究,2015(1):76-82.

18. 王佶旻,黄理兵,郭树军.来华留学预科教育"汉语综合统一考试"的总体设计与质量分析[J].语言教学与研究,2016(2):53-58.

19. 王佶旻,郭树军,黄理兵,等.中国政府奖学金本科来华留学生预科教育"基础汉语考试"试卷设计与质量分析[J].中国考试,2014(2):19-25.

20. 王宪伟.来华预科留学生课堂环境的调查研究[D].济南:山东大学,2012.

21. 吴剑.来华预科留学生汉语写作策略探索[J].华文教学与研究,2012(2):47-55.

22. 许涓.来华留学生预科教育院校(理工类)师资队伍评估方案研究[J].国际汉语教学研究,2014(3):64-71.
23. 许歆媛.不同国家预科留学生的新 HSK 考试成绩分析及对策研究——以同济大学预科留学生为例[J].中国考试,2013(8):48-54.
24. 尹彤迪.戏剧化教学法应用于来华预科生医学汉语课的教学设计[D].济南:山东大学,2016.
25. 赵琪凤.来华留学预科生汉语口语水平调查及其教学启示[J].世界汉语教学,2016(3):368-378.
26. 赵姗姗.结合任务法的来华预科生医学汉语课教学设计[D].济南:山东大学,2012.
27. 张晶,王尧美.来华预科留学生阅读策略调查研究[J].语言教学与研究,2012(2):25-32.
28. 张晓蕊.强化模式下初中级留学生汉语听力难点与障碍研究——山东大学来华预科生为例[D].济南:山东大学,2016.
29. 张义.来华留学生预科教育中"内容为主导"型课程体系建设的设想[J].湖北师范学院学报,2015(1):6-9.
30. 周昕.预科班非洲留学生汉字书写偏误的个案研究和对策分析[D].武汉:华中师范大学,2012.
31. 朱颖.来华预科留学生汉语课堂环境实证研究[D].济南:山东大学,2014.
32. 祝婕.论来华预科部留学生跨文化适应[J].语文天地(高教理论),2013(1):16-18.
33. Rod Ellis. The Study of Second Language Acquisition[M].上海:上海外语教育出版社,1999.

关于“中国概况”课程建设的几点思考

张占山*

教育部《来华留学生高等教育质量规范(试行)的通知》指出,来华留学生的培养方案须设立中国概况类必修课。其中明确提出:“高等学校应当安排充足、适用的汉语课程和中国概况类课程,以满足来华留学生学习需求。”同济大学是国内较早将“中国概况”作为留学生通识课付诸实践的高校。早在2005年,为积极探索留学生新的教育模式,实现留学生教育从追求规模到保证质量的转变,同济大学设立了外国留学生新生院。[1]“中国概况”就是新生院为优化课程结构而开设的通识课程,为留学生全面了解中国、适应跨文化交际服务。目前该课程已经成为面向全校留学生全面介绍中国历史、地理、文化、科技等各方面情况的通识教育必修课,授课语言分汉语和英语两类。笔者在承担以汉语为授课语言的“中国概况”过程中,对课程建设及教学积累了几点不成熟的看法。

一、关于课程设置的必要性

学习一门外语,要全面了解使用该语言的民族及其国家的基本情况,这是第二语言教学的通行做法。进入新世纪以来,在高等教育国际化深入发展、我国企业大规模走出去以及国际人才竞争加剧的大背景下,“中国概况”类通识教育课程作为弥补培养质量短板的课程,其作用尤为重要。

---

* 张占山,同济大学国际文化交流学院副教授。

[1] 陈强等:《来华留学本科生教育模式新探》,《中国高等教育》2007年第3期,第74—75页。

(1) 为培养知华、友华的对外教育目标服务

新中国成立以来,来华留学生教育一直为国家的外交和建设服务,为培养知华、友华的国际友人的教育目标服务。"一带一路"全面对外开放的对外发展战略,也需要当地有适宜的环境氛围。外国友人只有真正了解古今科技文化成就,了解中华民族的聪明智慧,感受到中华文化的精髓,领略到中华文化的魅力,才能真正对中华文化产生向心力,成为中国的"铁杆"友人。近年来非汉字圈留学生数量呈上升趋势,据 2015 年《中国教育年鉴》统计,2014 年,来华留学生排名前十的生源国依次为韩国、美国、泰国、俄罗斯、日本、印度尼西亚、印度、巴基斯坦、哈萨克斯坦和法国,俄罗斯超越日本列第 4 位,法国超过越南列第 10 位。[1] 非汉字圈留学生对中国的自然环境、风俗习惯、历史传统等知之甚少,对他们加强中国概况教学尤为迫切。

(2) 为企业走出去提供本地人才支撑

新世纪以来,我国企业到海外大规模投资办厂,在"走出去"的过程中,有部分企业遭遇投资失败,究其原因是不了解当地的民俗风情、法律法规等,导致企业"水土不服"。企业海外发展需要既熟知当地营商环境又熟知中国的翻译人才,一般企业所聘用的懂汉语的当地翻译人才,往往对中国熟悉程度不够。补齐留学生知识结构此方面的短板,有利于其在海外中国公司顺利开展工作,从而助力海外中国企业的发展。

(3) 为国家建设引进外智服务

美、日、德等发达国家高度重视引进国外智力参与本国建设,这方面最成功的是美国,美国科技长久以来处于全球领先的秘诀首先在于其汇聚了全球各国最顶尖的人才,而且产生了很好的聚集效应。留学生教育既是产业,能够直接带来经济利益,也是获取人才和外部智力的有效手段。[2] 国家的竞争最终是人才竞争,来华留学生教育是引进外智的重要来源,我们要实现"两个一百年"的奋斗目标,也需要吸引国外顶级人才。党的十八大以来为吸引国际人才来华工作,我们国家出台了一系列具有吸引力的举措。"中国

[1] 中华人民共和国教育部:《中国教育年鉴》,2017-11-02.http://www.moe.gov.cn/jyb_sjzl/moe_364/zgjynj_2015/。

[2] 陈强等:《来华留学生教育发展刍议》,《中国高等教育》2006 年第 8 期,第 92—93 页。

概况”类通识课程为留学生了解、适应中国提供了有力支撑，保证其教学质量，能够为国家培养适应建设和发展需要的国际人才，助力国家经济建设。

二、关于教学内容的选择与处理

“中国概况”课程的教学，是要将具有五千多年悠久历史和灿烂文化的中国全面介绍给留学生。其内容包罗万象，涵盖了自然科学与人文科学的各个方面。从古到今，值得介绍的成就不胜枚举。新中国成立后，我国在经济、科技、文化、教育、体育等许多方面都取得了杰出成就。要从历史长河中选择出一串最具代表性最能体现中国人聪明智慧和民族性格的明珠，如何取舍是艰巨工程。教学内容选取要系统全面，又要简明概括。[1] 还要注意普及性及时代性，多介绍新中国成立以来各方面取得的杰出成就。[2] 我们对王顺洪和宁继鸣主编的两种《中国概况》教材内容进行了对比分析，发现二者都选了中国的地理及资源以及行政区划、人口、民族及语言文字、历史、政治制度、经济、科技、教育、外交、传统思想、文学、艺术、习俗等方面，都注意到了系统性、普及性及时代性。课堂教学过程中，对教材教学内容也需有所侧重。

(1) 能体现中国人民对世界文明所做出的巨大贡献的技术、发明创造应重点详细讲，如四大发明、丝绸、袁隆平的杂交水稻技术等。比如对印刷术的讲解，可以利用网上视频，或者带学生去参观碑拓现场表演，使其感受从碑拓、到雕版印刷再到活字印刷术的发展历程，亲身体验发明的乐趣。再比如丝绸的发明利用，也是对人类的巨大贡献。可以将养蚕、缫丝、织布的视频资料发放给学生课外观看，以使学生有直观的感受，甚至还可以指导学生自己养蚕，感受一下大自然的神奇，感受中国古人的善于观察利用大自然的精神。

(2) 能体现中国人民聪明智慧和吃苦耐劳品质的伟大工程，如长城、故

[1] 王顺洪：《中国概况》，北京大学出版社，2015 年。
[2] 宁继鸣：《中国概况》，北京语言大学出版社，2013 年。

宫、敦煌莫高窟等，都是众多能工巧匠耗费几十年甚至上百年的心血和汗水建造而成。都江堰水利工程建于公元256年，至今仍造福四川人民。它的建造充分体现了古人的聪明才智。在古代的工程技术条件下，凿开一座山，不仅需要毅力和耐力，更需要聪明才智。整个工程不需要任何机械就做到了扬沙、分洪、灌溉三大职能，充分体现了古人的聪明才智，可让学生观看都江堰原理视频，使其对工程中所反映的中华民族的智慧有真切感受。

(3) 兼顾专业性与普及性。在相关内容的教学过程中，如果涉及特别专业的术语，则不需要介绍，教学内容需要注意普及性。比如，讲解故宫及中国古代建筑的特点，可以介绍布局对称、方正严整、飞檐翘角、色彩多样、木结构为主等特点，斗拱之类涉及专业化知识的，则不必介绍。

(4) 有利于营造良好国际环境的相关工作背景要交代清楚。“两弹一星”是新中国科技成绩的杰出代表，这一内容是“中国概况”课程不可缺少的组成部分，正是因为有了这些国防科技成就，我们才真正挺起了腰杆，真正屹立于世界民族之林。留学生不了解“两弹一星”上马的国际背景，经常误会为我们喜欢制造武器，优先发展武器。当时美苏两大超级大国相继对新成立的中华人民共和国极致恐吓，“核战争”的阴影时刻笼罩在全体中国人头上，整个国家“深挖洞、广积粮、不称霸”，精力无法放在正常的生产生活上。了解了当时的国际关系背景，误会自然消除。我们“不首先使用核武器，不对无核国家使用核武器”，这一核武政策可以使学生对中国人民热爱和平、不畏霸权的民族个性有正确认识，有利于营造良好的国际交流环境。

(5) 将教学内容和汉语学习实际结合起来，解决学习中的问题。比如讲秦始皇“车同轨、书同文、统一度量衡”的功绩时，可告诉学生，古代曾经一斤是十六两，而不是现在的十两，从而使学生对“一个半斤，一个八两”有正确的理解。在讲传统思想“礼”的观念时，可以讲春秋时期军队也遵守礼法，胜者追击逃兵以五十步为限，超过五十步就不准再追，所以逃跑了五十步和逃跑一百步性质是一样的，知道这些，才能真正明白“五十步笑百步”含义。学习行政区划的时候可以和汉语通讯地址的写法联系起来，告诉学生，中国的地址是从大到小排列，省→市→区→街道号→楼栋号→室号(农村：省→市→县→乡镇→村)。

（6）挖掘教学内容之间的系统联系。把课程中不同方面内容联系起来，形成系统，使学生能够了解得更加全面深刻。比如，讲解中国的政治制度，可以和古代的禅让制，和隐恶扬善、成人之美、不自夸等君子的传统道德要求联系起来，这可以让留学生正确认识到什么是适合中国的政治制度。讲中国古代的思想观念，可以将“忠”“义”“信”联系起来，对比这些概念的服务对象及具体内涵，从而让学生达到更深刻的认识。三者语义内涵基本是一样的，区别只是对象的不同，“忠”是对国君，“义”是对朋友，而“信”是对全体社会成员（表1）。

表1 “忠”“义”“信”对比

	忠	义	信
对象	对上（对国君）	对平级（朋友）	对任何社会成员
内涵	不变（服务对象）	不变（责任）	不变（承诺等）
典型事例	关羽身在曹营心在汉（降汉不降曹）	关羽离开曹操时报答曹操； 华容道义释曹操（不顾立下的军令状） 义薄云天	尾生抱柱； 三王墓
外在表现	忠君爱国	讲义气	说话算话； 言行一致

三、关于教学方法的思考

汉语授课“中国概况”面向所有本科一年级留学生开设，选课学生的汉语水平参差不齐，有堪比中国学生的华裔，有汉字圈的日韩越南国家学生，但主体还是来自“一带一路”国家的留学生，汉语水平不高，基本的生活会话无压力，但若以汉语作为学习这门课程的工具，难度颇大。因为“概”，涉及面必广，该课程内容包罗万象，既有中国历史、地理、文学、艺术，又有经济、政治、哲学、科技、体育、教育等，词汇量非常大。因为“概”，大部分内容的介绍都是蜻蜓点水，无法深入，授课内容必会枯燥。因这些情况，教学过程中要围绕着通俗化、趣味性两方面做文章。

(1) 编制 PPT 课件以实现分层级教学

"中国概况"课程教材所涉及的词汇总量远远超过 HSK6 级五千常用词汇,学生学习过程中会接触大量生词。针对这一情况,在 PPT 课件中以热点触发的形式将生词标注拼音、词义(或以图片直观展示词义),统一用特殊颜色标记。水平高的学生可以无视,水平低的学生点击生词,相应拼音及解释或图片就弹出。此外,给学有余力的同学布置更高的学习任务,这样,水平低的同学在学习过程中既了解了中国,又提高了汉语水平;而水平高的同学则对中国有更加深入的了解。

(2) 引入图片及视频以解决教学内容枯燥、抽象问题

当教学内容能体现中国人民对世界文明所做出的巨大贡献、能体现中国人民聪明智慧和吃苦耐劳品质时,可适当深入下去,以使学生有更深刻认识,讲解详细以后,相应的趣味性就会增加。

课程中所涉及的具体实物,如山川景物、文物古迹、建筑器物、服装物产、民族分布、气候带、地势特点等,在文字基础上辅以图片展示以达到通俗化、形象化、趣味性的目的。

工艺流程、抽象的思想观念之类不适合或者无法用图片加以展示的,则可用视频展示,或用故事使学生意会,以实现形象化、通俗化,化抽象为具体。如可以用视频展示碑拓过程,用《三国演义》中关羽"身在曹营心在汉"的故事告诉学生什么是"忠"(对君王不变心),用"华容道义释曹操"的故事让学生意会什么是"义"(对朋友不变恩情与责任),用"尾生抱柱""三王墓"的故事让学生体会什么是"信",以及古人对"信"的重视程度。用"塞翁失马"的故事来告诉学生什么是辩证地看问题,用《功夫熊猫》中龟仙人指定熊猫作自己接班人的情节来类比古代的禅让制,用《田忌赛马》的小动画展示兵家的运筹学思想等。

"君子"这一概念内涵丰富,用一个故事很难完整地将其展示出来,可以将揭示君子内涵的名言逐一解释给学生听,用尽量穷尽概念内涵的方式,使学生对"君子"有一个具体而深刻的认识。如反映君子诚信的"君子一言,驷马难追",反映君子重义轻利的"君子喻于义,小人喻于利",反映君子乐于助人的"君子成人之美,不成人之恶;小人反是",反映君子不宣扬别人过错的

“君子隐恶扬善”，反映君子为人处世之道的“君子之交淡如水”，反映君子道德修养的“君子非礼勿视、非礼勿听、非礼勿言”等。并可跟外国的“绅士”的概念进行对比，以深化学生认识。

用图片展示中国，用视频表现中国，用故事反映中国理念，增加课程的形象性、直观性、趣味性，增强课程对学生的吸引力，让留学生能够轻松地理解接受课程内容，降低汉语水平低给课程学习带来的负面影响。

四、结　语

不同国别、不同汉语水平的留学生一起学习是目前各高校“中国概况”等通识类课程通行的编班方法，如何在学生水平参差不齐、差距较大的情况下让大部分学生都能听懂，从而保证授课质量，如何用视频、故事形象化地展示抽象的思想观念，从而化抽象为具体，使学生易于接受，如何提高课程内容的趣味性，使学生在课堂上听讲能够饶有兴趣，真正了解中国的历史与现在，了解中国的科技与文化、魅力与实力，在感情与理性两方面都真正心向中华，从而实现留学生教育培养知华、友华的国际友人的对外教育战略目标，这些问题都有待深入探讨，期待本文能够抛砖引玉。

后记 “讲好中国故事”的同济实践

在国际中文教育领域，“文化育人”“讲好中国故事”的重要性与必要性不言而喻。然而真正实践起来绝非易事。由于国际学生多来自与我国政治体制不同、价值观各异、民风习俗迥然的国家，灌输式的教育模式将适得其反、事倍功半。因此，如何结合国际学生的特点，因材施教，运用合理且易于国际学生接受的方式传播中国文化，讲好中国故事，培养“知华、友华、爱校”的国际学生是国际中文教育的重要使命，意义深远。中华文化历史悠久、博大精深，究竟讲什么、怎么讲，是一门深奥的大学问。

事实上，中华文化有三大支撑。一是中华民族在五千多年的悠久历史长河中所孕育的优秀传统文化。“仁义礼智信”为代表的道德准则、“和而不同”的和谐共享理念、“民为邦本、本固邦宁”的以人民为中心的情怀、“天行健、君子以自强不息”的砥砺前行的勇气……这些优秀特质都已成为流淌在中华儿女身体内的血液，成为中华民族生生不息的源头活水，因此讲好中国故事首先要对中国传统文化有清晰的认知，明确其中的突出优势、精华所在，并对其进行符合新时代需要的现代化诠释，赋予其新的时代内涵，激活传统文化在当代的生命力。

二是中国共产党领导全国各族人民在革命、改革、建设中形成的红色文化。鸦片战争以来，无数仁人志士你方唱罢我登场，摸索着中华民族伟大的复兴之途，直到中国共产党的出现才让中国实现了“站起来”“富起来”“强起来”。在这个艰苦卓绝的过程中，形成了“井冈山精神”“延安精神”“红船精神”“雷锋精神”“航天精神”等一系列红色文化，这些红色遗产是中国共产党在革命战争年代和社会主义现代化建设时期所形成的具有资政育人作用的历史遗存。它内涵丰富、形式多样、功能独特，是构成中华文化的重要组成部分。

三是在改革开放后所形成的先进文化。改革开放是具有跨时代意义的重要里程碑，不仅加速了中国特色社会主义现代化的进程，同时也向世界展示了中国海纳百川、追求卓越、开明睿智、大气谦和的胸襟气度与勇往直前的时代精神。故而讲好中国故事不仅要聚焦历史传统，更应把握当代，立足现在。

同济大学国际文化交流学院一贯重视“文化育人”“讲好中国故事”在国际中文教育中的作用与意义。通过讲授与体验相结合、内容与形式相结合、感性和理性相结合，以润物细无声的方式向国际学生展示中华文化的魅力。

第一课堂是文化育人的主要渠道。随着新时代的到来，原有的课程体系和培养方案面临着新问题和新挑战。针对部分课程教学目标定位不够明确、课程设计内容过于繁杂、评价标准不够客观、教材使用过于陈旧等问题，我们通过教学改革，对所有课程进行梳理，明确课程的性质和功能定位；通过在学生中进行广泛调研，深入了解学生对课程教学的要求和意见；通过建立教材遴选机制，淘汰了部分陈旧的教材，择优更换了兼具时代性、实用性、学术性的优秀教材；创新教学方法，将案例教学、个性化教学、信息化教学、智慧化教学相结合；修订了本科及研究生的培养方案，对其中的相关课程进行了优化，增设了“人类命运共同体构建：中外文化比较”“‘一带一路’与中国文化”等与时俱进的课程，培养适合新时代需要的国际学生。

第二课堂是文化育人的延伸路径。在以“学生为中心、以活动为手段，师生共同参与”的理念下，我们开展了主题为“感知中国”的第二课堂特色实践活动，打造了融通中外的新范式。2019 年度代表性活动如下：

1. 2019 年 6 月 5 日，国交院 17 名国际学生前往江苏海门，开展了为期一天的“感知中国，观古阅今：‘一带一路’国际学生海门行”活动。活动当天，学生们先后参观了张謇纪念馆、颐生文博园、江海博物馆，并参加了 2019 中国海门“东洲英才”创业周专场活动。在讲解员的带领下，同学们对近代著名实业家、教育家、慈善家张謇有了深入的了解，感悟其卓越的成就及社会责任感，同时对中国近代历史和文化有了更深入的认识。

2. 2019 年 6 月 20 日—21 日，“感知中国——科创新体验、智行新农村”活动顺利举行，共有 300 余名师生参加了此次考察活动。师生们参观了上海崇明岛以及开能健康科技集团，感受绿色上海、生态上海的建设情况。在开能，学生们还领略了现代工业智造 4.0 非凡魅力。参观结束后，同学们纷纷表示这次活动给他们带来了很大的震撼，一是赞叹新农村建设之美，二是感慨中国制造业科技水平之高。将来学成回国后，自己在中国学习的先进技术，中国保护生态环境、推动绿色发展的理念，都将为帮助和改善自己国家的社会生活面貌起到重要的推动作用。

3. 2019 年 10 月 22 日，为培养更多的知华、友华的国际学生，彰显红色资源在同济大学国际学生教育实践中重大意义和影响，国际文化交流学院联合学研工部，共同举行了“追寻历史脚步，体验科技魅力”的教育实践活动。来自俄罗斯、韩国、尼泊尔、泰国等国家的近 20 名国际学生参观了中共一大会址纪念馆、上汽荣威智能广场，开展了“沉浸式”中国文化体验。

4. 2019 年 10 月 25 日，国际文化交流学院组织十余名优秀国际学生参加汉服体验活动。来自汉之音华夏文化社的老师带领大家走进汉服的世界，体验宽袍广绣，罗裙飘飘中蕴含汉式礼仪。在老师的引领下国际学生体验了“汉服试穿”“礼仪体验”和“投壶射箭”等活动，还现场欣赏了优雅的琵琶表演。国际学生们穿上了中国传统服饰。祥云图案、傲雪寒梅等中国元素映衬着肤色不同的笑颜，差异之中又有一种独特的融洽。

部分学生感言：

1. 我的妈妈是上海人，她在来之前跟我讲过一大会址的意义。以前在韩国上高中的时候也听老师讲过中国的历史，今天通过参观一大会址，通过导游的讲解，让我了解到中国这 70 年来的发展是多么不易。——曹智炫（韩国）

2. 通过参观一大会址，让我看到了中国的历史，了解到从弱小到强大是多么不易。通过参观上汽荣威智能体验馆，让我感受到中国的科技这几年发展得十分迅速，从以前的依靠制造业，到现在自己拥有了很多新技术，是一个科技上的飞跃。——雷诺华（尼泊尔）

3. 一大会址是中国共产党的发源地，让我了解到共产党的发展历史，党

得很不容易。参观上汽荣威智能体验馆，可以感受到中国的科技发展速度越来越快，我觉得十分有趣。——玛格丽特(俄罗斯)

4. 我过去参加过许多与中国传统文化有关的活动，但是拍汉服照片还是第一次，对于像我这样到中国学习的留学生而言，是一次很有特色的尝试。——季薇丽(苏丹)

5. 有机会穿上汉服非常开心，这让我在学习中得到放松，同时也体会到了中华文化极具吸引力的一面，我很愿意向家人朋友介绍中国传统文化。——依莲娜(俄罗斯)

经过多年的辛勤耕耘，同济大学的国际中文教育已取得了可喜的成绩。然而“船到中流浪更急、人到半山路更陡”。“文化育人”并不是一蹴而就的事情，它是一个循序渐进的过程，需要做好久久为功的思想准备。

首先，我们需要在国际学生中树立人类命运共同体意识，充分发挥“文明互鉴”的作用。文明应该是多元化的，不同文明之间绝非相互排斥，完全可以实现对话、交流与互鉴。坚持相互尊重、平等相待是前提，实现美人之美、美美与共是目标。我们向国际学生讲述中国故事，并不是要将我们的价值观强加于对方，而是为国际学生理解文化多元性提供一个参照，让他们懂得中国与世界是一个你中有我、我中有你的命运共同体。把中国的利益和世界各国人民的利益结合起来，搭建中国和世界各国互信交流的桥梁。

其次，我们需要创建一个“文化育人”的制度体系。其中包括整套规章、制度、细则等。只有创建了一个完整的体系，我们的“文化育人”工作才有所依托，才能有所保障，才会有条不紊地持续推进。

再次，要不断地对制度体系进行完善与创新。这就要求我们在“文化育人”过程中，加强跨学科、跨学院，加强新媒体和传统媒体、新技术和传统技术更好地融通，特别是要重视人工智能技术的发展，积极运用新技术来推进国际中文教育事业的繁荣。

莫愁前路无知己。

本书不仅凝聚了同济大学国际文化交流学院老师们的真知灼见，而且汇集了国内外著名高校专家学者们的崇论吰议。借此机会，向百忙中不吝赐稿的南洋理工大学吴英成教授、中国社会科学院唐磊研究员、复旦大学邢丽菊教授、上海大学马利中教授、山东大学李海涛副教授、上海第二工业大学高翼博士以及我的同事们致以最崇高的敬意和最真挚的感谢。

陈毅立

同济大学国际文化交流学院副院长、副教授